付玮琼——主编

马 驰——副主编

制造业精益管理与过程控制

基于工业互联网的智能制造

精益管理与过程控制实战系列

U0319566

化学工业出版社

·北京·

内容简介

《制造业精益管理与过程控制——基于工业互联网的智能制造》一书，从工业互联网与智能制造概述、图解制造业之精益管理、图解制造业之过程控制三个部分进行了详细的描述和讲解。工业互联网与智能制造概述部分包括：何谓工业互联网、何谓智能制造、如何实现工业互联与智能制造。图解制造业之精益管理部分包括：制造企业的精益管理概述、图解精益管理之目标管理、图解精益管理之MRP Ⅱ与ERP、图解精益管理之标准化、图解精益管理之5S活动推广、图解精益管理之定置管理、图解精益管理之目视化、图解精益管理之看板管理、图解精益管理之改善活动。图解制造业之过程控制部分包括：过程控制概述、产品研发与技术管理流程、市场营销管理流程、采购管理流程、生产计划调度管理流程、物料控制流程、生产车间管理流程、质量管理流程、生产安全管理流程、客户服务管理流程、人力资源管理流程、公司行政管理流程、财务管理流程。

本书采用模块化设置，以图解的方式解说精益管理和过程控制，内容实用性强，着重突出可操作性。本书既可以作为制造业管理人员进行管理的参照范本和工具书，也可供管理咨询顾问和高校教师做实务类参考指南。

图书在版编目（CIP）数据

制造业精益管理与过程控制：基于工业互联网的智能
制造/付玮琼主编. —北京：化学工业出版社，2021.6
（精益管理与过程控制实战系列）
ISBN 978-7-122-38738-7

Ⅰ.①制…　Ⅱ.①付…　Ⅲ.①制造工业-工业企业
管理-图解　Ⅳ.①F407.406-64

中国版本图书馆CIP数据核字（2021）第052003号

责任编辑：陈　蕾　　　　　　　　　　装帧设计：溢思视觉设计
责任校对：王素芹

出版发行：化学工业出版社（北京市东城区青年湖南街13号　邮政编码100011）
印　　装：大厂聚鑫印刷有限责任公司
787mm×1092mm　1/16　印张27³/₄　字数551千字　2021年8月北京第1版第1次印刷

购书咨询：010-64518888　　　　　　　售后服务：010-64518899
网　　址：http://www.cip.com.cn
凡购买本书，如有缺损质量问题，本社销售中心负责调换。

定　　价：128.00元　　　　　　　　　　　　　　版权所有　违者必究

竞争是促进企业发展的动力，在现代市场经济中，竞争正在全范围地跃动着。特别是在经济飞速发展的今天，不管哪一个行业，企业之间的竞争都是日趋激烈并更加残酷，企业将面临更加严峻的考验和挑战。为此，企业除了以全新的意识创造全新的竞争条件来适应全新的竞争环境外，还必须从企业内部进行梳理，从内部来挖潜，实施精益化管理，且辅以过程控制，才能在竞争中立于不败之地，并获得持续发展。

伴随着信息技术向工业渗透，工业大数据、工业物联网、数字化工厂、工业互联网平台等一批新的智能制造概念开始成为热门词汇。当前，全球制造业正经历深刻变革时代，智能制造正在世界范围内兴起，所有的传统制造企业都将智能化、数字化转型作为企业战略，并不断推进新技术、新变革、新业态。工业互联网作为工业数字化转型的新型基础设施，迎来了引领时代发展的机遇期。

在企业里，管理者最烦恼的事情是：管理的目标是什么？管理标准化怎样建立？管理活动如何实施？

过程是指通过使用资源和管理，将输入转化为输出的活动。一个过程的输入通常是其他过程的输出，企业中的过程只有在受控条件下策划和执行，才具有价值。任何企业的生产运作活动，都是一个"投入—变换—产出"的过程，即投入一定的资源（如物料、机器、信息、技术、资金等），经过一系列或多种形式的置换，使其价值增值，最后以某种形式提供给社会。也可以说，是一个社会组织通过获取和利用各种资源向社会提供有用产品的过程。在这个过程中，可变动的主要是人员、方法和环境，不可变动的是机器和物料，那么，怎样才能提升产能，增加效益呢？就要在可变动的人员、方法和环境方面下功夫，也就是进行精益化管理，使管理渗透到每一个环节中，同时，实施过程控制，在企业的营运过程中，对实施状况加以监控，及时发现偏差，进行纠正，以保证企业的经营目标有效地实现。

基于精益管理与过程控制的理念，我们策划编写了《制造业精益管理与过程控制——基于工业互联网的智能制造》一书，本书从工业互联网与智能制造概述、图解制造业之精益管理、图解制造业之过程控制三个部分进行了详细的描述和讲解。

本书采用模块化设置，以图解的方式解说精益管理和过程控制，内容实用性强，着重突出可操作性。本书既可以作为制造业管理人员进行管理的参照范本和工具书，也可供管理咨询顾问和高校教师做实务类参考指南。

本书由付玮琼任主编，马驰任副主编，参与编写的还有刘艳玲。其中，第1～3章、第13～24章由付玮琼编写；第4～12章由马驰编写；第25章由刘艳玲编写。

由于编者水平所限，书中难免出现疏漏，敬请读者批评指正。

编　者

目录

CONTENTS

第3部分
图解制造业之过程控制

HAPTER ONE

第1部分

工业互联网与智能制造概述

何谓工业互联网

1.1 工业互联网的定义

工业互联网是指工业互联的网，而不是工业的互联网。

在企业内部，要实现工业设备（生产设备、物流装备、能源计量设备、质量检验设备、车辆等）、信息系统、业务流程、企业的产品与服务、人员之间的互联，实现企业IT网络与工控网络的互联，实现从车间到决策层的纵向互联。

在企业间，要实现上下游企业（供应商、经销商、客户、合作伙伴）之间的横向互联；从产品生命周期的维度，要实现产品从设计、制造到使用，再到报废、回收、再利用等整个生命周期的互联。这实际上与工业4.0提出的三个集成的内涵是相通的。

IT领域的在线词典Techopedia对工业互联网给出的解释是：工业互联网将智能机器或特定类型的设备与嵌入式技术和物联网结合起来。实例是将机器和车辆配备智能技术，包括M2M（机器与机器互联）技术，实现制造装备和其他设备可以相互传输数据。工业互联网也应用于交通项目，例如无人（或自主）驾驶汽车和智能轨道交通系统。

1.2 工业互联网的三大元素

工业互联网将整合两大革命性转变的优势：其一是工业革命，伴随着工业革命，出现了无数台机器、设备、机组和工作站；其二是更为强大的网络革命，在其影响之下，计算、信息与通信系统应运而生并不断发展。

伴随着这样的发展，三种元素逐渐融合，充分体现出工业互联网的精髓。如图1-1所示。

将这些元素融合起来，将为企业与经济体提供新的机遇。例如，传统的统计方法采用历史数据收集技术，这种方式通常将数据、分析和决策分隔开来。伴随着先进的系统监控和信息技术成本的下降，工作能力大大提高，实时数据处理的规模得以大大提升，高频率的实时数据为系统操作提供全新视野。机器分析则为分析流程开辟新维度，各种

智能机器

以崭新的方法将现实世界中的机器、设备、团队和网络通过先进的传感器、控制器和软件应用程序连接起来

高级分析

使用基于物理的分析法、预测算法、自动化和材料科学、电气工程及其他关键学科的深厚专业知识来理解机器与大型系统的运作方式

工作人员

建立员工之间的实时连接，连接各种工作场所的人员，以支持更为智能的设计、操作、维护以及高质量的服务与安全保障

图1-1 工业互联网的三大元素

物理方式的结合、行业特定领域的专业知识、信息流的自动化与预测能力相互结合可与现有的整套"大数据"工具联手合作。最终，工业互联网将涵盖传统方式与新的混合方式，通过先进的特定行业分析，得以充分利用历史与实时数据。

何谓智能制造

2.1 什么是智能制造

智能制造是指将物联网、大数据、云计算等新一代信息技术，与设计、生产、管理、服务等制造活动的各个环节融合起来的先进制造过程、系统与模式的总称，智能制造关注信息技术与制造技术的融合。智能制造以智能工厂为载体，智能工厂就是"物理工厂+虚拟工厂"（见图2-1），依靠自动化生产设备构建而成的物理工厂是智能制造的基础，也是绝大多数中国制造工厂现阶段转型提升的重点，即实现生产自动化。

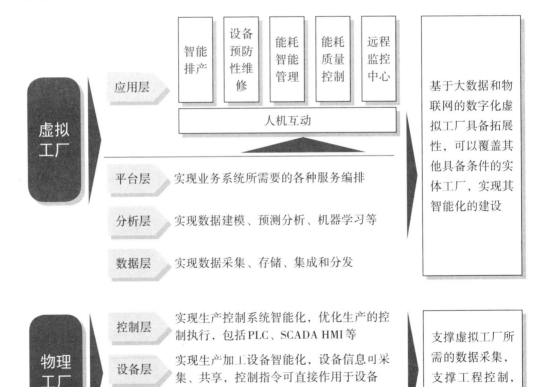

图 2-1 智能工厂就是"物理工厂 + 虚拟工厂"

智能制造是在生产自动化的基础上，通过应用物联网和大数据，以端到端数据流为基础，以互联互通为支撑，构建高度灵活的个性化和数字化智能制造模式，实现信息深度自感知、智慧优化自决策、精准控制自洞察和控制。

大数据分析应用是指通过将企业内部全流程运营数据和外部移动互联端、社交媒体端、社会化物联网端，以及延伸到消费者的智慧化物联网数据，纳入到完整的"洞察—响应—提升"闭环式精益管理中来，帮助企业充分发挥大数据分析的辅助决策作用。

制造型工厂以提升质量、降低成本、提高效率为根本目标，聚焦产品的生产能力和保障能力，应用物联网技术，在生产设备自动化的基础上，让制造过程中的各种数据源互联互通，实现信息流的自动化，使整个制造链条全程可视化，通过大数据分析将海量的隐形数据转化为显性数据，并将信息及决策建议实时提供给生产一线操作工人、主管和高级管理人员，帮助企业增加制造洞察力，提高IT灵活性，帮助工厂达成最具挑战的运营目标：生产柔性、产品优质、设备稳定、成本控制和能耗寻优，从而确保制造过程与商业目标一致。制造型工厂闭环式管理见图2-2。

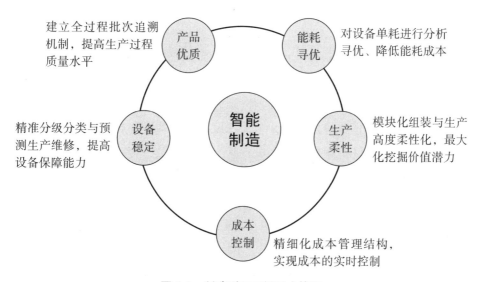

图 2-2　制造型工厂闭环式管理

（1）生产柔性　当今市场瞬息万变，为了能够应对与日俱增的市场竞争压力，更好地满足市场需求，企业生产模式也由以往的大规模生产向大规模定制和更高级的个性化定制转变，这就要求工厂的生产线具备模块组合能力；在模块组合生产中，借助于物联网技术，对生产模块中混线生产的个性化定制半成品、成品进行实时追踪与组合配置及调度，实现工厂的柔性化生产，并解决大规模生产向定制化生产转型带来的不确定性、多样性和复杂性等问题。

（2）产品优质　为更好地响应市场需求、追求成本最优，绝大多数公司会设立多家自有工厂或者使用代工厂。因此虽然是同样的制造工艺及生产流程，但不同供应商存在原材料差异，且生产工艺易受气候、温湿度等众多因素干扰，在这种情况下，如何确保在任何工厂或同一工厂的任何时间，按照同样生产工艺流程制造出来的产品保持同一、优质的产品特性，成为摆在企业面前的一道难题。

企业可以借助物联网技术，对全生产过程的数据打上批次烙印，从原材料供应、生产的各个工艺环节直至成品最终送达消费者手中，整个链条每个环节彼此建立关联关系，并记录每个环节的关键参数，如关键工艺参数、设备参数、操作情况等。在任意环节出现质量异常时，可精确追溯前段任意工艺环节，对各环节当时的参数进行获取和分析，确定异常产生的原因，运用大数据分析工具建立质量预测分析模型，通过主动分析原料和辅料质量检验数据、设备工艺参数变化等，发现潜在质量问题，及早做出预警，及时解决，从而实现产品质量的同一化与优质化。

（3）设备稳定　为适应客户的不同需求，现在越来越多的制造业工厂同时拥有面向大批量生产的连续型流水线工艺设备、面向定制化需求的离散型多机台工艺设备，以及管线型值守动力设备、区域型值守物流设备等。对于不同的设备类型，如何建立差异化的运维与保障策略，实现对生产工艺、产品质量的有效保障，已经成为大型生产制造企业普遍面临的难题。

传统的设备运维策略通常依据设备在生产系统中的重要程度、检修时的复杂和精密程度、有无备用设备或采购的难易程度等，按照关键设备、重要设备和一般设备三大类进行划分和制定，并按照事后维修、计划性维修、预防性维护进行维修策略制定。这种分类分级方式只是从设备本身出发，并未考虑设备特性及设备对业务的影响程度和维修成本，很难制定高效的设备运维策略，设备状态参数的微小变动都可能是设备故障的前兆或带来不易察觉的质量隐患，而只在设备出现故障后，简单地依据设备重要性采取分类分级维修保养策略，并不能有效提高设备管理效率，也不保证生产系统的连续稳定，可能在故障发生时已有大批存在潜在质量风险的产品产出，精细化运维管理程度仍然不足。

（4）成本控制　成本管理是企业管理的核心和重点，成本控制也是智能制造的重要维度之一，决定着企业的生存与发展。智能制造通过把精益管理思想与成本管理思想相结合，按照财务维度逐层从车间、工段，一直细化到机台和生产线，明确各层级岗位对应的可控成本费用范围及成本目标，按照业务维度结合生产计划和物料清单将成本目标分解到各产品规格，结合各产品的生产工艺，制定工序成本定额标准体系，输出产品各工序定额成本，建立产品的目标成本，最终形成岗位成本自我改善目标，使企业获得较强的竞争优势。

（5）能耗寻优　提高能源效率是节能减排、降本增效的主要手段。而企业的现实情况是，能效管理往往停留在统计报告、性能试验、设备改造等环节，缺乏有效的能源计量；无法在线检测整个企业的生产能耗动态过程，数据严重滞后，无法及时准确地发现用能过程存在的问题；大量能耗数据分散于各个车间、部门，无法实现整体管控，缺乏完整性、可靠性和持续性；在用能过程中，较大的能源浪费及其他损失无法及时被发现和处理，导致能源浪费较为严重，缺乏持续的管理。

在设备的设计和建造阶段虽然已经确定基本能耗范围，但企业借助物联网对能源管网实行动态监测，在线监测整个企业的生产能耗动态过程，使整个能源消耗过程信息化、可视化，可以实现用能从粗放式到精细化管理的转变；同时根据监测状况，对出现的能耗异常进行报警以及预处理和实时调整，实现对能源进行平衡、调度与优化，能避免造成大的能源浪费及其他损失，从整体上提高能效水平和能源管理效率，实现持续节能。

2.2　智能工厂的基本特征

与传统的数字化工厂、自动化工厂相比，智能工厂具备以下几个突出特征。

2.2.1　制造系统的集成化

作为一个高层级的智能制造系统，智能工厂表现出鲜明的系统工程属性，具有自循环特性的各技术环节与单元按照功能需求组成不同规模、不同层级的系统，系统内的所有元素均是相互关联的。在智能工厂中，制造系统的集成主要体现在以下两个方面，具体如图2-3所示。

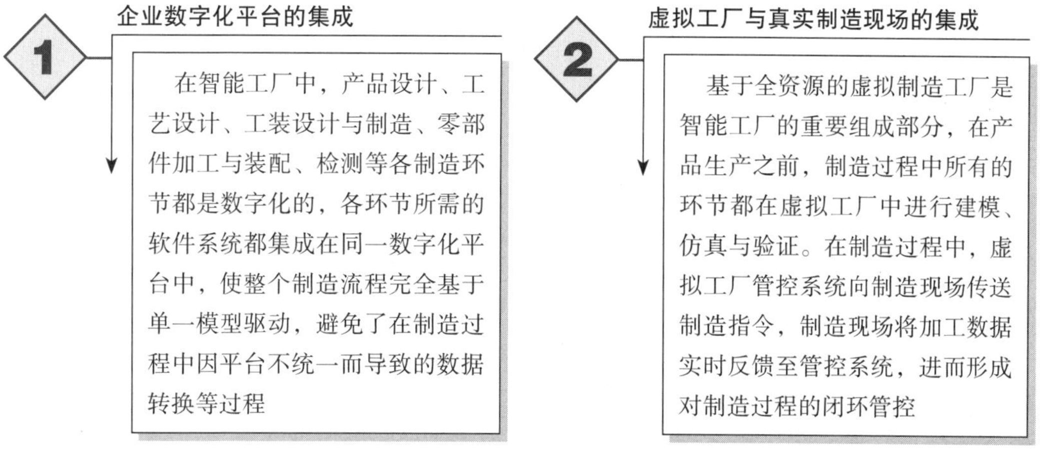

企业数字化平台的集成

在智能工厂中，产品设计、工艺设计、工装设计与制造、零部件加工与装配、检测等各制造环节都是数字化的，各环节所需的软件系统都集成在同一数字化平台中，使整个制造流程完全基于单一模型驱动，避免了在制造过程中因平台不统一而导致的数据转换等过程

虚拟工厂与真实制造现场的集成

基于全资源的虚拟制造工厂是智能工厂的重要组成部分，在产品生产之前，制造过程中所有的环节都在虚拟工厂中进行建模、仿真与验证。在制造过程中，虚拟工厂管控系统向制造现场传送制造指令，制造现场将加工数据实时反馈至管控系统，进而形成对制造过程的闭环管控

图 2-3　制造系统的集成主要体现

2.2.2　决策过程的智能化

传统的人机交互中，作为决策主体的人支配"机器"的行为，而智能制造中的"机器"因部分拥有、拥有或扩展人类智能的能力，使人与"机器"共同组成决策主体，在同一信息物理系统中实施交互，信息量和种类以及交流的方法更加丰富，从而使人机交互与融合达到前所未有的深度和宽度。

制造业自动化的本质是人类在设备加工动作执行之前，将制造指令、逻辑判断准则等预先转换为设备可识别的代码并将其输入到设备中，此时，设备可根据代码自动执行制造动作，从而节省了此前在制造机械化过程中人类的劳动。在此过程中，人是决策过程的唯一主体，设备仅仅是根据输入的指令自动地执行制造过程，而并不具备如判断、思维等高级智能化的行为能力。在智能工厂中，"机器"具有不同程度的感知、分析与决策能力，它们与人共同构成决策主体。在"机器"的决策过程中，人类向设备输入决策规则，"机器"基于这些规则与制造数据自动执行决策过程，这样可将由人为因素造成的决策失误降至最低。与此同时，在决策过程中形成的知识可作为后续制造决策的原始依据，进而使决策知识库得到不断优化与拓展，从而不断提升智能制造系统的智能化水平。

2.2.3　加工过程的自动化

车间与生产线中的智能加工单元是工厂中产品制造的最终落脚点，智能决策过程中形成的加工指令全部将在加工单元中得以实现。为了能够准确、高效地执行制造指令，数字化、自动化、柔性化是智能制造单元的必备条件。

首先，智能加工单元中的加工设备、检验设备、装夹设备、储运设备等均是基于单一数字化模型驱动的，这避免了传统加工中由于数据源不一致而带来的大量问题。

其次，智能制造车间中的各种设备、物料等大量采用如条码、二维码、RFID（Radio Frequency Identification，射频识别）等识别技术，使车间中的任何实体均具有唯一的身份标识，在物料装载、储运等过程中，通过对这种身份的识别与匹配，实现了物料、加工设备、刀具、工装等的自动装载与传输。

最后，智能制造设备中大量引入智能传感技术，通过在制造设备中嵌入各类智能传感器，实时采集加工过程中机床的温度、振动、噪声、应力等制造数据，并采用大数据分析技术来实时控制设备的运行参数，使设备在加工过程中始终处于最优的效能状态，实现设备的自适应加工。例如，传统制造车间中往往存在由于地基沉降而造成的机床加工精度损失，通过在机床底脚上引入位置与应力传感器，即可检测到不同时段地基的沉降程度，据此，通过对机床底角的调整即可弥补该精度损失。此外，通过对设备运行数据的采集与分析，还可总结在长期运行过程中，设备加工精度的衰减规律、设备运行性能的演变规律等，通过对设备运行过程中各因素间的耦合关系进行分析，可提前预判设备运行的异常，并实现对设备健康状态的监控与故障预警。

2.2.4　服务过程的主动化

制造企业通过信息技术、网络化技术的应用，根据用户的地理位置、产品运行状态等信息，为用户提供产品在线支持、实时维护、健康监测等智能化功能。这种服务与传统的被动服务不同，它能够通过对用户特征的分析，辨识用户的显性及隐性需求，主动为用户推送高价值的资讯与服务。此外，面向服务的制造将成为未来工厂建设中的一种趋势，集成广域服务资源的行业物联网将越来越智能化、专业化，企业对用户的服务将在很大程度上通过若干联盟企业间的并行协同实现。对用户而言，所体验到的服务的高效性与安全性也随之提升，这也是智能工厂服务过程的基本特点。智能工厂中的主动化服务如图2-4所示。

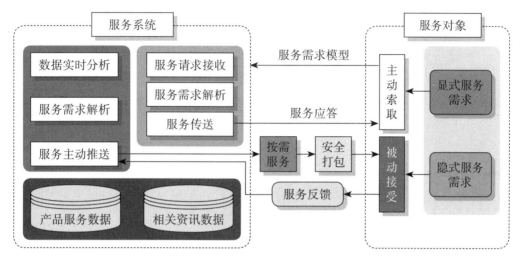

图 2-4　智能工厂中的主动化服务

2.3　智能工厂的框架体系

智能工厂由虚拟数字工厂和实体工厂共同构成。其中，实体工厂部署有大量的车间、生产线、加工装备等，为制造过程提供硬件基础设施与制造资源，也是实际制造流程的最终载体；虚拟数字工厂则是在这些制造资源以及制造流程的数字化模型基础上，在实体工厂的生产之前，对整个制造流程进行全面的建模与验证。为了实现实体工厂与虚拟数字工厂之间的通信与融合，实体工厂的各制造单元中还配备有大量的智能元器件，用于制造过程中的工况感知与制造数据采集。在虚拟制造过程中，智能决策与管理系统对制造过程进行不断的迭代优化，使制造流程达到最优；在实际制造中，智能决策与管理系统则对制造过程进行实时的监控与调整，进而使得制造过程体现出自适应、自优化等智能化特征。

由上述可知，智能工厂的基本框架体系中包括智能决策与管理系统、企业数字化制造平台、智能制造车间等关键组成部分，如图2-5所示。

2.3.1　智能决策与管理系统

智能决策与管理系统如图2-6所示，是智能工厂的管控核心，负责市场分析、经营计划、物料采购、产品制造以及订单交付等各环节的管理与决策。通过该系统，企业决

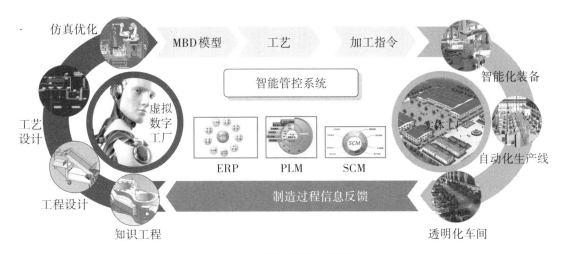

图 2-5　智能工厂基本框架

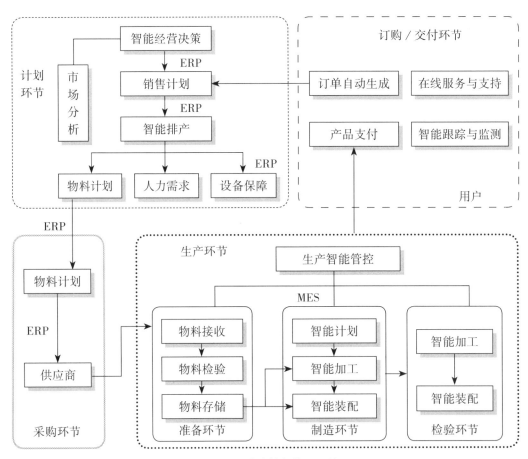

图 2-6　智能决策与管理系统

策者能够掌握企业自身的生产能力、生产资源以及所生产的产品，能够调整产品的生产流程与工艺方法，并能够根据市场、客户需求等动态信息作出快速、智能的经营决策。

一般而言，智能决策与管理系统包含了企业资源计划（ERP，Enterprise Resource

Planning 的缩写）、产品全生命周期管理（PLM，Product Lifecycle Management 的缩写）、供应链管理（SCM，Supply Chain Management 的缩写）等一系列生产管理工具。在智能工厂中，这些系统工具的最突出特点在于：一方面能够向工厂管理者提供更加全面的生产数据以及更加有效的决策工具，相较于传统工厂，在解决企业产能、提升产品质量、降低生产成本等方面，能够发挥更加显著的作用；另一方面，这些系统工具自身已达到了不同程度的智能化水平，在辅助工厂管理者进行决策的过程中，能够切实提升企业生产的灵活性，进而满足不同用户的差异化需求。

2.3.2 企业数字化制造平台

企业数字化制造平台需要解决的问题是如何在信息空间中对企业的经营决策、生产计划、制造过程等全部运行流程进行建模与仿真，并对企业的决策与制造活动的执行进行监控与优化。其中的关键因素包括以下两点。

2.3.2.1 制造资源与流程的建模与仿真

企业在建模过程中，需要着重考虑智能制造资源的3个要素，即实体、属性和活动。实体可通俗地理解为智能工厂中的具体对象。属性是在仿真过程中实体所具备的各项有效特性。智能工厂中各实体之间相互作用而引起实体的属性发生变化，这种变化通常可用状态的概念来描述。智能制造资源通常会由于外界变化而受到影响。这种对系统的活动结果产生影响的外界因素可理解为制造资源所处的环境。企业在对智能制造资源进行建模与仿真时，需要考虑其所处的环境，并明确制造资源及其所处环境之间的边界。

2.3.2.2 建立虚拟平台与制造资源之间的关联

通过对制造现场实时数据的采集与传输，制造现场可向虚拟平台实时反馈生产状况。其中主要包括生产线、设备的运行状态，在制品的生产状态，过程中的质量状态，物料的供应状态等。在智能制造模式下，数据的形式、种类、维度、精细程度等将是多元化的，因此，数据的采集、存储与反馈也需要与之相适应。

在智能制造模式下，产品的设计、加工与装配等各环节与传统的制造模式均存在明显不同。因此，企业数字化制造平台必须适应这些变化，从而满足智能制造的应用需求。

（1）智能制造的产品设计 在面向智能制造的产品设计方面，企业数字化制造平台应提供以下两方面的功能：首先，能够将用户对产品的需求以及研发人员对产品的构想建成虚拟的产品模型，完成产品的功能及性能优化，通过仿真分析在产品正式生产之前保证产品的功能及性能满足要求，减少研制后期的技术风险；其次，能够支持建立满足智能加工与装配标准规范的产品全三维数字化定义，使产品信息不仅能被制造工程师所理解，还能够被各种智能化系统所接收，并被无任何歧义地理解，从而能够完成各类工艺、工装的智能设计和调整，并驱动智能制造生产系统精确、高效、高质量地完成产品的加工与装配。

（2）智能加工与装配 在智能加工与装配方面，传统制造中人、设备、加工资源等之间的信息交换并没有统一的标准，而数据交换的种类与方式通常是针对特定情况而专门定制的，这导致了制造过程中将出现大量的耦合，系统的灵活性受到极大的影响。例如，在数控程序编制过程中，工艺人员通常将加工程序指定到特定的机床中，由于不同机床所使用的数控系统不同，数控程序无法直接移植到其他机床中使用，若当前机床上被指定的零件过多，则容易出现被加工零件需要等待，而其他机床处于空闲状态的情况。

随着制造系统智能化程度的不断提升，智能加工与装配中的数据将是基于统一的模型，不再针对特定系统或特定设备，这些数据可被制造系统中的所有主体识别，并能够通过自身的数据处理能力从中解析出具体的制造信息。例如，智能数控加工设备可能不再接收数控程序代码，而是直接接收具有加工信息的三维模型，根据模型中定义的被加工需求，设备将自动生成最优化的加工程序。这样的优势在于：一方面，工艺设计人员不再需要指定特定机床，因此加工工艺数据具有通用性；另一方面，在机床内部生成的加工程序是最适合当前设备的加工代码，进而可以实现真正的自适应加工。

2.3.3 智能制造车间

智能制造车间及生产线是产品制造的物理空间，其中的智能制造单元及制造装备提供实际的加工能力。各智能制造单元间的协作与管控由智能管控及驱动系统实现。智能制造车间基本构成如图2-7所示。

2.3.3.1 车间中央管控系统

车间中央管控系统是智能加工与装配的核心环节，主要负责制造过程的智能调度、制造指令的智能生成与按需配送等任务。在制造过程的智能调度方面，需根据车间生产任务，综合分析车间内设备、工装、毛料等制造资源，按照工艺类型及生产计划等将生产任务实时分派到不同的生产线或制造单元，使制造过程中设备的利用率达到最高。在制造指令的智能生成与按需分配方面，面向车间内的生产线及生产设备，根据生产任务自动生成并优化相应的加工指令、检测指令、物料传送指令等，并根据具体需求将其推送至加工设备、检测装备、物流系统等。

2.3.3.2 智能生产线

智能生产线可实时存储、提取、分析与处理工艺、工装等各类制造数据，以及设备运行参数、运行状态等过程数据，并能够通过对数据的分析实时调整设备运行参数、监测设备健康状态等，并据此进行故障诊断、维护报警等行为，对于生产线内难以自动处理的情况，还可将其向上传递至车间中央管控系统。此外，生产线内不同的制造单元具有协同关系，可根据不同的生产需求对工装、毛料、刀具、加工方案等进行实时优化与重组，优化配置生产线内各生产资源。

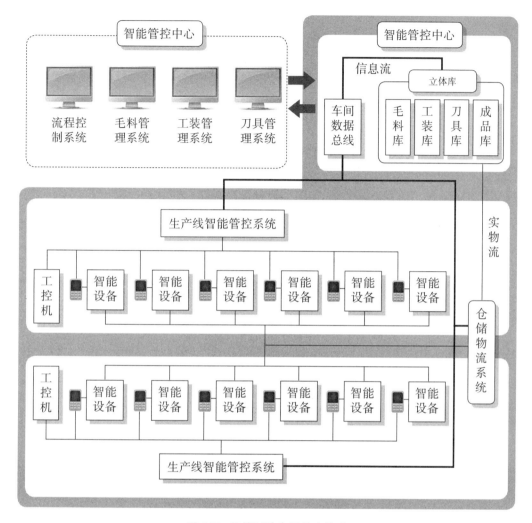

图 2-7　智能制造车间基本构成

2.3.3.3　智能制造装备

从逻辑构成的角度，智能制造装备由智能决策单元、总线接口、制造执行单元、数据存储单元、数据接口、人机交互接口以及其他辅助单元构成。其中，智能决策单元是智能设备的核心，负责设备运行过程中的流程控制、运行参数计算以及设备检测维护等；总线接口负责接收车间总线中传输来的作业指令与数据，同时负责设备运行数据向车间总线的传送。制造执行单元由制造信息感知系统、制造指令执行系统以及制造质量测量系统等构成；数据存储单元用于存储制造过程数据以及制造过程决策知识；数据接口分布于智能设备的各个组成模块之间，用于封装、传送制造指令与数据；人机交互接口负责提供人与智能设备之间传递、交换信息的媒介和对话接口；辅助单元主要是指刀具库、一体化管控终端等。

2.3.3.4　仓储物流系统

智能制造车间中的仓储物流系统主要涉及AGV（Automated Guided Vehicle，称为AGV小车）/RGV（Rail Guided Vehicle的缩写，有轨穿梭小车）系统、码垛机以及立体仓库等。AGV/RGV系统主要包括地面控制系统及车载控制系统。其中，地面控制系统与车间中央管控系统实现集成，主要负责任务分配、车辆管理、交通管理及通信管理等，车载控制系统负责AGV/RGV单机的导航、导引、路径选择、车辆驱动及装卸操作等。

码垛机的控制系统是码垛机研制中的关键。码垛机控制系统主要是通过模块化、层次化的控制软件来实现码垛机运动位置、姿态和轨迹、操作顺序及动作时间的控制，以及码垛机的故障诊断与安全维护等。

立体化仓库由仓库建筑体、货架、托盘系统、码垛机、托盘输送机系统、仓储管理与调度系统等组成。其中，仓储管理与调度系统是立体仓库的关键，主要负责仓储优化调度、物料出入库、库存管理等。

第3章

如何实现工业互联与智能制造

3.1 工业互联与智能制造的关系

对于智能制造，其实现主要依托两方面的基础能力：一是工业制造技术，包括先进装备、先进材料和先进工艺等，这是决定制造边界与制造能力的根本；另一个就是工业互联网，即基于物联网、互联网、云计算与大数据、人工智能等新一代信息技术，充分发挥工业装备、工艺和材料潜能，提高生产效率、优化资源配置效率、创作差异化产品和实现服务增值。也就是说，工业互联网为智能制造提供了关键的基础设施，为现代工业的智能化发展提供了重要支撑。智能制造中的工业互联网如图3-1所示。

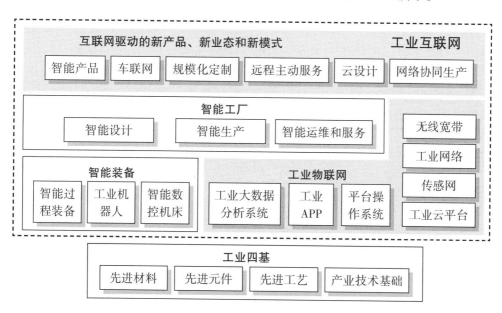

图3-1 智能制造中的工业互联网

作为工业智能化发展的重要基础设施，工业互联网的本质就是基于全面互联而形成数据驱动的智能，在这个过程中，工业互联网能构建出面向工业智能化发展的三大优化闭环。

（1）面向机器设备运行优化的闭环：其核心是基于对机器操作数据、生产环节数据的实时感知和边缘计算，实现机器设备的动态优化调整，构建智能机器和柔性产线。

（2）面向生产运营优化的闭环：其核心是基于信息系统数据、制造执行系统数据、控制系统数据的集成处理和大数据建模分析，实现生产运营管理的动态优化调整，形成各种场景下的智能生产模式。

（3）面向企业协同、用户交互与产品服务优化的闭环：其核心是基于供应链数据、用户需求数据、产品服务数据的综合集成与分析，实现企业资源组织和商业活动的创新，形成网络化协同、个性化定制、服务化延伸等新模式。

随着这种智能化发展趋势的推进，工业互联网对现代工业的生产系统和商业系统均产生了重大变革：基于工业视角，工业互联网实现了工业体系各个层级的优化，如泛在感知、实时监测、精准控制、数据集成、运营优化、供应链协同、需求匹配、服务增值等；基于互联网视角，工业互联网实现了从营销、服务、设计环节的互联网新模式新业态带动生产组织和制造模式的智能化变革，如精准营销、个性定制、智能服务、众包众创、协同设计、协同制造、柔性制造等。

3.2　工业互联与智能制造的实现途径

3.2.1　建立信息物理网（CPS）

信息物理网（CPS，Cyber–Physical Systems的缩写）是虚拟世界和现实世界在工业领域应用中的高度融合，是工厂、机器、生产资料和人通过网络技术的高度联结。CPS是实现工业4.0的基础，没有CPS的支撑，智能工厂、智能制造都是空中楼阁。

3.2.1.1　智能工厂的布局

智能工厂的布局如图3-2所示。

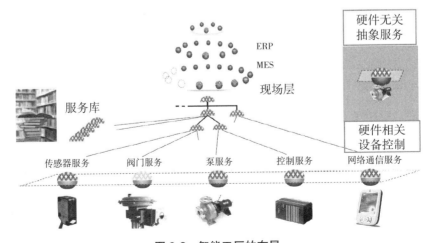

图 3-2　智能工厂的布局

服务包括传感器服务、控制服务、通信服务、校验服务、信息服务等,整个CPS网络系统就是一个服务连接的网络,即是"务联网"的概念。

服务的概念即是SOA的核心,SOA（Service-oriented Architecture）即面向服务的架构,是一种业务驱动的IT架构方式,一个组件模型,支持对业务进行整合,它将应用程序的相同功能单元（称为服务）通过这些服务之间定义良好的接口和契约联系起来（如图3-3所示）。它是一种架构、方法、思想、标准,它使企业的业务标准化、服务化、组件化。

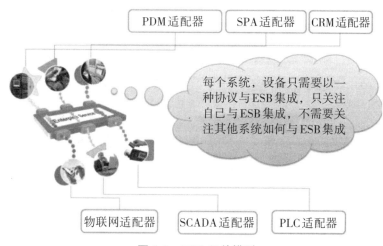

图3-3 SOA组件模型

3.2.1.2 CPS网络物理模型

CPS网络物理模型如图3-4所示。

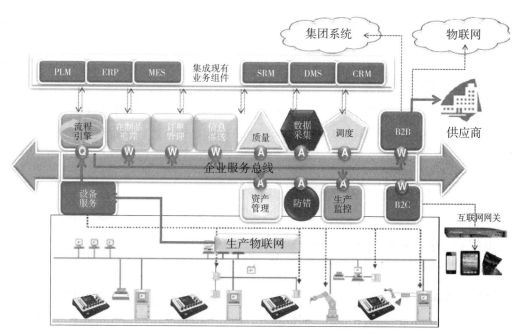

图3-4 CPS网络物理模型

CPS 网络架构与 SOA 架构的映射如图 3-5 所示。

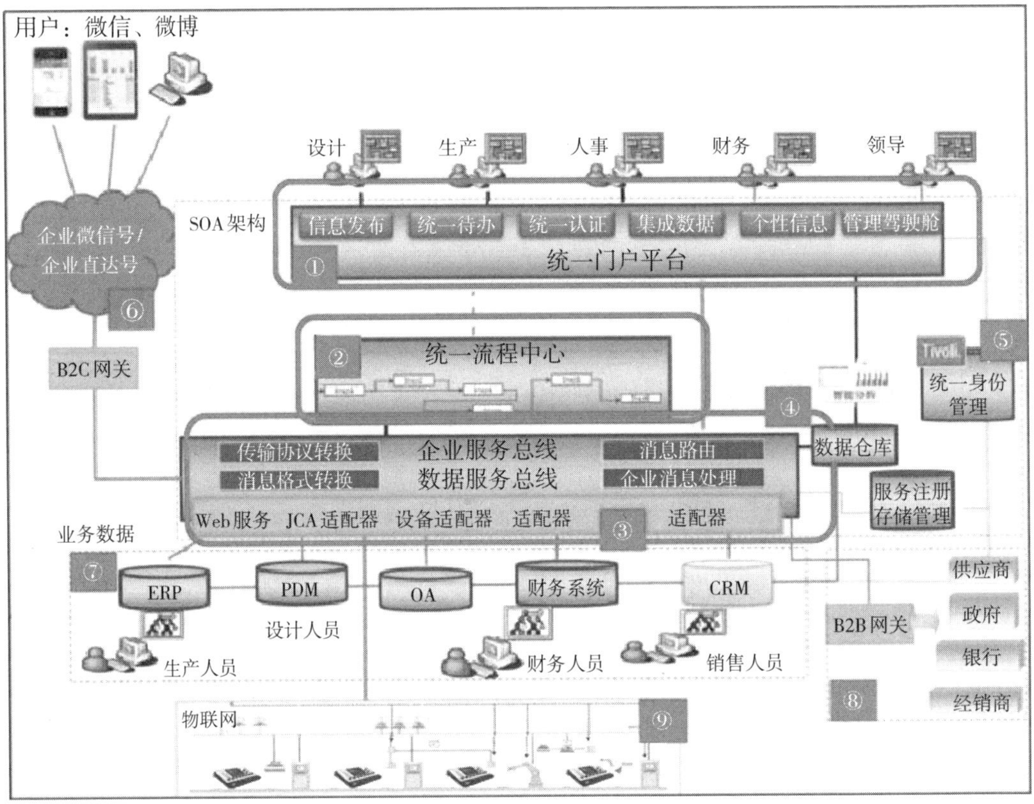

图 3-5 CPS 网络架构与 SOA 架构的映射

3.2.2 实现三项集成

集成是工业 4.0 的关键词，集成是实现智能工厂的技术途径。集成的目标是：使人与人、人与机器、机器与机器以及服务与服务之间能够互联，从而实现纵向、横向和端对端的高度集成。

3.2.2.1 纵向集成

纵向集成就是解决企业内部信息孤岛的集成，工业 4.0 所要追求的就是在企业内部实现所有环节信息无缝链接，这是所有智能化的基础。如图 3-6 所示。

3.2.2.2 横向集成

横向集成是企业与企业之间通过价值链以及信息网络所实现的一种资源整合，是为了实现各企业间的无缝合作，提供实时产品与服务。如图 3-7 所示。

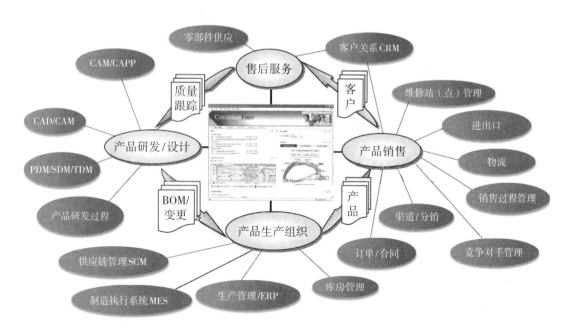

图 3-6　纵向集成

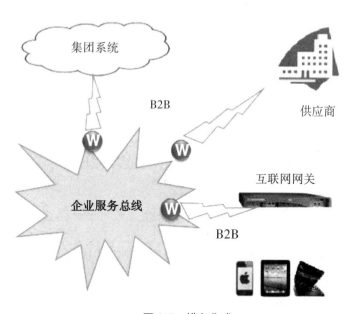

图 3-7　横向集成

3.2.2.3　端到端集成

端到端集成是指围绕产品全生命周期的价值链创造，通过价值链上不同企业资源的整合，实现从产品设计、生产制造、物流配送到使用维护的产品全生命周期的管理和服务。如图3-8所示。

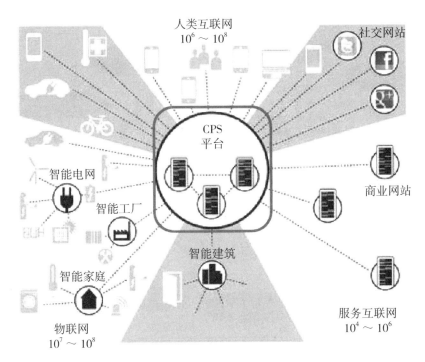

图 3-8　端到端集成

3.2.3　大数据分析

工业4.0的核心就是数据，数据会渗透到企业运营、价值链乃至产品的整个生命周期，是工业4.0和制造革命的基石。第一类是产品相关的数据，俗称企业主数据；第二类是运营数据，一般称为交易数据；第三类是整个价值链上的数据，如供应商、分销商、客户等数据，也是属于企业主数据管理的范畴；第四类是对企业经营分析有价值的外部数据。

3.3　实现工业互联与智能制造的基础工作——精益

电商＋软件＋机器人不等于智能制造。全球制造业多年实践的成功经验表明，智能制造如果真有"窍门"与捷径，当首推精益为基础。电商、物联网、自动化领域的最佳应用，无一不是在全价值链精益化的基础上进行的数字化、智能化的延伸与应用。企业凡是未经精益管理的改善，往往会形成"信息孤岛"。

过去多年来，许多企业把焦点放在增产能、扩大市场容量上，重视开源却不重视内部增效与管理，导致整个产业结构失衡。中国企业普遍认为，增加订单便可稀释成本，这不仅造成国家层面的大量资源浪费，带来环境污染问题，更造成多年来供大于求的局面。我们的企业从资产利用率、资金利用率、生产效率、品质、利润的可持续等方面，都远远低于发达国家水平。所以，企业应着眼于释放存量，挖掘内部的提升空间。精益管理正可以减少对资源、资金的浪费。

在实施智能制造的过程中，最大的"黑洞"就是一味地添置机器人等硬件设备，却忽略了基础管理提升。一味地添置机器人等硬件设备和信息化软件，工厂的基础管理跟不上，最后获得的数据会形成一个个"信息孤岛"，企业反倒会蒙受巨大损失。中国50%～60%的企业处在制造2.0的阶段，30%～40%的企业处在2.0～3.0的阶段，不足5%的企业达到3.0的水平。中国制造企业在迈向4.0的时候，急需补课，用精益管理方法、理念梳理并优化企业内部流程，再用信息化系统来集成，加上硬件设备，才能真正满足智能时代的客户需求。对中国制造企业来说，精益不是可选项，而是必选项，不管是日本丰田汽车、美国波音公司，还是德国大众汽车，众多国际先进厂商的例子都说明了这点。

中国制造业要实现工业互联网与智能制造的有效融合，必须首先把最基础的工作做好，也就是精益生产。图3-9为精益生产系统图示。

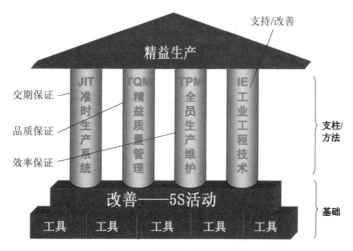

图3-9　精益生产系统图示

JIT、TPM、TQM、IE都是工业互联网与智能制造落地的基础工作。有效实施JIT、TPM、TQM、IE可以帮助企业在不需要资本投入的条件下，实现成本降低和效率大幅度提升。

JIT是Just In Time的英文缩写，意为准时制生产方式，又称作无库存生产方式、零库存、一个流或者超级市场生产方式。

TPM是Total Productive Maintenance的缩写，中文译名叫全员生产维护，又译为全员生产保全，是以提高设备综合效率为目标，以全系统的预防维修为过程，全体人员参与为基础的设备保养和维修管理体系。

TQM是Total Quality Management的缩写，意为全面质量管理，是对一个组织以产品质量为核心，以全员参与为基础，目的在于通过让顾客满意和本组织所有者及社会等相关方受益而建立起一套科学、严密、高效的质量体系，从而提供满足用户需要的产品的全部活动，达到长期成功的管理途径，是改善企业运营效率的一种重要方法。

IE是Industrial Engineering的缩写，意为工业工程。IE是对人员、物料、设备、能源和信息所组成的集成系统，进行设计、改善和设置的一门学科。它综合运用数学、物理学、社会科学的专门知识、技术以及工程分析与设计的原理、方法，对由人、物料、设备、能源、信息组成的集成系统，进行规划、设计、评价、改进（创新）。

精益生产活动的基础是进行现场改善，而使现场得以改善的基础方法就是实施5S活动（如图3-10所示）。

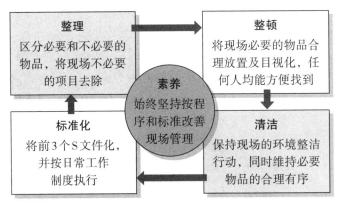

图 3-10　改善的基础方法——5S 现场管理

CHAPTER TWO

第2部分

图解制造业之精益管理

第4章

制造企业的精益管理概述

精益管理是在日本丰田公司精益生产的基础上，总结提炼并加以升华的一种高效管理工具。

精益管理的"精"指减少投入、少花时间、少耗资源；"益"指增加效益，提高效率，提升质量。精益管理通过流程再造、降低成本、提升质量、提升效率来提升企业的竞争力。

4.1 精益管理的发展

精益管理的发展经过管理→精细管理→精益管理的过程，如图4-1所示。

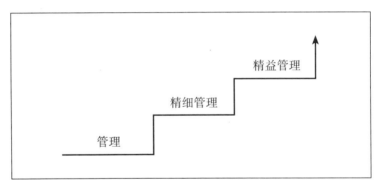

图 4-1 精益管理的发展

4.1.1 管理

管理有多种解释。从管理的职能来理解，"管"是布置任务，"理"是检查结果、调整布置。从管理广义的角度来理解，"管"是协调不同员工的工作，让员工围绕企业目标尽职尽责工作。"理"的第一层意思可以理解为对员工从事的工作进行梳理，让员工对所从事的工作思路清晰，有条不紊地按计划、按流程、按标准推进落实；"理"的第二层意思可以理解为对员工的心理进行梳理，让员工对企业保持一份尽责的心愿，对同事保持一份阳光的心态，对工作保持一份积极向上的激情，对挑战保持一份永不服输的精神。

4.1.2　精细管理

精细管理可以理解为用精致、细密的思维对企业进行管理，通过对目标和流程的研究，对信息量的最大掌握，将企业管理的任务进行精细化分解，形成若干个有效的管理模块，再组合成一个有机的管理体系，实现对过程和结果的精细控制。

4.1.3　精益管理

精益管理："精"可以理解为精简、精益求精、出精品；"益"可以理解为有利益、有益处，可以理解为"溢"，更加的意思。精益可以理解为在精的基础上实现有利益、有益处。

精益管理可以理解为用精益求精的思想、用精益的思维方式、用精益的价值观念、用精益的企业文化，对企业实施精益管理。具体可以理解为精简非必要的消耗、非必要的机构设置、非必要的产业流程、非必要的工作流程，用精益思维对企业资源的最大化利用，以最小的成本投入实现企业效益的最大化、企业价值的最大化。

精细管理与精益管理的侧重点不同。精细管理摒弃了传统的粗放式管理模式，将具体的、量化的标准渗透到管理的各个环节，更加关注每一件小事、每一个细节，解决管理粗放和执行不到位的问题。

精益管理中的"精"体现在追求"精简环节""精简消耗""精益求精"，"精"在过程，做到不偏不倚，恰到好处。"益"主要体现在经营活动都要有益有效，用最少的资源消耗，产出最大的效益，"益"在效果和质量。

精益管理是循序渐进的过程，切不能把基础管理、精细管理、精益管理割裂开来。精细管理是在基础管理的基础上，做到精细化、具体化。精益管理是对基础管理、规范管理、标准化管理、精细管理的融合、丰富与提升，精益管理更加重视管理效果，更加重视管理效益。企业要在推进规范管理、标准化管理、精细管理的过程中实现精益管理。

4.2　精益管理的内涵

精益管理的核心就是以最少的资源投入创造出更多的价值，如图4-2所示。

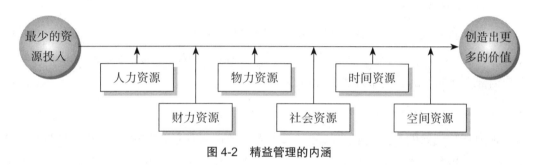

图 4-2　精益管理的内涵

精益管理的"精"除了减少不必要的物质资源消耗外，还要精简不必要的生产环节、销售环节、服务环节、管理环节等，减少人力、时间、空间等消耗，更要精通业务，制造出精品，用精品塑造公司形象、用精品提升公司影响力和用精品提升公司品牌价值。

4.3 推行精益管理关注的焦点

4.3.1 关注流程

质量管理大师戴明说过："员工只需对15%的问题负责，另外85%归咎于制度流程。"什么样的流程就产生什么样的绩效。改进流程的目的是要提高总体效益，而不是提高某个部门的效益，为了总体的效益可以牺牲局部的部门效益。

企业要建立无间断流程，及时完善服务链、业务链，使流程更加完整。将流程中不增值的、无效的节点尽可能压缩，以缩短整个流程，减少不必要的人员消耗、能源消耗、时间消耗，从而以快速的反应适应客户的需要，以最优的人员配备、最低的能源消耗、最短的时间投入，实现企业效益的最大化。

4.3.2 关注标准

标准化的作用是将企业中最优秀的做法固定下来，使员工按照标准来做，都可以做到最好，发挥出工作的最大效益和效率。但是，标准化也不是固化一成不变的，标准需要不断地创新和改进，需要做到与时俱进，与企业发展相适应，用标准引领企业的发展。

4.3.3 关注质量

质量是制造出来的，不是检验出来的。检验只是一种事后补救措施，不但成本高而且无法保证不出差错。因此，企业应该将品质内建于思想、规划、设计、流程和制造之中，建立一个不会出错的品质保证系统。

4.3.4 关注文化

关注文化也就是在管理中要突出自我反省和现地现物特点。

4.3.4.1 自我反省

自我反省是找出自己的不精益之处，不断地自我改进、自我完善、自我提升。要把"问题当作机会"——当不精益的问题发生时，企业要采取改正措施予以及时补救，并在企业内部查找同类的不精益现象并加以改正。

4.3.4.2 现地现物

现地现物倡导的是无论职位高低，每个人都要深入现场，才能有利于管理人员和员工基于事实进行管理，通过彻底地了解流程，掌握实际工作，查找浪费现象，挖掘资源潜力，才能创造出最大的效益。

4.4　企业推行精益管理的基础工作

精益管理是系统工程，包括纵向和横向的体系。横向是指企业涉及的方方面面；纵向是指站在整个系统的高度，全方位地考虑问题，而不是孤立地、片面地强调一个方面的改进，要注重局部优化与整体协调相结合，注重整体功能的发挥，实现系统内各子系统的协调运转。

企业推行精益管理，首先要从流程和制度的建设抓起，是从企业的各个方面进行梳理，包括各项业务流程力求简化，识别现有运营流程与精益管理要求的差距，找出所有的问题，删减不必要的非增值环节，不断提高企业创效能力。

基于以上分析可以知道，企业要推行精益管理，必须做好一些基础工作，如确立量化管理的目标、加强内部控制、建立并维护好企业管理信息系统等。

第5章

图解精益管理之目标管理

5.1　企业引入目标管理的重要性

在企业里，管理者最烦恼的事情：需要深入到每一个具体事务中去，白天的时间还总是不够；员工太胆小，以致该决策时不决策；员工不明白为什么要做这些工作；员工对谁该做什么和谁该负责有异议；员工给经理提供的重要信息太少；问题发现太晚以致无法阻止它扩大等。而员工也烦恼：不了解自己的工作是好还是不好；工作完成很好时没有得到认可；没有机会学习新技能；发现上司对自己不满但不知怎么办；自己不能做任何简单的决策；上司管得过细，喘不过气；缺乏完成工作所需要的资源等。

企业引入目标管理则有助于解决管理者和员工的以上烦恼，具体有以下好处。

（1）可以使管理者不必陷入各种事务中（适当管理）。

（2）帮助员工提高掌控工作和自我决策的能力（员工发展）。

（3）减少员工之间因职责不明而降低效率的机会（责权利清晰）。

（4）减少出现当你需要信息时没有信息的局面（善沟通）。

（5）帮助员工找到错误和低效率的原因（绩效提高）。

5.2　什么是目标管理

目标管理就是指企业的最高层领导根据企业面临的形势和社会需要，制定出一定时期内企业经营活动所要达到的总目标，然后层层落实，要求下属各部门主管人员以至于每个员工根据上级制定的目标和保证措施，形成一个目标体系，并把目标完成情况作为考核的依据。简而言之，目标管理是让企业的主管人员和员工亲自参加目标的制定，在工作中围绕目标实行自我控制，并努力完成工作目标的一种制度或方法。

5.3　目标管理的基本程序

目标管理包括以下五个基本程序。如图5-1所示。

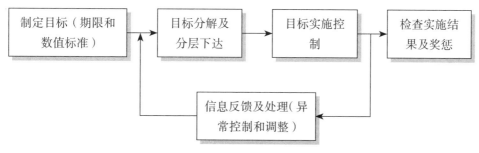

图 5-1　目标管理的基本程序

（1）制定目标　制定目标包括制定企业的总目标、部门目标和个人目标，同时要制定完成目标的标准，以及达到目标的方法和完成这些目标所需要的条件等多方面的内容。

（2）目标分解及分层下达　建立企业的目标网络，形成目标体系，通过目标体系把各个部门的目标信息显示出来，就像看网络地图一样，任何人一看目标网络图就知道工作目标是什么，遇到问题时需要哪个部门来支持。

（3）目标实施控制　企业管理者要经常检查和控制目标的执行情况与完成情况，查看在实施过程中有没有出现偏差。

（4）检查实施结果及奖惩　对员工按照制定的目标标准进行考核，目标完成的质量可以与个人的升迁挂钩。

（5）信息反馈及处理　在考核之前，还有一个很重要的问题，即在进行目标实施控制的过程中，会出现一些不可预测的问题。如：目标是年初制定的，年尾发生了金融危机，那么年初制定的目标就不能实现。因此企业管理者在实行考核时，要根据实际情况对目标进行调整和反馈。

5.4　目标管理的推行范围和推行方式

5.4.1　目标管理的推行范围

目标管理的推行范围，也称为目标管理推行的深度，就是指目标管理从哪里开始推行，将它推行到什么部门，推行到哪一个层次。换句话说，就是企业哪些部门进行目标管理，哪些部门不进行目标管理；哪些人执行目标管理，哪些人不执行目标管理。

5.4.2　目标管理的推行方式

目标管理的推行方式有以下两种，如图5-2所示。

渐进式

渐进式就是先将目标管理推行到企业的一部分部门和人员，再通过他们的示范和积极的推广，逐渐推行到整个企业和所有人员的推行方式

急进式

急进式就是在推行目标管理之初，一次性覆盖所有部门和人员，把所有部门和所有员工都纳入到目标管理的范围和对象中来

图 5-2　目标管理的推行方式

5.5　目标的制定

5.5.1　目标的层次

目标可以分为以下四个层次，如图 5-3 所示。

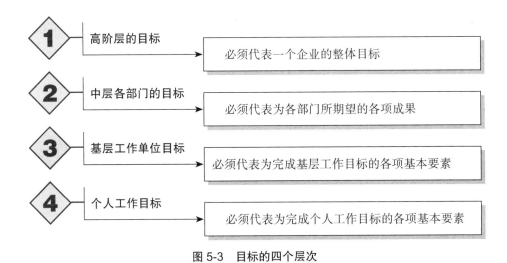

图 5-3　目标的四个层次

结合图 5-3 所示的内容还可以从另一个角度把企业简化和概括为以下三个层次。

（1）环境层——社会加于企业的目标，为社会提供所需要的优质产品和服务，并创造出尽可能多的价值。

（2）组织层——作为一个利益共同体和一个系统的整体目标，如企业提高经济效益、增强自我改造和发展的能力、改善员工生活、保障员工的劳动安全。

（3）个人层——企业成员的目标，如经济收入、兴趣爱好等。

企业各管理层在相应的目标上有如图 5-4 所示的关系。

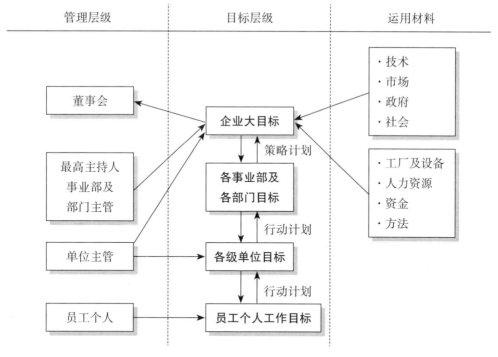

图 5-4　管理层次划分与各目标的关系

5.5.2　目标的分类

5.5.2.1　从动态的角度来考虑

从动态的角度来考虑：总目标依计划期间可分为长期计划目标、中期计划目标、短期计划目标和执行目标四种。

5.5.2.2　从企业目标的等级层次看

从企业目标的等级层次看，分类如图 5-5 所示。

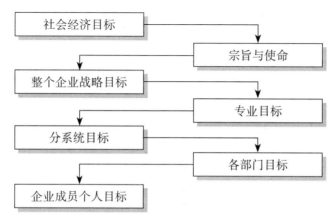

图 5-5　组织目标的等级关系

5.5.3 目标的分解

目标管理需要将企业的整体目标层层分解下去，直到基层员工，目标的分解步骤如图5-6所示。

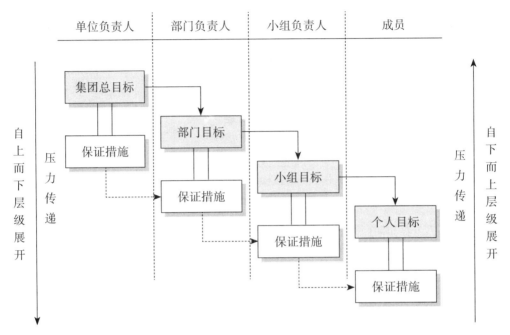

图 5-6　目标的分解步骤

5.5.4 目标的整合

目标整合模型如图5-7所示。

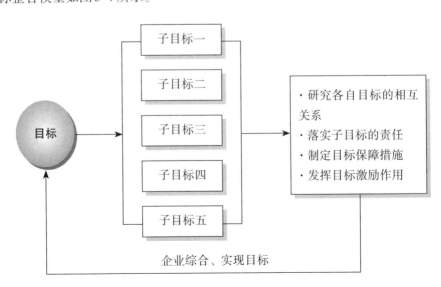

图 5-7　目标整合模型

5.6 目标卡的填制与管理

目标卡又称目标管理卡，是目标的书面化、表格化形式，通过把已经制定的年度目标填写在一张卡片上，签章保存，既形成各方面的契约，又是目标实施和检查的凭证，还方便汇总和保管。因为是证据文件，所以必须要求员工严格按要求填写。

5.6.1 目标卡的栏目设计

通过以下两张目标卡，讲解目标卡的栏目设计。如表5-1、表5-2所示。

表5-1 目标卡1

执行人：　　　　　　　　　　　　　　　　　　　　　　　　　年　　月　　日

目标	完成标准	日 程						考核
		1月	2月	3月	4月	5月	6月	
减少打字错误	打字速度一分钟60个字，无错字							
学习打字	一年内参加各等级的教学班两次							

表5-1所示目标卡是关于打字工作的目标管理制度，栏目设计的内容由下面四项构成，各栏目的设计说明如下。

（1）"目标"栏 目标有两项，第一项是减少打字错误；第二项是继续学习打字。

（2）"完成标准"栏 说明目标值、目标展望等具体内容。比如减少打字错误的标准是打字速度一分钟60字，无错字；学习打字的完成标准是一年内参加两次各等级的教学班。

（3）"日程"栏 目标一般按半年执行。

（4）"考核"栏 可以按照1～60分的标准进行考核。

表5-2所示目标卡的栏目设计内容由下面八项构成，各项的设计说明如下。

（1）目标次序 按照重要程度排列填写。

（2）目标项目及数值 列明目标的项目名称及量化数值。

（3）重要性 也就是目标所占的权重。

（4）工作计划 达成目标需要采取的各种措施。

（5）进度 填写此期间目标达成的进度情况，在这一栏中要填写实际成果，便于日后检查。

（6）工作条件 达成目标所需要的人力、物力资源。

（7）自我检查 便于后期进行检讨。

表5-2 目标卡2

直属上司		目标执行人	
姓名：	服务单位：	姓名：	职位：

目标次序	目标项目及数值	重要性/%	工作计划	月份\进度		工作进度						工作条件	自我检查	领导考评
				当月	计划									
					实绩									
				累计	计划									
					实绩									
				当月	计划									
					实绩									
				累计	计划									
					实绩									
				当月	计划									
					实绩									
				累计	计划									
					实绩									

（8）领导考评　领导对员工的成果进行评估，为制定下期目标提供参考。

无论表格形式如何，目标卡内容都应包括上面八项内容。

5.6.2　目标卡的填写

5.6.2.1　填写目标卡的要求

填写目标卡需要注意以下几点。

（1）一行写完。

（2）用条例方式。

（3）具体化和数量化。

（4）简明扼要，少用形容词。

5.6.2.2　填写实例说明

实例说明可以参照表5-3所示的内容进行填写。

表5-3 某化学公司目标卡

目标	修正意见
[例1]减少破包发生 [例2]节省费用	目标文字应简短扼要，并有具体数据、时间或绩效，且能明确表示目标的涵义，左列目标可修正如下： [例1]控制破包率低于0.2% [例2]控制修理费用，全年不超过8万元
[例3]监督尿素包装工作 [例4]促使供电正常	例[3]是工作项目 例[4]是工作目的，不宜列为目标
[例5]按各单位的实际需要办理各项在职训练，提高员工素质，增加产量	文字太长，可修正为："全年度开展员工在职训练10次"
[例6]班长目标：每日生产过磷酸钙肥料400吨且质量符合规定	质量要求是生产的必要条件，可在工作计划中说明，本例可修正为："每日生产过磷酸钙产量400吨以上"
[例7]统计年产量，在各单位交稿后2日内完成	在短时间完成与不需努力即可完成的工作，不宜列为目标
[例8] 拟订员工训练执行计划，以及工读、实习生名额分配与工作安排	每个项目应为一件独立事件，不可包含两件性质不同的工作，应删除相对不重要的一件工作，或者分别列为两个目标

5.6.3 目标卡的管理

目标卡一般需要印制三份。

（1）员工本人保存一份，便于自己再记录，记录个人检查、汇报和考核。

（2）主管保存一份，主管保存有以下一些好处。

①便于主管了解下属的目标是什么。

②便于主管了解目标的进度是什么。

③便于主管了解员工的自我考评是什么以及其他需要掌握的内容。

（3）一份送给目标管理的推行单位，即目标管理的检查部门。

年终，本年度1～12月份的目标卡执行完毕了，管理者将目标卡收集起来，放进保险柜里存档，以便于以后查找，也便于第二年再制定工作目标时，根据本年的内容做个重要的参考，注意的是只需要保存管理部门的那一份即可。

5.7　目标管理的具体内容

5.7.1　目标实施办法

5.7.1.1　目标协商与授权

总公司建立了大目标和组织目标之后，第二步骤应设定各部门的目标。这类目标通常以各项特定职能目标为对象，阐明该项职能应达成的成果，应作为总公司负责有关职能的高级主管的任务。

5.7.1.2　目标实现的方法

分公司主管经理制定目标体系时，应通知各有关单位主管参与，倾听各部门的意见，并责成企划部门提供技术协助及汇总各部门目标，目标体系的建立需要所有管理者的参加。

5.7.1.3　责任中心的建立

对各级主管人员的业绩评价，应以其对企业完成目标和计划中的贡献与履行职责中的成绩为依据。他们所主管的部门和单位有不同的职能，按其责任和控制范围的大小，这些责任单位分为成本中心、利润中心和投资中心。

5.7.2　目标管理的控制

5.7.2.1　目标控制系统

为了对目标进行有效的控制，企业必须建立科学的控制系统。控制系统是由监督、反馈两条线路和分析中心构成的自动控制系统，如图5-8所示。

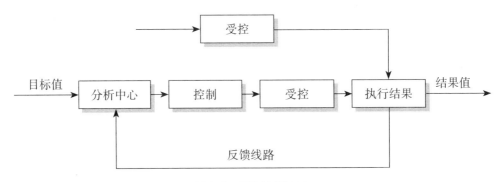

图 5-8　目标控制系统

5.7.2.2　目标管理控制过程

目标管理控制过程如图5-9所示。

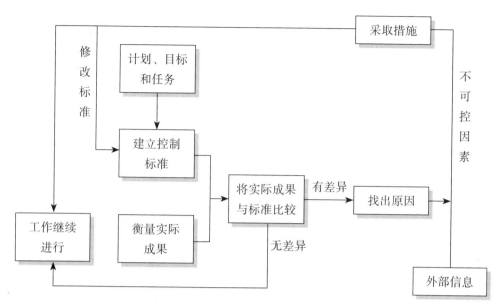

图 5-9　目标管理控制过程

5.7.2.3　目标控制

目标控制过程如图 5–10 所示。

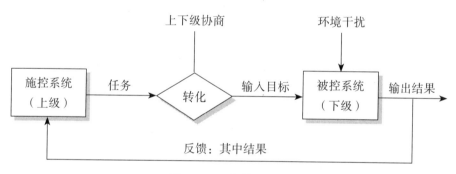

图 5-10　目标控制过程

5.7.2.4　目标实施中的调节

目标实施中的调节如图 5–11 所示。

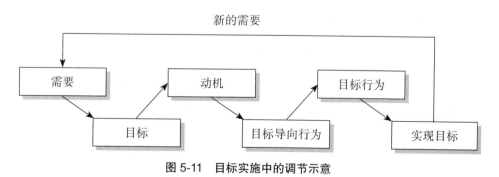

图 5-11　目标实施中的调节示意

5.7.3 目标的激励、检查、考核

5.7.3.1 目标的激励过程

目标的激励过程如图5-12所示。

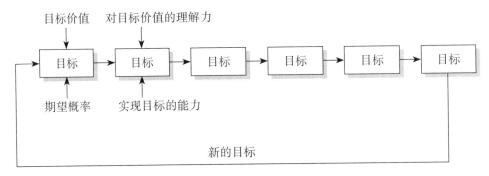

图 5-12 目标的激励过程

5.7.3.2 目标执行检查的内容

目标执行检查的内容如下。

（1）目标实施的进度情况。

（2）目标实施的质量情况。

（3）目标实施的均衡情况。

（4）目标实施的落实情况。

（5）目标对策（措施）的落实情况。

（6）按照目标管理计划要求。

（7）需要检查的其他问题。

（8）目标实施中的检查。

5.7.3.3 目标考核

（1）目标考评制度　分为集体或个人考核标准两类，其内容包括集体或个人承担的目标项目及其他工作项目名称；完成目标与其他工作目标的数量、质量和时限要求；其他相关岗位的协作要求；对成果的评价尺度。

（2）目标考核标准与方法　管理人员应该通过目标管理来自我控制，必须明确目标，这些目标必须规定该人员所管理的单位应该达到的成就，应该规定他在实现自己的目标时能期望其他单位给予什么样的配合，以及规定他和他的单位在帮助其他单位完成目标时应该做出什么贡献。每一个管理人员的目标应该规定自己对实现公司在各个领域的总目标所做出的贡献。

下面提供几份公司目标管理的范本，仅供读者参考。

【他山之石01】某分公司年度经营管理目标责任书

某分公司年度经营管理目标责任书

甲方：××有限责任公司（以下简称甲方）

乙方：××分公司（以下简称乙方）

为了确保公司全年经营及管理目标的顺利实现，进一步明确公司和各分公司的责任、权利和义务，促进企业经济的快速发展，甲、乙双方经过协商，特签订_____年度经营管理目标责任书。

一、目标管理责任体制

实行在总公司领导下的以乙方主管经理为首要责任人的目标管理责任体制。

二、经营责任期

从_____年3月1日起至_____年2月28日（或29日，若有）止，共计12个月。

三、经营管理责任目标

经营管理责任目标见下表。

经营管理责任目标

项目	指标名称	指标	考核标准
生产管理指标	1.生产计划完成率	100%	按照《车间目标管理实施方案》考核执行
	2.产品质量优良率	98%以上	
	3.安全管理目标	全年无重大安全责任事故	
	4.现场管理目标	（1）工作现场整洁、规范、有序 （2）工作流程科学、合理、经济，效率不断提高	
	5.制度建设目标	按照甲方要求建立、健全企业内部的各项管理制度，并在实践中不断地丰富和完善	
	6.机物料消耗	单位产品物料消耗指标	
	7.能耗控制	（1）煤耗 （2）电耗	
	8.生产成本管理	（1）棉油 （2）皮棉	
	9.设备管理目标	（1）设备完好率：95% （2）设备运转率：95% （3）设备事故率：1% （4）要求：设备使用效率高、能耗低	

四、甲、乙双方的权利和义务

（一）甲方的权利和义务

（1）甲方为乙方提供必要的生产经营条件，及时协调、解决乙方在生产经营过程中遇到的一些重大问题。

（2）甲方负责为乙方进行资金的筹措和调配（所发生的财务费用计入乙方），负责为乙方提供财务预算、核算和决算、财务信息的分析和处理等一系列财务活动。

（3）甲方根据乙方生产经营情况和需求适时地提供各类相关指导。

（4）甲方根据乙方生产经营情况及时为乙方提供原料和物资保证。

（5）甲方有权对乙方在遵守、落实公司制度和本目标责任书等方面进行监督，有权根据规定对乙方进行考核和奖惩。

（二）乙方的权利和义务

（1）乙方有权根据甲方下达的"四定"（定岗、定编、定员、定薪）方案提出招聘生产员工的要求；乙方可根据发展需要使用灵活的用工制度。对其下属的基层管理人员有任免建议权。责任期内月、季、年度所发生的人事变动及考核情况须及时报甲方备案。

（2）乙方有责任和义务自觉遵守公司制度及本目标责任书。

五、奖惩条款

（1）为体现"责、权、利"相结合的原则，甲方对乙方实行收入与生产经营目标相挂钩的政策。甲方对乙方目标责任人实行年薪制。

（2）乙方目标责任人的月度薪酬为其标准年薪的70%。若完成或超额完成经营管理目标，则由甲方在责任期末给乙方目标责任人计发其余标准年薪。

（3）乙方若未能完成目标，则按照《车间生产目标管理实施方案》执行考核。

（4）奖金的计发按《车间生产目标管理实施方案》执行。

（5）在经营责任期内，责任人自己提出辞职的，不予计发其余标准年薪和年终奖金；若属甲方从工作需要出发解聘的，则由甲方负责考核其工作业绩并计发责任人应得收入。

（6）若在经营期内发生重大责任事故（包括重大的人身、财产安全事故等），按《车间生产目标管理实施方案》执行。

（7）甲方如发现责任人有重大的经济问题或违反甲方财务管理制度的，则视情节轻重扣发其年终收入的20%～50%，并有权随时就地免去其领导职务，同时追究责任人的经济和法律责任。

（8）对乙方的经营管理指标的完成情况实行月度检查、年度考核。

六、本责任书经甲方总经理与乙方负责领导签字盖章后生效。

七、本目标责任书未尽事宜，由甲、乙双方协商解决。

八、本责任书一式三份，甲、乙双方各一份，财务科一份。

【他山之石02】总经理_____年经营管理责任书

总经理_____年经营管理责任书

甲方：_____（　　　　　　　　　）

乙方：_____（　　　　　　　　　）

经营管理团队由以下人员共同组成：

总经理、副总经理以及部门经理和由总经理推荐董事会批准的关键核心人员。其主要经营责任人为公司总经理。

在董事会的监督下，经营责任人及经营团队享有充分的人事权和经营管理权。

总经理对××有限公司董事会承诺：

本人统领公司员工，共同努力，确保完成或超额完成经营目标和主要管理目标。

一、经营目标

_____年实现经营税后利润_____万元人民币。

二、主要管理目标

公司在完成人员招聘和建立组织架构的基础之上，_____年度应重点完成的主要管理目标如下。

（1）制定完成公司内所有岗位的职位说明书，明确其职位目的、周边工作关系，以及主要工作职责与衡量标准。

（2）建立公司内各职位的考核标准及考核管理办法。

（3）根据董事会下达的经营目标要求，组织制定与上报相关的市场营销政策和营销策略。主要包括：产品策略、推广策略、渠道政策及其相关的商务和服务政策、策略。

（4）建立以经营目标为导向的业务管理体系，包括业务管理规范和流程，以及业务指导书与工作模板等。

（5）建立以目标实现过程为导向的运作管理体系，通过对业务运作的监控、反馈、指导及实施，确保公司经营目标的完成。包括项目管理制度和例行的报告与会议制度。

（6）建立完整的客户信息与项目管理档案。

（7）配合做好董事会下达的其他工作。

以上主要管理目标的责任人已制订相关的实施计划或方案，上报董事会备案。

三、绩效考核目标

公司经营目标责任人及其管理团队在完成或超额完成董事会下达的年度经营目标可以获得相应奖励；反之，将受到相应的扣罚。

（1）_____年度公司经营目标责任人及其管理团队按照公司董事会确认的_____年

度完成不低于_____万元的税后利润，根据经营目标完成百分比取得相应的基本薪资。

（2）_____年度完成税后利润不低于_____万元人民币，公司经营管理团队可得全年利润10%的计奖提成比例奖励。

（3）_____年度完成税后利润_____万元以上，超出部分公司经营管理团队管理层可按超出部分的30%的计奖提成比例奖励。

四、奖励兑现

（1）经营目标完成结果，以_____年12月31日止的账面营收额为奖励的计算基础，奖励兑现以实际到账额度计算，由董事会委托公司财务部门进行专项审计确认后并出具报告。

（2）主要管理目标完成结果，由公司董事会在本年度末组织专项小组进行评审确认后，并出具报告。

（3）公司所有员工及管理团队的各项奖励待年末考核后，在第二年2月予以一次性兑现，个人所得税自理。

（4）员工的奖励由公司总经理根据员工工作绩效予以分配，并提交董事会备案；管理团队的奖励由总经理提交预分配方案报董事会审批后予以执行。

五、解释与调整

本责任书中绩效考核的奖励为年正常经营情况下的最高指标。最终考核奖励的具体实施细则与方案由公司董事会根据经营管理团队的销售业绩，结合利润目标以及主要管理目标实现进行相应调整。

董事长：　　　　　　　　　　　　　总经理：

_____年____月____日　　　　　　_____年____月____日

【他山之石03】财务部_____年目标责任书

财务部_____年目标责任书

甲方：_____（总经理）

乙方：_____（财务总监）

各部门管理目标的实现是公司整体战略目标实现的前提和保障。为充分发挥各部门的主观能动性，实现公司_____年战略目标，特签订此目标责任书，以明确各部门、利润体的经营管理目标以及其负责人的相关权利和责任。

本目标责任书的周期为年度，即：_____年1月1日至_____年12月31日。实行季度考核评分。

一、财务部年度工作目标

（一）税务筹划目标

（1）及时收集相关财税法规各项资料，建立和充实税收资料库，不断调整税收策略，组织进行税收筹划和管理。

（2）每月和每季度的10日前完成税款及时缴纳与申报。

（3）总体税负率控制在20%以内。总体税负率奋斗目标为18.5%。

（4）定期进行内部税务自查，杜绝税务风险。

（5）有效配合税务和稽查部门工作，使公司税务风险最小化。

（二）预决算管理目标

（1）制订公司年度、月度各项预算计划的编制工作。

（2）每月8日前对上月预算执行情况进行实时跟踪、审核、反映和定期分析工作，并编制"预算执行分析报表"。

（3）配合行政部每月提交财务考核数据。

（三）财务管理目标

（1）会计核算体系的完整性达到100%。

（2）科目设置的合理规范及数据的可提取性98%以上。

（3）会计凭证和会计报表以及合同台账的准确性与及时性。

（4）表格100%系统化。

（5）编制适合公司业务发展的《财务操作手册》，并进行岗前培训。于_____年3月30日前完成。

二、考核权重、内容及指标

（一）季度及年度绩效考核内容、权重、数据提供部门规定如下表所示。

季度及年度绩效考核内容、权重、数据提供部门

考核内容	权重	考核指标	完成时间
预决算管理	25%	预算与实际偏差10%	每月
		项目预算7%	_____年1月30日
		项目进度分析8%	每月
财务管理	50%	财务报告管理15%	每季度
		财务体系建设15%	每季度
		账务处理20%	每季度
税务筹划	25%	税务申报表10%	每季度
		税负率15%	
合计	100%		

（二）考核指标评估说明

1. 税务筹划

（1）税务申报表　每月和每季度的10日前完成税款的缴纳和申报，每逾期1天，扣5分，滞后3天，该项目不得分。

（2）税负率　项目总体税负率控制在20%以内，该项目不扣分，每降低1%给予相关人员（包括其他部门相关人员）奖励_____万元。到_____年年底进行税负率预估。税负率每超出1%给予相关人员罚款一个月工资并扣5分，累计超出2%后该项目得分为0，总体税负率奋斗目标为18.5%。

2. 预决算管理

（1）项目预算　在_____年1月30日前，完成公司年度预算计划的编制工作，滞后1天扣5分，累积3天，本项目得分为0分。

（2）项目进度分析　每月8日前完成预算执行情况及财务分析，滞后1天扣5分，累积3天，本项目得分为0分。

（3）预算与实际偏差　确保财务部预算差异率控制在+5%，−10%以内，每超出或低于1%，扣3分。超出或低于2%以上（含2%），该项目得分为0分。

3. 财务管理

（1）财务报告管理　会计报告及时，滞后1天，扣5分，滞后2天，不得分。

（2）账务处理　会计科目设置正确，流程组织合理，电算化水平高，会计档案保存良好。经检查存在每个缺陷点扣5分，累计发现有2处缺陷点的，该项目得分为0分。

（3）财务体系建设　于_____年3月30日前编制财务操作手册，每滞后1天，扣5分。

三、职业操守

（1）乙方应以公司利益为重，尽职、积极地履行工作职责。

（2）乙方应公正廉洁，不利用职务之便谋取私利，不私设小金库。

（3）乙方应以身作则，带头遵守公司各项管理制度。

（4）乙方应严格保守公司商业秘密。

四、考核结果运用

（1）财务体系建设　于_____年3月30日前编制《财务操作手册》。按时完成此项工作奖励财务部1个月的工资总额，滞后完成扣罚财务部半个月工资总额。

（2）根据季度考核得分运用　实行季度考核评分制，季度考核共分3个季度考核，指××年前3个季度。

五、节点奖金的发放和预留

（1）考核奖励经行政部审核审批后的一周内予以发放。

（2）每一项节点完成后，节点奖金经行政部审核审批后的一周内（遇节假日顺延）

予以发放，每次发放金额为80%，剩余20%在_____年1月10日前一并发放。

六、注意事项

（1）因目标责任书涉及年度考核节点，因此在进行季度考核时行政部根据考核总分调整考核内容。

（2）_____年所有节点奖金发放须提供财务认可的有效发票或直接扣除个人所得税。

（3）乙方因违反本责任书规定的职业操守，并因虚报、瞒报财务状况的，除由有关部门依照《中华人民共和国会计法》《企业会计准则》等有关法律法规处理外，视情节扣发绩效年薪，并给予免职或解聘处理；触犯刑律的，依法移送司法机关追究刑事责任。

（4）乙方不得接受合作方的红包、礼物或宴请，如有发现并经证实，公司将对其进行处罚，除勒令上缴红包、礼物或退还合作方宴请费用外；每接受宴请一次，处以乙方年薪1%的罚款；每收受礼物一次，处以乙方年薪5%的罚款；每收受红包一次，处以乙方年薪10%的罚款；接受商业贿赂的，一经查实立即解除劳动合同，情节严重的移交司法机关处理。

（5）甲乙双方一致同意本目标责任书中所有人员涉及的加班费用全部包含在节点奖励里。

（6）本合同一式两份，甲乙双方各执一份。

甲方：（签字）　　　　　　　　　　乙方：（签字）

_____年____月____日　　　　　　_____年____月____日

【他山之石04】销售部目标责任书

销售部目标责任书

根据公司_____年度的销售目标，按照对市场的预测，参考历史销售业绩并综合考虑多种可能的影响因素，为充分调动销售部营销人员的销售积极性，以确保公司年度销售目标的实现，在平等、自愿、协商一致的基础上，特制定本销售目标任务和相应的激励政策，并明确公司与责任人的权利与责任。

一、目标销售责任人：　　　　　　　　　（以下简称乙方）

责任公司：_____五金配件有限公司（以下简称甲方）

二、目标销售任务

经公司研究决定，现授权销售责任人全面负责公司生产的五金产品销售、品牌的宣传、推广等活动的权利，同时，完成以下年度目标销售任务。

（1）年度销售（以＿＿＿＿＿＿＿＿＿＿＿＿＿＿为主）基本任务：＿＿＿＿＿万元。

（2）年度销售（以＿＿＿＿＿＿＿＿＿＿＿＿＿＿为主）目标任务：＿＿＿＿＿万元。

（3）年度销售（以＿＿＿＿＿＿＿＿＿＿＿＿＿＿为主）挑战任务：＿＿＿＿＿万元。

三、完成目标销售任务期限

＿＿＿＿年3月1日至＿＿＿＿年2月28日（或29日，若有）。

四、销售责任人的义务

（1）责任人应在签订年度销售目标责任书后10日内向甲方提供具体的、可操作的、可衡量的、可实现的、有时间性的目标实施详细计划书（电子版），在获得公司认可后以此作为对销售目标责任人进行绩效考评、市场开发活动监督和控制的依据。

（2）销售目标责任人必须定期或不定期地按甲方要求报送以下市场开发活动有关的各项文字资料。

① 提交周、月度、季度、年度各项工作计划、销售数据、市场调查的分析和总结报告，分析市场状况，提供市场分析报告，为公司决策提供准确的市场依据。

② 每月的工作计划中包括销售政策的实施情况、客户跟踪和维护的报告。

③ 公司要求提供的其他相关文字资料，如客户信息、合同、工程资料等。

④ 考核当月未完成计划销售目标任务的，责任人须向直接上级说明未完成计划任务的原因，并提出改进措施。

⑤ 每月对各类与之相关的促销活动、员工考核、奖励评比按时上报数据，对于举办活动的前期准备计划、流程，结束后需提交的客户信息、活动分析及活动相关资料等。

⑥ 销售员工照常填写每日工作日志，于每周四、周日提交销售主管进行批阅。

（3）根据公司绩效考核要求，参与公司绩效考核（细则按各级考核表规定执行）。

（4）加强部门内部管理，不断提高内部管理水平。

（5）接受公司对市场开发活动的检查、监督，并对公司市场开发管理、活动提出整改、完善意见，进而有效贯彻和落实。

（6）根据公司回款的相关规定，完成年度回款计划的95%以上，享有公司给予的销售提成及年度奖励的权利。

五、目标责任人的权利

（1）要求公司在责任人实施市场开发活动过程中须提供必要的资金、设备、后勤等人、财、物的支持和保障，根据责任人所提报的时间进行商洽后1～3日内给予回复。

（2）根据工作需要，对部门内部员工工作进行自主安排、调动。

（3）具有对部门内部员工的任免提出建议的权利，且公司将以此建议作为该部门内部员工最终任免的重要依据。

六、薪酬规定

销售目标责任人的年薪＝月薪×12＋业务提成＋年终奖励

七、考核办法

1. 完成基本任务年终奖励办法

_____。

2. 完成目标任务年终奖励办法

_____。

3. 完成挑战任务年终奖励办法

_____。

4. 没有完成基本任务年终处罚办法

_____。

八、附则

本责任书一式三份，总经理一份、销售主管一份、年度销售目标责任人一份。

本责任书自签订之日起，公司和销售目标责任人应共同努力、携手并进、互励共勉，以期顺利完成目标责任。

总经理（签字）：　　　　　　　　　销售责任人（签字）：

日期：　　　　　　　　　　　　　　日期：

【他山之石05】品管部目标责任书

品管部目标责任书

根据____年公司总体战略制定各部门责任目标如下。

考核人：公司副总。

考核对象：品管部经理。

一、责任目标

（一）质量目标

（1）市场问题投诉率2%。

（2）批量质量事故：不允许出现。

（3）立案问题解决率50%（季度增加5%）。

（4）错漏检率0.2%。

（5）客户验收合格率98%。

（6）质量索赔率0%。

（二）薪酬目标

（1）年薪＝月薪×12＋绩效奖金

（2）月薪＝固定薪酬＋浮动薪酬＋绩效奖金

固定薪酬＝标准定薪×80%＋绩效工资（标准定薪×20%×考核系数），绩效工资按公司月度绩效考评核算。

浮动薪酬＝标准定薪×20%，浮动工资季度/年底核算，每月考核、季度/年终汇总。浮动工资实质上是奖金部分（不属年终奖范畴）。

绩效奖金：当月产值完成_____万元，奖励绩效奖金_____元，超过_____万元产值部分，每超过_____万元另奖_____元。

（三）工作目标

（1）物料入库　入库物料均为合格品。

（2）现场问题处理率　现场出现质量问题（生产现场）100%得到处理解决。

（3）定编定员　_____人。

（4）安全目标　杜绝因无标准工艺而出现质量不稳定、杜绝整机漏检出现客户验收不合格、杜绝质量问题出现客户退货。

（四）费用目标

（略）。

二、责任目标考核办法

责任目标考核办法见下表。

责任目标考核办法

指标	目标	考核办法	考核	
质量目标			时间	部门
市场投诉率	2%	超过2%，每超1%，扣罚1%浮动工资	月/季/年	营销部
批量质量事故	杜绝	发生1次，扣罚2%浮动工资	月/季/年	营销部
现场问题及时处理	100%	拖延一次处理，扣罚1%浮动工资	月/季/年	生产部
错漏检率	0.2%	超0.2%，每超0.1%，扣罚1%浮动工资	月/季/年	总经办
客户验收合格率	98%	每降1%，扣罚5%浮动工资	月/季/年	营销部
质量索赔率	0	出现质量问题索赔，扣罚10%浮动工资	月/季/年	总经办

续表

指标	目标	考核办法	考核	
费用指标			时间	部门
办公费用（含低耗品、通信费、水电费）	0.7元/1万元产值（0.007%）	每超过0.001%，扣罚1%浮动工资	月/季/年	财务部
员工总工资	1万元+0.002元/1万元产值	超指标扣罚1%浮动工资	月/季/年	财务部
工作质量指标			时间	部门
物料入库	入库物料100%合格	出现一次物料不合格，扣罚0.5%浮动工资	月/季/年	生产部
现场问题处理率	现场质量问题100%得到处理解决	质量问题没整改（返工）流入下一工序，发生一次，扣罚0.5%浮动工资	月/季/年	生产部
定编定员	_____人	超指标扣1分，扣罚2%浮动工资	月/季/年	管理部
安全目标	杜绝因无标准工艺而出现质量不稳定	质量反复不稳定，扣罚2%浮动工资	月/季/年	总经办
	杜绝整机漏检出现客户验收不合格	整机漏检遭客户验收不合格，发生一次，扣罚2%浮动工资	月/季/年	营销部
	杜绝质量问题出现客户退货	出现客户退货，扣罚50%浮动工资	月/季/年	营销部

三、考核评定办法

（一）考核依据

（1）本责任书。

（2）公司相关规章、制度及程序、职责。

（二）检查方法

（1）据公司《质量月报》《财务报表》及相关文件进行考核。

（2）月度由指标考核部门在每周一将考核数据报表报管理部，每月5日公布情况，并于当月财务处理。

（三）考核评定

（1）月度考核数据核算季度浮动工资，每季度发放当季浮动工资的50%，另外

50%年底统一发放。

（2）全面完成年度经营管理责任目标指标，可获年度全额浮动工资（奖金）。

四、目标职责

（1）考核人　对被考核人授予职责范围权限和配置基本资源，公正评价绩效和宏观管理。

（2）品管部经理　具体管理和协调指导被考核人达成目标完成。

（3）被考核人　对公司负责，积极组织落实目标分解，并对目标具体实施绩效负责。

考核人：　　　　　　品管部经理：　　　　　　被考核人：

时间：　　　　　　　时间：　　　　　　　　　时间：

【他山之石06】物控部目标责任书

物控部目标责任书

根据_____年公司总体战略制定各部门责任目标如下。

考核人：公司副总。

考核对象：物控部门主管。

一、责任目标

（一）质量目标

（1）批次物料合格率最低不能低于80%。

（2）不同批次同一物料（含外购和外协）不能连续出现同一质量问题。

（二）薪酬目标

（1）年薪＝月薪×12＋绩效奖金

（2）月薪＝固定薪酬＋浮动薪酬＋绩效奖金

固定薪酬＝全车间人均工资×1.8×月度绩效考核系数。

浮动薪酬＝当月固定薪酬×20%，浮动工资季度/年底核算，每月考核、季度/年终汇总。浮动工资实质上是奖金部分（不属年终奖范畴）。

绩效奖金：当月产值完成_____万元，奖励绩效奖金_____元，超过_____万元产值部分，每超过_____万元另奖_____元。

（三）工作目标

（1）采购/外协任务目标　完成月_____万元生产物料采购/外协任务，至少保证

95%以上的物料不影响生产。

（2）效率目标　当日物料（含原材料、成品、半成品）当日入库，且发料保证生产物料发放整台套两小时内完成物料准备，普通物料1天内供应给售后服务，特殊物料2天内供应给售后服务。

（3）定编定员　_____人。

（4）安全目标　物料账实相符不低于98%，杜绝出现呆滞物和过保修期物料，杜绝物料失盗、失火、失潮、生锈。

（5）采购成本目标　年度采购总体成本同比下降3%，月度采购成本同比下降1%～5%。

（四）费用目标

（略）。

二、责任目标考核办法

责任目标考核办法见下表。

责任目标考核办法

指标	目标	考核办法	考核	
质量目标			时间	部门
物料合格率	批次物料合格率最低不能低于80%	低于80%，每低1%，扣罚1%浮动工资	月/季/年	生产部
	不同批次同一物料（含外购和外协）不能连续出现同一质量问题	发生1次，扣罚2%浮动工资	月/季/年	生产部
成本指标			时间	部门
采购成本	年度采购总体成本同比下降3%，月度采购成本同比下降1%～5%	采购成本没同比下降，扣罚1%浮动工资	月/季/年	财务部
工作质量指标			时间	部门
物料供应	生产物料发放整台套两小时内完成物料准备	不达标，一次扣罚0.5%浮动工资	月/季/年	生产部
	普通物料1天内供应给售后服务，特殊物料2天内供应给售后服务	不达标，一次扣罚1%浮动工资	月/季/年	生产部
定编定员	8人	每超1人，扣罚2%浮动工资	月/季/年	管理部

续表

指标	目标	考核办法	考核	
工作质量指标			时间	部门
物料安全	物料账实相符不低于98%	低于98%，每低1%，扣罚1%浮动工资	月/季/年	总经办
	杜绝出现呆滞物和过保修期物料	出现呆滞或过保修期，一物料扣罚1%浮动工资	月/季/年	营销部
	杜绝物料失盗、失火、失潮、生锈	发生失盗、失火、失潮，一次扣罚10%浮动工资	月/季/年	营销部

三、考核评定办法

（一）考核依据

（1）本责任书。

（2）公司相关规章、制度及程序、职责。

（二）检查方法

（1）据公司《质量月报》《财务报表》及相关文件进行考核。

（2）月度由指标考核部门在每周一将考核数据报表报管理部，每月5日公布情况，并于当月财务处理。

（三）考核评定

（1）月度考核数据核算季度浮动工资，每季度发放当季浮动工资的50%，另外50%年底统一发放。

（2）全面完成年度经营管理责任目标指标，可获年度全额浮动工资（奖金）。

四、目标职责

（1）考核人　对被考核人授予职责范围权限和配置基本资源，公正，评价绩效和宏观管理。

（2）物控部经理　具体管理和协调指导被考核人达成目标完成。

（3）被考核人　对公司负责，积极组织落实目标分解，并对目标具体实施绩效负责。

考核人：　　　　　　物控部经理：　　　　　　被考核人：

时间：　　　　　　　时间：　　　　　　　　时间：

【他山之石07】研发部目标责任书

研发部目标责任书

根据_____年公司总体战略制定各部门责任目标如下。

考核人：公司副总。

考核对象：研发部经理。

一、责任目标

（一）质量目标

（1）新品投放市场，当月客户质量投诉单台不能超过3起。

（2）市场新产品设计质量问题，一个月内得到整改并得到市场认可。

（二）薪酬目标

（1）年薪＝月薪×12+成果奖金

（2）月薪＝固定工资＋浮动薪酬＋成果奖金

固定薪酬＝标准定薪×80%+绩效工资（标准定薪×20%×考核系数），绩效工资按公司月度绩效考评核算。

浮动薪酬＝标准定薪×20%，浮动工资季度/年底核算，每月考核、季度/年终汇总。浮动工资实质上是奖金部分（不属年终奖范畴）。

成果奖金：完成一台套新产品研发任务，按《研发业绩及工程业绩考核管理规定》执行。

（三）工作目标

（1）任务目标 按_____年新品研发计划在规定时间内完成全年的新品研发任务。

（2）效率目标 _____新品/人/月。

（3）定编定员 _____人。

（4）成本目标 研发成本（不含物料，但含程序开发）控制在_____万元/年。

（四）费用目标

（略）。

二、责任目标考核办法

责任目标考核办法见下表。

责任目标考核办法

指标	目标	考核办法	考核	
质量目标			时间	部门
市场投诉	当月客户质量投诉单台不能超过3起	超过3台，每超一台，扣罚1%浮动工资	月/季/年	营销部

续表

指标	目标	考核办法	考核	
	质量目标		时间	部门
问题处理	市场新产品设计质量问题，一个月内得到整改并得到市场认可	一个月内不能得到市场认可，扣罚2%浮动工资	月/季/年	营销部
	成本指标		时间	部门
研发成本（不含物料）	10万元/年（含程序开发）	每超过＿＿＿万元，扣罚1%浮动工资	年度	财务部
	工作质量指标		时间	部门
新品工艺结构设计	杜绝设计结构严重不合理之图纸投入生产而造成浪费	结构不合理而造成生产浪费，每图扣罚1%浮动工资	年度	生产部
研发进度	1新品/人/月	未完成，每品扣罚1%浮动工资		
新产品资料	新品投放市场一个月内，零件图、部装图、总装图、电路图、气路图、水路图、使用说明书、故障排解书、零件重量、BOM物料清单必须全部齐全	每少一资料，扣罚1%浮动工资	月/季/年	生产部

三、考核评定办法

（一）考核依据

（1）本责任书。

（2）公司相关规章、制度及程序、职责。

（二）检查方法

（1）据公司《质量月报》《财务报表》及相关文件进行考核。

（2）月度由指标考核部门在每周一将考核数据报表报管理部，每月5日公布情况，并于当月财务处理。

（三）考核评定

（1）月度考核数据核算季度浮动工资，每季度发放当季浮动工资的50%，另外50%年底统一发放。

（2）全面完成年度经营管理责任目标指标，可获年度全额浮动工资（奖金）。

四、目标职责

（1）考核人 对被考核人授予职责范围权限和配置基本资源，公正评价绩效和宏观管理。

（2）研发部经理　具体管理和协调指导被考核人达成目标完成。

（3）被考核人　对公司负责，积极组织落实目标分解，并对目标具体实施绩效负责。

考核人：　　　　　研发部经理：　　　　　被考核人：

时间：　　　　　　时间：　　　　　　　　时间：

【他山之石08】工程部目标责任书

工程部目标责任书

根据_____年公司总体战略制定各部门责任目标如下。

考核人：公司副总。

考核对象：工程部经理。

一、责任目标

（一）质量目标

（1）月度客户因设备配置或设备技术参数（《技术规范书》）与客户要求有异而产生的质量投诉次数不能超过2起。

（2）不发生《技术规范书》设计问题导致客户退货或因设计问题返工维修超过2天时间。

（二）薪酬目标

（1）年薪＝月薪×12＋绩效奖金

（2）月薪＝固定工资＋浮动薪酬＋绩效奖金

固定薪酬＝标准定薪×80%＋绩效工资（标准定薪×20%×考核系数），绩效工资按公司月度绩效考评核算。

浮动薪酬＝标准定薪×20%，浮动工资季度/年底核算，每月考核、季度/年终汇总。浮动工资实质上是奖金部分（不属年终奖范畴）。

绩效奖金：按季度销售任务达成情况，按一定比例核算奖金。完成自产销售每月达成年度目标值（_____年为_____万元/月产值、_____年为_____万元/月产值、_____年为_____万元/月产值），按0.005%提取奖金，超过目标值的部分，另按0.0025%提取奖金。

（三）工作目标

（1）任务目标　接到客户需求信息，一个工作日内完成《技术规范书》设计并于2个工作日内得到确认，全月完成_____万元产值的《技术规范书》设计和生产用图设计发放（订单不足除外）。

（2）效率目标　订单下达2天内完成生产用图纸发放，最迟不能超过3天时间；接到客服图纸需求通知，2小时内完成图纸设计，4小时内完成图纸审核发放。

（3）定编定员　_____人（含机械、电气工程师各_____人）。

（4）安全目标　技术规范书设计时，充分考虑客户产品类型、线径线盘尺寸，保证客户产品生产需求与公司技术匹配达成完全共识，并且按公司《业务接单管理规定》操作，杜绝双方理解误差而"扯皮"和公司利益受损。

（四）费用目标

（略）。

二、责任目标考核办法

责任目标考核办法见下表。

责任目标考核办法

指标	目标	考核办法	考核	
	质量目标		时间	部门
设计质量	因《技术规范书》与客户要求有异而产生的质量投诉次数不能超过2起/月	每超一起，扣罚1%浮动工资	月/季/年	营销部
	不发生《技术规范书》设计问题导致客户退货	发生退货，扣罚浮动工资50%	月/季/年	营销部
	设计问题导致返工维修时间不超过2天时间	因设计问题导致单台次返工维修超过2天时间，扣罚10%浮动工资	月/季/年	营销部
	工作质量指标		时间	部门
技术规范书设计	接到客户需求信息，一个工作日内完成《技术规范书》设计并于两个工作日内得到确认	接到客户需求信息，一个工作日内不能完成规范书设计，扣罚2%浮动工资，两个工作日内不能完成规范书确认，扣罚2%浮动工资	月/季/年	营销部
生产用图提供	全月完成____万元产值的《技术规范书》设计（订单不足除外）	不能完成当月业务的规范书设计，扣罚1%浮动工资	月/季/年	营销部
	订单下达2天内完成生产用图纸发放，最迟不能超过3天	不能在规定时间内完成出图，每订单扣罚1%浮动工资	月/季/年	生产部
客服用图提供	接到客服通知，2小时内完成图纸设计，4小时内完成图纸审核发放	不能在规定时间内完成出图，次扣罚1%浮动工资	月/季/年	客服部门

三、考核评定办法

（一）考核依据

（1）本责任书。

（2）公司相关规章、制度及程序、职责。

（二）检查方法

（1）据公司《质量月报》《财务报表》及相关文件进行考核。

（2）月度由指标考核部门在每周一将考核数据报表报管理部，每月5日公布情况，并于当月财务处理。

（三）考核评定

（1）月度考核数据核算季度浮动工资，每季度发放当季浮动工资的50%，另外50%年底统一发放。

（2）全面完成年度经营管理责任目标指标，可获年度全额浮动工资（奖金）。

四、目标职责

（1）考核人　对被考核人授予职责范围权限和配置基本资源，公正评价绩效和宏观管理。

（2）工程部经理　具体管理和协调指导被考核人达成目标完成。

（3）被考核人　对公司负责，积极组织落实目标分解，并对目标具体实施绩效负责。

考核人：　　　　　　工程部经理：　　　　　　被考核人：

时　间：　　　　　　时　间：　　　　　　　　时　间：

【他山之石09】人力资源部目标责任书

人力资源部目标责任书

甲方：＿＿＿＿＿＿＿有限公司　　　　　总经理：＿＿＿＿＿＿

乙方：＿＿＿＿＿＿＿公司人力资源部　　负责人：＿＿＿＿＿＿

为实现＿＿＿＿＿＿＿有限公司中长期发展战略规划，建立有效的激励和约束机制，本着责、权、利相结合的原则，甲乙双方签订工作目标责任书如下。

一、考核期

自＿＿＿＿年1月1日起至＿＿＿＿年12月31日止。

二、考核内容

考核内容见下表。

考核内容

序号	关键绩效考核指标名称	目标值	指标考核计算依据及相关说明
1	制定人力资源发展规划	完成	按照集团发展战略规划，制订支持公司全年经营目标的人力资源规划和工作计划
2	人才招聘完成率	100%	人才招聘完成率=实际招聘人数÷应招聘人数×100%
3	职能部门工作目标责任书签约率	100%	签约率=实际签订目标责任书部门÷应签订部门数×100%，并按规定考核
4	所属分支机构目标责任书签约考核率	100%	集团发展公司所属机构及各分公司根据经营发展实际，全面实现目标责任书考核，并按规定进行奖罚
5	绩效考核实施率	100%	根据年度目标责任书进行各季度工作计划分解，全年完成4次绩效考核。考核实施率=实际实施考核次数÷应实施考核次数×100%
6	公司经营层年度民主考评完成率	100%	民主考评完成率=实际考评人数÷应考评人数×100% 此项指标参照集团股份公司相关规定实施完成
7	员工建议管理	100%	每半年及年终分别组织进行员工建议评选工作
8	员工工资月度上报	完成	按时完成员工考勤及工资发放的制作和上报，确保无重大差错，个别差错及时处理纠正，避免造成不良影响
9	员工培训计划完成率	100%	完成率=计划培训人员数量÷实际培训人员数量×100%
10	新员工入职培训完成率	100%	入职培训完成率=实际培训人数÷新入职员工应培训人数×100%
11	导师带学签约、考核率	≥95%	导师带学合同签约、考核率=实际签约、考核人数÷应签约、考核人数×100%
12	关键岗位A/B角配备达标率	100%	按照公司关键岗位A/B角配备计划和要求，完成各关键岗位人才配备和轮岗，关键岗位A/B角配备达标
13	精英计划实施完成率	100%	按照公司精英培养计划和要求，制定精英培养工作规划，完成精英人才培养工作。
14	员工劳动合同签订率	100%	劳动合同签订率=实际签订劳动合同人数÷应签订合同人数×100%
15	人力资源月报上报及时率	100%	每月按时完成人力资源月报的汇总上报

续表

序号	关键绩效考核指标名称	目标值	指标考核计算依据及相关说明
16	员工岗位调配完成率	100%	调配工作完成率=实际负责调配次数÷应负责调配次数×100%
17	员工调配工作交接监交率	100%	监交率=应负责监交次数÷实际监交次数×100%
18	预算费用支出率	≤100%	预算费用支出率=实际费用支出÷核定预算费用×100%

三、考核管理

（1）甲方于次年对乙方本年度目标的完成情况进行考核与评价。

（2）乙方保存好被考核项原始资料，直至审计人员完成目标责任书审计。

四、双方权利、责任和义务

（一）甲方

（1）随时全面了解乙方管理过程和各类信息。

（2）对乙方出现重大过错有及时处罚权。

（二）乙方

（1）应自觉遵守企业的规章制度，服从甲方的领导。

（2）应按照甲方的要求及时、真实、准确地报送相关资料。

（3）确保各项指标和工作计划如期完成。

五、责任书的生效、变更、解除和终止

（1）本责任书经甲乙双方签字后生效。

（2）本责任书生效后即具有约束力，任何一方不得随意变更或解除。

（3）如遇国家法律法规、集团发展相关政策发生变更、工作调动以及其他不可抗拒力因素影响，致使双方确定的考核指标明显不适用或数据发生重大变化的，经双方协商一致，可修改或变更本责任书的有关条款直至解除。

（4）若乙方根据上款规定认为应该变更或解除责任书，应向甲方提出书面申请。

（5）经甲方审核同意后，方可变更或解除本责任书。在甲乙双方协商达成新责任书之前，本责任书依然有效。

（6）责任书部分条款的修改或变更不影响本责任书其他条款的效力。

（7）考核期满，责任书履行完毕，本责任书自行终止。责任书终止，并不免除乙方在考核期内因违反公司规章制度造成损失的责任。

六、附则

（1）本责任书未尽事宜双方另行协商，并可签订补充文件，作为本责任书附件。责任书附件作为本责任书不可分割的组成部分，具有同等效力。

（2）本责任书一式两份，双方各执一份。

甲方（公章）：　　　　　　　　　　乙方单位：（公章）

总经理（签字）：　　　　　　　　　乙方负责人（签字）：

签订日期：_____年___月___日　　　签订日期：_____年___月___日

【他山之石10】目标管理考核办法

目标管理考核办法

一、目的

为适应公司的发展，提升各部门的工作效率，强化自主管理意识，加强部门间的协同作业能力，为此，特对各部门实行目标管理，实现责、权、利高度结合，从而有效地降低生产成本。

二、适用范围

本办法适用于研发部、PMC、采购部、制造一部、制造二部、注塑部、品质部、返修车间、成品仓、客退组、仓储部、供服部等部门。

三、考核周期

以自然月为单位作为考核周期，即对所有在奖罚办法中规定的各部门对应指标均按月进行考核。

四、主要指标

（一）安全指标

在本公司指的是单起工伤事故结案后医疗费高于100元、公司财务失窃金额超过1000元的、食物中毒超出2人以上、员工宿舍失窃金额高于100元，火灾、劳资纠纷、打架斗殴、爆炸等每发生1起的事故。

（二）效率指标

1.周销售预测总量达成率

周销售预测总量达成率：指的是PMC根据市场部提供的月需求计划，结合当前库存的情况、产能情况及近几个月的销售趋势调整后并分解到四周的周计划，并按此生成制造单下达给制造部门后，制造部门每周实际完成合格品入库的总数量与本周实际销售预测总数量的比率。周销售预测总量达成率的计算公式如下。

周销售预测总量达成率＝周实际完成合格品入库的总数量÷周实际销售预测总数量×100%。

2.销售预测总量达成率

销售预测总量达成率：指的是当月四周销售预测总量达成率的平均值。

公式：销售预测总量达成率＝∑周销售预测总量达成率÷4×100%。

3.工时利用率

工时利用率：指的是某制造部门当月产出总定额工时与投入总工时的比率。计算公式为：工时利用率＝当月产出总定额工时÷当月投入总工时×100%。

其中：

产出总定额工时＝∑制造单合格品入库数量×对应产品的定额工时

投入总工时＝某制造部门的全部直接员工（不含拉长、LQC员、统计员、收发员等）的实际出勤时间总和

注：LGC为Line Quality Control的缩写，意为生产线品质控制。

4.设备完好率

设备完好率：指的是全公司投入生产的设备中，当月可以正常投入生产运行的设备（含闲置完好设备）占上月底全公司所有可用设备总数的比率。计算公式为：设备完好率＝设备完好总数÷上月底全公司可用设备总数×100%。

5.人员招聘达成率

人员招聘达成率：指的是人力资源部配合各部门的人员需求计划，在规定的时间内实际招到的员工总人数占当月计划招聘总人数的比率。计算公式为：人员招聘达成率＝规定的时间内实际招到的员工总人数÷当月计划招聘总人数×100%。

说明：未按规定时间招到的人员总数不计入当月实际招到的员工总人数。

6.产品开发完成率

产品开发完成率：指的是当月规定时间内实际开发完成的产品总数占当月计划开发完成的产品总数的比率。

计算公式为：产品开发完成率＝当月规定时间内实际开发完成的产品总数÷当月计划开发完成的产品总数×100%。

说明：未按规定时间完成的不计入当月实际完成数量；当月计划开发的新产品指的是产品设计书已经评审完毕且相关产品已经立项；当月立项的新产品开发完成的标志是必须经过市场部相关人员签名确认为准。

7.日制造单总量达成率

日制造单总量达成率：指的是由PMC（Production Material Control的缩写，意即生产计划与物控）部下达给各生产部门计划某日生产完工的制造单，各生产部门在计划完工日期内实际完工的总入库合格品数量与计划完工日期所有制造单的总开单数量的比率。

计算公式为：日制造单总量达成率＝∑某日实际完成对应制造单的合格品入库数量÷∑某日计划完工的制造单开单数量×100%。

说明：在计算达成率时，若因在生产过程中出现物料缺料或来料不良物料过多严重影响生产进度，或由于紧急插单影响生产进度，或由于非生产安排自身原因的突发事件影响生产进度等，生产部门必须第一时间将影响原因及时通知PMC部，由PMC部调整生产计划，由此所影响的制造单均不计入达成率中。

8.日制造单批次达成率

日制造单批次达成率：指的是由PMC部下达给各生产部门计划某日生产完工的制造单，各生产部门在计划完工日期内实际完工的总入库合格品数量等于制造单开单数量的批次（含因特殊原因由PMC部人工结案的制造单批次）与计划完工日期所有制造单的总批次的比率。

计算公式为：

日制造单批次达成率＝∑某日实际完成对应制造单的合格品入库数量等于制造单开单数量的批次（含因特殊原因由PMC部人工结案的制造单批次）÷∑某日计划完工的制造单批次×100%。

说明：

在计算达成率时，若因在生产过程中出现物料缺料或来料不良物料过多严重影响生产进度，或由于紧急插单影响生产进度，或由于非生产安排自身原因的突发事件影响生产进度等，生产部门必须第一时间将影响原因及时通知PMC部，由PMC部调整生产计划，由此所影响的制造单均不计入达成率中。

特殊原因：主要指因市场需求发生变化，由PMC部强行终止某些已下达的制造单的生产。

9.制造单总量达成率

制造单总量达成率：指的是当月累计日制造单总量达成率的平均值。

计算公式为：制造单总量达成率＝∑日制造单总量达成率÷当月实际生产开工天数

10.制造单批次达成率

制造单批次达成率：指的是当月累计日制造单批次达成率的平均值。

计算公式为：制造单批次达成率＝∑日制造单批次达成率÷当月实际生产开工天数

11.采购计划批次达成率

采购计划批次达成率：指的是当月由PMC部下达给采购部并要求在当月交货的采购计划，采购部按采购计划中的要求到货日期，已下达采购订单中的采购数量等于采购计划下达数量的总批次与当月采购计划总批次的比率。计算公式为：

采购计划批次达成率=∑某月实际下达对应采购计划的采购订单中采购数量等于采购计划下达数量的批次÷∑某月已下达采购计划的批次×100%。

12.采购单批次达成率

采购单批次达成率：指的是采购部当月下达给供应商并要求在当月交货的采购订单，在采购订单规定要求到货的日期前到货，且合格品验收入库的总数量等于对应采购订单的下达数量的总批次与当月下达给供应商的采购订单总批次的比率。计算公式为：

采购单批次达成率=∑某月实际下达的采购订单合格品验收入库数量等于对应采购订单的下达数量的批次÷∑某月实际已下达采购订单的批次×100%。

13.采购单提前交货批次率

采购单提前交货批次率：指的是采购部当月下达给供应商并要求在当月交货的采购订单，在采购订单规定的要求到货时间前5日及以上到货，并办理合格品验收入库的总数量等于对应采购订单的下达数量的总批次与当月下达给供应商的采购订单总批次的比率。

计算公式为：

采购单提前交货批次率=∑某月提前到货的采购订单合格品验收入库数量等于对应采购订单的下达数量的批次÷∑某月实际已下达采购订单的批次×100%。

14.采购单退货不及时率

采购单退货不及时率：指的是供应商已经送货到厂的物料，在IQC（Incoming Quality Control，来料质量控制）检验时已判定来料不良或办理正常入库手续发到制造部门后判定来料不良，自判定来料不良退货之日起，与供应商在7日内办理了正常的退货手续视为正常退货，超出7日的视为退货不及时，当月所有来料不良退货不及时的批次与当月所有来料不良退货的总批次（扣除在月底待退并在7日内尚未退的批次）的比率。计算公式为：

采购单退货不及时率=当月所有来料不良退货不及时的批次÷当月所有来料不良退货的总批次（扣除在月底待退并在7日内尚未退的批次）×100%。

15.来料检出及时率

来料检出及时率：指的是当月供应商已经送货到厂的物料，IQC在检验提前期规定的时间内检验并给出检验报告的总批次与当月供应商送货总批次的比率。计算公式为：

来料检出及时率=IQC在检验提前期规定的时间内检验并给出检验报告的总批次÷当月供应商送货总批次×100%。

（三）成本指标

1.呆滞物料率

呆滞物料率：指的是当月仓储部累计产生的呆滞物料的总价值占当月公司所有可用仓储物料总价值的比率。计算公式为：

呆滞物料率＝当月仓储部累计产生的呆滞物料的总价值÷当月公司所有可用仓储物料总价值×100%。

2.总盘亏率

总盘亏率：指的是当月某生产部门WIP（Working in Progress的缩写，在制品）仓盘亏物料的总价值或某仓库盘亏物料的总价值与当月对应WIP仓实际账面总价值或某仓库实际账面总价值的比率。计算公式为：

总盘亏率＝当月某生产部门WIP仓盘亏物料的总价值或某仓库盘亏物料的总价值÷当月对应WIP仓实际账面总价值或某仓库实际账面总价值×100%。

3.总损耗率

总损耗率：指的是某部门某月累计损耗的总价值（含总的盘亏物料、制程不良物料、生产批次不良物料、生产部门自身因素导致的报废成品÷半成品等的总价值）与当月某部门累计验收入库合格品定额物料的总价值加上某部门某月累计损耗的总价值的比率。计算公式为：

总损耗率＝某部门某月累计损耗的总价值÷（当月某部门累计验收入库合格品定额物料的总价值＋某部门某月累计损耗的总价值）×100%。

4.投入产出比

投入产出比：指的是部门当月的生产总产值与当月员工总工资的比率。计算公式为：

投入产出比＝当月的生产总产值÷当月员工总工资×100%。

（四）品质指标

1.来料不良批次率

来料不良批次率：指的是当月供应商已经送货到厂的物料，在IQC检验时已判定来料不良或办理正常入库手续发到制造部门后判定来料不良，当月IQC判定来料不良的总批次与当月供应商已经送货到厂物料总批次的比率。计算公式为：

来料不良批次率＝当月IQC判定来料不良的总批次÷∑当月供应商已经送货到厂物料总批次×100%。

2.总批次制程不良次数

总批次制程不良次数：指的是制造部门在生产过程中，因为制造部门自身操作原因导致某种型号的制造单出现批次不良，每一制造单明细计为1次。

3.客户品质投诉次数

客户品质投诉次数：指的是市场部出货给客户后，客户对出货产品的品质问题提出投诉，每一个投诉记为1次。

说明：客户提出投诉后，经品质部确认非公司品质原因，而纯属客户单方面因素的投诉不记入考核。

4.来料检出准确率

来料检出准确率：指的是IQC当月检出的合格品，经过各生产部门综合反映，仍然出现来料不良等异常反馈，当月检出合格品总批次扣除当月各生产部门所反馈的当月来料出现来料不良等异常的总批次占当月检出合格品总批次的比率。计算公式为：

来料检出准确率=（1-当月各生产部门所反馈的当月来料出现来料不良等异常的总批次÷当月检出合格品的总批次）×100%。

5.来料合格批次率

来料合格批次率：是指当月IQC检出批合格品数量等于对应批送检数量的总批次占有当月送检总批次的比率。计算公式为：

来料合格批次率=当月IQC检出批合格品数量等于对应批送检数量的总批次÷当月送检总批次×100%。

6.LQC功能不良率

LQC功能不良率：当月经LQC一次性检出的功能不良之和与当月总检测数量之和的比率。计算公式为：

LQC功能不良率=当月每日LQC检出的功能不良数量之和÷当月每日LQC的总检测数量之和×100%。

7.LQC外观不良率

LQC外观不良率：当月经LQC一次性检出的外观不良之和与当月总检测数量之和的比率。计算公式为：

LQC外观不良率=当月每日LQC检出的外观不良数量之和÷当月每日LQC的总检测数量之和×100%。

8.FQC（Final Quality Control的缩写，意为最终品质管制）功能不良率

FQC功能不良率：当月经FQC一次性检出的功能不良之和与当月总检测数量之和的比率。计算公式为：

FQC功能不良率=当月每日FQC检出的功能不良数量之和÷当月每日FQC的总检测数量之和×100%。

9.FQC外观不良率

FQC外观不良率：当月经FQC一次性检出的外观不良之和与当月总检测数量之和的比率。计算公式为：

FQC外观不良率=当月每日FQC检出的外观不良数量之和÷当月每日FQC的总检测

数量之和×100%。

10.插机不良率

插机不良率：当月检测插机不良总数量占当月检测总数量的比率。计算公式为：

插机不良率=当月检测插机不良总数量÷当月检测总数量×100%。

（五）协同指标

1.物料不齐套下单次数

物料不齐套下单次数：指的是PMC部计划员在下达制造单前，不及时与物控员进行沟通，将采购部门所反馈的采购异常到货及库存异常情况进行收集，实质上已形成了制造单下达到制造部门后，由于部分物料欠料，生产不能正常开工，造成制造单不能正常达成。每一个制造单明细因为物料不齐套而不能正常达成的批次计为1次。

2.物料不齐套下单率

物料不齐套下单率：指的是PMC部计划员在下达制造单前，不及时与物控员进行沟通，将采购部门所反馈的采购异常到货及库存异常情况进行收集，实质上已形成了制造单下达到制造部门后，由于部分物料欠料，生产不能正常开工，造成制造单不能正常达成。当月所有制造单明细不齐套的数量与当月下单总数量的比率。计算公式为：

物料不齐套下单率=当月所有制造单明细不齐套的数量÷当月下单总数量×100%。

3.信息不对称影响生产次数

信息不对称影响生产次数：指的是PMC部物控员在下达采购计划后，对采购计划的执行过程跟踪不到位，或没有把采购部所反馈的采购订单执行的异常情况及时反馈给计划员，造成计划员没有及时调整制造单以至于制造单不能正常达成。每一个制造单明细因为物料异常而不能正常达成的批次计为1次。

4.工作协调不到位影响销售出货次数

工作协调不到位影响销售出货次数：指的是PMC部的生产制造单下达后，由于执行过程中可能出现的物料、生产等突发事件，PMC部组长、主管、经理出面协调，但因协调不力，造成销售订单出货延迟达两天以上，每一次类似的事件计为1次。

5.品质改善提案次数

品质改善提案次数：指的是品质部根据公司产品的品质状况所提出的改善产品生产过程品质状况的提案，每一个提案内容计为1次。

（六）工作质量指标

1.制造单错误次数

制造单错误次数：指的是PMC部将制造单下达给相关制造部门后，经制造部门发现制造单中的型号或数量出现较为明显的错误，制造单中一个明细错误计为1次。

2. 采购计划错误次数

采购计划错误次数：指的是 PMC 部将采购计划下达给采购部后，经采购部发现采购计划中的型号或数量出现较为明显的错误，采购计划中一个明细错误计为 1 次。

3. 单据录入错误次数

单据录入错误次数：指的是各相关部门在录入单据时，由于单据类型、部门（客户或供应商、委外商）、物料编码、单价（含相应的付款条件、发票类型等）、数量（或制造单、采购单不遵循最小批量）、存放仓储部、来源单据批号等错误而造成数据统计及分析不准确，每一个单据中只要出现上述任一个错误，均表示该单据一个明细错误，单据中一个明细错误计为 1 次。

4. 审核单据错误次数

审核单据错误次数：指的是各相关部门录入单据后，其对应的单据审核部门没有及时发现单据中的错误（若及时发现单据中的错误，计为上一部门单据录入错误），而按正常的单据审核通过，造成数据统计及分析不准确，每一个已出现错误的单据正常审核，每一张单据计为 1 次。

5. 物料编码错误次数

物料编码错误次数：指的是研发部将物料编码录入到 ERP 系统后，经 PMC 部发现编码或相关信息错误或研发部录入后经相关使用部门反馈编码或相关信息错误，再经由研发部通知各相关使用部门修改编码及相关信息的，均计为物料编码错误，每一个物料编码的修改计为 1 次。

6. BOM 错误次数

BOM（Bill of Martorial 的缩写，意为物料清单）错误次数：指的是研发部将 BOM 录入到 ERP 系统后，经 PMC 部发现 BOM 错误或研发部录入后经相关使用部门反馈 BOM 错误，再经由研发部通知各相关使用部门修改 BOM 的，均计为 BOM 错误，每一个 BOM 的修改计为 1 次。

7. 发料准确率

发料准确率：指的是仓储部在向制造部门发出物料时，所发出的物料与对应领料单明细中的物料信息不一致，造成制造部门生产无法正常进行。表现为当月发出物料正确的总批次，占当月总发料批次的比率。计算公式为：

发料准确率 = 当月发出物料正确的总批次 ÷ 当月总发料批次 × 100%。

（七）员工流失率指标

1. 部门员工流失率

部门员工流失率：指的是某部门当月离职的总人数与该部门上月底总在职人数与本月底总在职人数平均数的比率。计算公式为：

部门员工流失率 = 某部门当月离职的总人数 ÷ [（该部门上月底总在职人数 + 该部

门本月底总在职人数）÷2]×100%。

说明：

离职人数中不包括按合同约定到期离职的人数，即短期劳务派遣和学生实习合同到期人数不计入到流失总人数之中，但合同期内流失人员计入到流失总人数之中。

2.公司员工流失率

公司员工流失率：指的是全公司当月离职的总人数与全公司上月底总在职人数与本月底总在职人数平均数的比率。计算公式为：

公司员工流失率＝全公司当月离职的总人数÷[（全公司上月底总在职人数＋全公司本月底总在职人数）÷2]×100%。

说明：

离职人数中不包括按合同约定到期离职的人数，即短期劳务派遣和学生实习合同到期人数不计入到流失总人数之中，但合同期内流失人员计入到流失总人数之中。

五、各部门当月统计指标

（一）PMC部

PMC部当月统计指标见下表。

PMC部当月统计指标

项目及指标			时间				考核部门
			1月	2月	……	12月	
销售预测总量达成率	电池半成品	95%					市场部
	插件半成品	95%					
	充电器半成品	95%					
物料不齐套下单率		1%					制一、制二、注塑部
物料不齐套下单次数		3次					制二、注塑部
信息不对称影响生产次数		2次					
工作协调不到位影响销售出货次数		2次					市场部
呆滞物料率		0.1%					财务部
制造单错误次数		2次					制一、制二、注塑部
采购计划错误次数		2次					采购部
单据录入错误次数		2次					PMC、仓储部
审核单据错误次数		2次					财务部

（二）制造一部

制造一部当月统计指标见下表。

制造一部当月统计指标

项目及指标			时间				考核部门
			1月	2月	……	12月	
工时利用率	电池装配	98%					PMC部
	电池包装	98%					
制造单批次达成率	电池装配	95%					PMC部
	电池包装	95%					
LQC功能不良率		0.05%					品质部
LQC外观不良率		0.05%					
总批次制程不良次数	电池装配	3次					品质部
	电池包装	3次					
单据录入错误次数		2次					PMC部、仓储部
总盘亏率		0.1%					财务部
总损耗率		0.1%					
安全事故		0起					人力资源部
部门员工流失率		8%					人力资源部

（三）制造二部插机工段

制造二部插机工段当月统计指标见下表。

制造二部插机工段当月统计指标

项目及指标			时间				考核部门
			1月	2月	……	12月	
工时利用率		98%					PMC部
制造单批次达成率		98%					PMC部
插机不良率	6198B	6.5%					品质部
	5388	6.5%					
	618D	6%					
	MN708	6%					
	638D	6%					
	直充	3%					
	车充/载	2%					
	直充（带光耦）	3.5%					

续表

项目及指标		时间				考核部门
		1月	2月	……	12月	
总批次制程不良次数	3次					品质部
单据录入错误次数	2次					PMC部、仓储部
总盘亏率	0.1%					财务部
总损耗率	0.1%					
安全事故	0起					人力资源部
部门员工流失率	10%					人力资源部

（四）制造二部装配工段

制造二部装配工段统计指标见下表。

制造二部装配工段统计指标

项目及指标			时间				考核部门
			1月	2月	……	12月	
工时利用率	充电器装配	98%					PMC部
	充电器包装	98%					
制造单批次达成率	充电器装配	95%					PMC部
	充电器包装	95%					
LQC功能不良率	直充	1%					品质部
	万能充	1.8%					
	车充/载	1%					
	旅充	2.5%					
LQC外观不良率	直充	1%					品质部
	万能充	0.7%					
	车充/载	1%					
	旅充	1.5%					
总批次制程不良次数	充电器装配	3次					品质部
	充电器包装	3次					
单据录入错误次数		2次					PMC部、仓储部
总盘亏率		0.1%					财务部
总损耗率		0.1%					
安全事故		0起					人力资源部
部门员工流失率		10%					人力资源部

（五）注塑部

注塑部当月统计指标见下表。

注塑部当月统计指标

项目及指标		时间				考核部门
		1 月	2 月	……	12 月	
制造单总量达成率	98%					PMC 部
安全事故	0 起					人力资源部
部门员工流失率	7%					人力资源部

（六）采购部

采购部当月统计指标见下表。

采购部当月统计指标

项目及指标		时间				考核部门
		1 月	2 月	……	12 月	
采购计划批次达成率	95%					PMC 部
采购单批次达成率	85%					PMC 部
采购单提前交货批次率	5%					PMC 部
来料不良批次率	5%					品质部
来料合格批次率	包装材料	97%				品质部
	电池胶壳	97%				
	保护板	97%				
	电子料	97%				
	线材	97%				
	五金	97%				
	电芯	97%				
采购单退货不及时率	1%					仓储部

（七）研发部

研发部当月统计指标见下表。

研发部当月统计指标

项目及指标			时间				考核部门
			1月	2月	……	12月	
产品开发完成率	电池新产品	95%					市场部、PMC部
	充电器新产品	95%					
物料编码错误次数		5次					PMC部
BOM错误次数		5次					PMC部

（八）仓储部

仓储部当月统计指标见下表。

仓储部当月统计指标

项目及指标			时间				考核部门
			1月	2月	……	12月	
发料准确率	A类物料	99.5%					制一、制二、注塑部
	B类物料	99%					
	C类物料	98%					
总盘亏率		0.1%					财务部
单据录入错误次数		5次					PMC部、仓储部
审核单据错误次数		5次					财务部
安全事故		0起					人力资源部
部门员工流失率		6%					人力资源部

（九）供服部

供服部当月统计指标见下表。

供服部当月统计指标

项目及指标			时间				考核部门
			1月	2月	……	12月	
单据录入错误次数		5次					PMC部、仓储部
审核单据错误次数		5次					财务部
部门员工流失率		6%					人力资源部

（十）成品仓

成品仓当月统计指标见下表。

成品仓当月统计指标

项目及指标		时间				考核部门
		1月	2月	……	12月	
总盘亏率	0.1%					财务部
单据录入错误次数	5次					财务部
审核单据错误次数	5次					财务部

（十一）客退组

客退组当月统计指标见下表。

客退组当月统计指标

项目及指标		时间				考核部门
		1月	2月	……	12月	
总盘亏率	0.1%					财务部
单据录入错误次数	5次					财务部
审核单据错误次数	5次					财务部

（十二）品质部

品质部当月统计指标见下表。

品质部当月统计指标

项目及指标			时间				考核部门
			1月	2月	……	12月	
来料检出及时率		99.5%					仓储部
来料检出准确率	包装材料	99.7%					品质部
	电池胶壳	99.7%					
	保护板	99.7%					
	电子料	99.7%					
	线材	99.7%					
	五金	99.7%					
	电芯	99.7%					

续表

项目及指标			时间				考核部门
			1月	2月	……	12月	
FQC功能不良率	电池	0.18%					品质部
	直充	0.5%					
	万能充	0.8%					
	车充/载	0.7%					
	旅充	1%					
FQC外观不良率	电池	0.06%					
	直充	1.5%					
	万能充	0.2%					
	车充/载	0.5%					
	旅充	1%					
品质改善提案		2次					制一、制二、注塑部
客户品质投诉次数	充电器	3次					市场部
	电池	5次					
	电池短路	2次					
安全事故		0起					人力资源部
部门员工流失率		6%					人力资源部

（十三）返修车间

返修车间当月统计指标见下表。

返修车间当月统计指标

项目及指标		时间				考核部门
		1月	2月	……	12月	
总盘亏率	0.1%					财务部
安全事故	0起					人力资源部
部门员工流失率	6%					人力资源部

（十四）人力资源部

人力资源部当月统计指标见下表。

人力资源部当月统计指标

项目及指标		时间				考核部门
		1月	2月	……	12月	
安全事故	0起					人力资源部
人员招聘达成率	95%					PMC部、制一、制二、注塑部、品质部、仓储部、返修车间
部门员工流失率	6%					人力资源部
公司员工流失率	10%					

六、奖罚办法

（1）奖罚原则　按照多奖少罚、关联部门（组）的相关责任人共同承担的原则。

（2）目标管理考核个人工资扣取办法　助理级及以上人员按月扣取目标管理考核工资，以作为本部门当月的目标管理考核个人提取资金总额，实际扣取的人员以本部门的实际配置为准，具体扣取如下。

总监：_____元/人月；经理（含副经理）：_____元/人月；主管：_____元/人月；助理：_____元/人月。

同一管理人员在两个或两个以上的考核对象部门（或仓库）均为直接上级的只扣取一次，且在两个或两个以上的考核对象部门（或仓库）平均分配其个人提取的资金参与相应的考核，两个或两个以上的考核对象部门（或仓库）计算总金额时，按分配后的金额作为奖罚依据。

（3）目标管理考核公司提取奖励资金总额的办法　公司当月按某部门当月实际可提取的目标管理考核个人提取资金总额的1.5倍作为奖励资金。

（4）每一考核对象部门（或仓库）所有项目指标的单项指标权重及分值合计总分为100分。

（5）基准值整数倍的规定　若基准值为百分数的按基准值的最小整数倍计算奖罚，基准值的最小整数倍计算方法如下。

基准值的最小整数倍＝取最小整数［（实际指标达成－单项指标目标值）÷基准值］

（6）加减分原则的规定　每项指标的加减分，均以单项指标权重及分值为基准，以基准值整数倍加减分，单项指标扣分后的底限分值为0，如某项指标的权重分值为10分，无论实际达成多少，最终只能扣到0分为止。

（7）部门奖罚的计算原则　以某部门所有指标对应的汇总后得到的总分÷100

某部门目标管理考核总金额＝∑某部门单项指标实际分值÷100×本部门当月的目标管理考核个人提取资金总额。

某部门目标管理考核总金额＝本部门当月的目标管理考核个人提取资金总额＋目标管理考核公司提取奖励资金总额。

（8）奖罚对象　奖罚办法中只定义各部门、仓库的第一直接负责人（即最高负责人），但实际奖罚所针对的对象为各部门助理级及以上人员，由各部门按下述原则分配。

某部门目标管理考核个人奖罚金额＝某部门目标管理考核总金额×对应个人当月扣取的工资÷本部门当月的目标管理考核个人提取资金总额

（9）涉及关联部门的指标奖罚比例分配原则　其他关联部门共同分配单项指标奖罚基数的50%，并根据实际关联部门数平均分配，单项指标奖罚基数计算方法如下。

若对应单项指标实际分值÷单项指标权重大于1视为奖励。

单项指标奖励金额＝本部门当月的目标管理考核个人提取资金总额×单项指标权重÷100×对应单项指标实际分值÷单项指标权重×关联部门实际分配比例。

若对应单项指标实际分值÷单项指标权重小于1视为罚款。

单项指标奖励金额＝本部门当月的目标管理考核个人提取资金总额×单项指标权重÷100×（1－对应单项指标实际分值÷单项指标权重）×关联部门实际分配比例。

关联部门的相关人员根据对应部门提取工资的比例进行实际分配。

涉及关联部门的相关人员实际奖罚金额＝对应人员按其所在部门计算的目标管理考核个人奖罚金额±本人在其他部门实际分配的奖罚金额。

（10）新入职的规定　若某部门当月存在有助理级及以上人员新入职，按以下原则参与考核：从试用期满的下一个月的1日起参与考核。

（11）离职的规定　若某部门当月存在有助理级及以上人员离职，按以下原则参与考核：

当月15日前离职，按个人当月扣取的工资×30%作为扣款，剩余部分退回；

当月15日后离职，按个人当月扣取的工资×50%作为扣款，剩余部分退回。

七、目标管理检讨

（1）由各部门按照《各部门提报数据样本》中的附表要求每天将数据更新，将数据在次日上午11:50前发送至各被考核部门，抄送总经办及IT部。

（2）各被考核部门在第三日18:00前对数据进行审核，发现异常立即与考核部门沟通，同时由考核部门及时填写"目标管理工作异常改善通知单"、被考核部门及时填写"目标管理达成率异常申诉通知单"，并经部门相关负责人签名确认，最后将更新的数据重新发送，同时将上述两份经双方签名确认后的单据提交给总经办存档，以备实际考核时作为事实依据，上述工作必须在两个工作日内完成，过期应视为无效。

（3）当月月底各部门将整月的数据进行整理汇总，编制"汇总表"，次月2日18:00前发送至被考核部门，抄送总经办及IT部。

（4）总经办根据各部门汇总的数据编制"目标管理数据汇总表"，当月3日18:00前发送至各部门。

（5）各部门根据目标达成情况进行总结与分析，并做出改善对策及措施，将文档于4日18:00前反馈总经办及IT部。

（6）定于当月5日15:00召开上月目标管理检讨会，对上月的目标管理工作给出总结，并对当月各部门目标管理工作提出改善方案。

（7）公休假或特殊情况下，另行通知。

（8）对指标各项数据产生争议时，可由被考核部门会同相关部门与IT部、总经办一起进行裁决。

（9）对某部门某项指标连续三个月未能达成，可由被考核部门会同相关部门与IT部、总经办申请修正指标，每次修正指标不得大于基准值的两倍；若指标未达成的主要原因为某部门的相关负责人不称职或故意不配合指标的达成，IT部有权一票否决相关部门的申请，同时IT部有权提出相关部门负责人撤职的建议。

（10）每季度IT部、总经办将保留对相关指标的修订权。

八、目标管理考核的核算工作

（1）各部门及相关个人奖罚的核算工作由总经办进行。

（2）总经办核算完毕统一提交财务部，由财务部最后审核确认，并作为核算上月工资的依据。

【他山之石11】生产部车间现场目标管理方案

生产部车间现场目标管理方案

一、7S管理

7S管理是指整理、整顿、清扫、清洁、素养、安全、节约的管理。

（一）目标

（1）车间干净、整洁。

（2）物料归位管理，标识清楚，摆放整齐。

（3）生产线摆放的物料都是正在生产的产品所用，无关的物料全部归入相关暂放区。

（4）员工操作机器设备都是经过培训上岗，知道正确安全操作机器设备的方法。

（5）生产区域没有物料浪费，物料掉到地板上，都能及时主动拾起。

（6）生产线换线时，员工都能主动将前一个产品多余物料搜集并由班长归到相应暂放区。

（7）员工都能主动对自己的工作区域随时进行7S管理。

（二）措施

（1）制定生产车间员工清洁卫生值日轮次表，每天下班时，由生产车间员工按轮次表安排对车间地板进行清扫，其他员工负责做好自己的工作台面和机器的清扫与整理工作，并由班长监督，对不认真的，由班长劝导返工，不服从安排等态度不端正者，建议每次处以小额罚金并进行公告，以警示其他员工，罚金作为生产部车间员工的公积金，公积金积累到一定额度，生产部即可安排员工集体活动，对屡教不改者，建议清除出工厂。

（2）在车间进行定置管理

① 设置"原材料暂放区""待质检成品暂放区""质检不良暂放区""待包装暂放区""待检验成品区""已检验成品区"等物料暂放区。

② 在生产线按生产工序设置"加工区""装配区""成品老化区""成品质检区"等，并用挂标识卡的方式进行标识。要求：标识卡要大一点，并挂在醒目的地方。

（3）所有装物料的容具（包括胶框纸箱等）都必须清楚标明所装物料的规格数量。

（4）对车间进行7S管理区域划分，车间的每一块地方都指定专门的员工负责管理，并用7S管理标识卡（上面标明员工的姓名）的方式进行7S管理，将7S管理标识卡贴在相对应的区域，并要求标识卡能醒目，一眼就能看到此区域属于谁管理，便于大家共同监督执行。

（5）要求所有员工应该随时管理好自己的7S管理区域，对没有责任心的员工，由班长劝导，不服从安排，或7S管理不到位的员工，建议每次处以小额罚金并进行公告，以警示其他员工，罚金作为生产部车间员工公积金，公积金积累到一定额度，生产部即可安排员工集体活动，对屡教不改者，建议清除出工厂。

（6）7S管理区域划分：原则上，应将每个员工的工作台面或自己所工作的机器设备所在的区域，作为员工的7S管理范围；其他区域，应该指定专门的责任心比较强的员工进行管理。

（7）对从事机器设备操作的员工，一定要求先培训再上岗，或者在岗培训（边培训边上岗），一定要让他们能完全正确安全地操作机器设备后，方可让员工独立进行机器设备的操作。

（8）所有新员工或投入一个新的产品时，班长都应该对员工进行在岗培训或平时休息时进行专门培训，并加强制程监管，避免因员工的不熟练而导致物料的损坏和产能低下，以节约成本，降低报废品，快速提升效率。

（9）物料掉到地板上，班长应该要求员工及时主动拾起，要经常对员工进行宣导，使其在员工心中成为一种常识性的动作。

（10）关于生产线换线时，前一个产品的多余物料，班长也应该要求员工收集并归集到相应暂放区，不能放到生产线，以免导致物料混乱。

二、员工培训与教育

（一）目标

（1）所有员工都能树立良好的人生价值观，对公司敬业爱岗。

（2）员工对所从事的生产工序工艺要求能快速了解并掌握要领，能在极短的时间内提升员工产品加工的熟练度与品质理念，快速提升员工的技能。

（二）措施

（1）对员工进行人生价值观课程教育。

（2）增加公司的企业文化活动。

（3）对员工进行在岗培训（边培训边上岗）和专门的培训课程教育，以达成员工对产品加工的熟练和快速加工。可设立资金对优秀员工进行奖励。

（4）允许并鼓励员工多提意见和建议，对员工须有问必答，做好员工意见和建议的反馈工作，对员工的合理化建议进行采纳并对员工进行奖励。

（5）鼓励员工对生产工艺进行观察和思考，并鼓励他们提出自己的工艺改善方法，对员工提出的好的工艺改善方法进行鼓励或奖励，以提升员工在工作中的主动性、积极性和成就感，以利于公司效率的提升。

（6）对思想波动或偶尔犯错的员工进行正面教育，引导员工重新树立好的生活作风和良好的工作态度。

（7）对有困难的员工伸出援助之手，鼓励员工相互支援和帮助，让员工之间树立良好的人际关系。

三、生产任务交货期的达成、生产效率及生产线平衡率的提升

（一）目标

（1）准时出货率100%。

（2）车间整体生产效率提升30%以上。

（3）车间生产线平衡率。目标生产线平衡率最低必须达到85%以上，以降低生产线在制品堆积过多的现象，终极目标生产线平衡率达到95%。

（二）措施

（1）严格执行标准作业方法，加强员工的动作管理，对员工的动作实行监督，对那些不规范的动作进行纠正，达成降低不良品、提升效率的作用。

（2）按标准生产流程安排生产线员工作业，不额外增加不必要的工序，以减少工时浪费。

（3）在生产实践中，对生产流程和工艺进行优化改造，对员工进行熟练度培训和教育，达成降低员工人数和提升效率的作用。

（4）对员工的动作进行研究，将员工安排到最适合的工位，以提升效率和整条生产线的平衡率。

（5）车间头天必须做好第二天生产任务的准备工作，包括：物料、机器设备、工模夹具、人员的规划等。

（6）重点监控重点工位、难点工位，以及新员工所在的工位，加强对新员工的培训力度，使员工对自己从事的工序能正确理解，并按作业指导书或班长的要求进行正确及快速生产。

（7）及时处理生产线异常情况，不能及时处理的，要求第一时间逐层向上一级管理人员汇报，并要求问题能得到处理和解决，做好应对措施。

（8）严格执行生产进度安排，只能提前不能向后延缓，没有特殊情况，禁止延缓生产进度，当完不成生产进度时，必须提前向上一级管理人员汇报原因并要求快速解决。

（9）对生产线进行平衡率研究，要求各班长每天做生产线平衡率报表，目标：生产线平衡率必须达到85%以上，以降低生产线在制品堆积过多的现象，同时提升生产效率。最终目标：生产线平衡率达到95%。

（10）降低产品与产品之间的切换时间，降低第一道工序与最后一道工序之间等待的时间差，要求所有员工快速作业。

四、产品品质直通率的提升、降低不良率、降低客诉率

（一）目标

（1）直通率最低要达到95%以上，终极目标要达到100%。

（2）不良率，基于3西格马准则的0.27%，终极目标：基于6西格马准则的$3.4×10^{-6}$。

（3）客诉1件/年，终极目标：客诉0件/年。

（二）措施

（1）对产品工艺和工序进行标准化。

（2）严格执行工艺标准，按规定的工艺要求进行生产作业，严格执行规定的工序，严禁任意增加或减少工序，降低不确定因素。在生产过程中，需要变更生产工艺或生产工序时，必须先提出申请，经批准后，方可执行，严禁擅自行动。

（3）鼓励基于工艺和工序的IE研究，推进既定工艺和工序的进步，以达到降低加工难度和减少工序的目的，对效果明显的工艺和工序改进的提报，公司设立奖励制度。

（4）重点监控重点工序、难点工序，以及新员工所在的工序，减少不稳定因素，降低不良品出现的可能性。

（5）加强对员工进行产品质量认知度教育与培训，以保证员工对所生产的产品的品质能有充分的认识，可设立员工进步奖和优秀奖。

（6）加强管理人员和员工应对生产异常的处理能力的培训和教育，以保证生产线在所有时间和任何情况下都能保质保量地正常生产。

（7）对新产品进行试生产或进行产前研讨，以便充分了解和掌握全工序与工艺要求，并确定重点难点工序，以便在正式生产中严格管控。

（8）对机器设备、工模夹具等进行产前检查，以保证投入生产时性能稳定。

图解精益管理之 MRP Ⅱ 与 ERP

6.1 MRP Ⅱ 制造资源计划

6.1.1 什么是 MRP Ⅱ 制造资源计划

制造资源计划简称为 MRP Ⅱ，它是 Manufacturing Resource Planning 的英文缩写，MRP Ⅱ 是一个围绕企业的基本经营目标，以生产计划为主线，对制造企业的各种资源进行统一计划和控制的生产经营计划管理系统，也是管理企业的物流、信息流和资金流并使之畅通的动态反馈系统。

◇ **相关知识** ◇

MRP、MRP Ⅱ 和 ERP 的关系与区别

MRP、MRP Ⅱ 和 ERP，是企业管理信息系统发展的不同阶段。三者并不是孤立的，它们是在前者的基础上发展起来的。

1.二者的定义

MRP（Material Requirement Planning）物料需求计划，主要对制造环节中的物料进行管理，使企业达到"既要保证生产又要控制库存"的目的。

MRP Ⅱ 制造企业资源计划，则集成了物流和资金流，将人、财、物、时间等各种资源进行周密计划，合理利用，以提高企业的竞争力。

ERP（Enterprise Resource Planning）企业资源计划，则由 Garter Group 率先提出，它将供应链、企业业务流程和信息流程都囊括其中。由于 ERP 的概念流传最广，现在已经成为企业管理信息系统的代名词。

2.二者的关系

MRP 是一种保证既不出现短缺，也不积压库存的计划方法，是 ERP 系统的核心功能模块。MRP 包含几个要素：原料、生产、销售、产品结构。

MRP Ⅱ：MRP 解决了企业物料供需信息的集成，但没有说明企业的经营效益。

MRPⅡ采用管理会计的概念，实现物料信息和资金信息的集成；MRPⅡ以产品结构为基础，从最底层的采购成本开始，逐层向上累计材料费、制造费用、人工费用，得到零部件直到最终产品的成本，再进一步结合营销和销售，分析产品的获利情况。

ERP：ERP是面向供需链的管理信息集成，除了制造、供销、财务功能外，还支持物料流通体系的运输管理、仓库管理、在线分析、售后服务、备品备件管理；支持多语言、多币种、复杂的跨国组织、混合型生产制造类型；支持远程通信、电子商务、工作流的集成；支持企业资本管理。ERP实际上已经超越制造业的范围，成为具有广泛适应性的企业管理信息系统。

3.三者的核心思想

MRP的核心思想是把产品中的物料分为独立需求和相关需求，按照需用时间的先后（优先级）及提前期的长短，确定各个物料在不同阶段的需求量和订单的下达时间，从而达到供需平衡的原则。

MRPⅡ的核心思想是以工业工程的计划与控制为主线的、体现物流与资金流信息集成的管理信息系统。与管理会计集成，采用模拟法支持决策。

ERP的核心思想是供需链管理、敏捷制造、精益生产、约束理论、价值链，强调人、机、物是一个整体，是不可分割的。

MRPⅡ涵盖了整个企业的生产经营活动：销售、生产、库存、作业计划与控制等。它能为企业生产经营提供一个完整而详尽的计划，使企业内各部门的活动协调一致，形成一个整体，从而提高企业的整体效率和效益。

6.1.2 MRP Ⅱ中物料的定义

物料是指为了产品出厂，需要列入计划的一切必不可少的物资的统称。物料不仅包括原材料或零件，还包括毛坯、配套件、在制品、半成品、成品、包装材料，甚至产品说明书、工装工具、能源等一切与生产系统有直接或间接数量依存关系的物质。物料管理特点如下。

（1）同一性 各种物料统一编码存放，无差别地参与MRP运作。

（2）相关性 任何物料都有其存在的理由，相互之间存在着一定的依存关系。

（3）流动性 物料总是从供应向需求的方向移动，是相关性的必然结果。

（4）价值性 对于一些无直接价格的资源要素，需进行价值化处理。

6.1.3 MRP Ⅱ运行原理

（1）建立基础数据环境 建立规范、准确、完整的数据系统是MRPⅡ运行的基本条件。

（2）编制生产计划，进行闭环控制 MRPⅡ通过一条合理的生产计划主线来指导企业各个生产环节的有效运行。其计划编制由上到下、由粗到精（经营计划——综合生产计划/资源需求计划——MPS/粗能力计划——MRP/CRP——车间作业计划）。

（3）产品成本核算及财务管理　根据产品结构的数据资料以及产品加工过程的材料消耗、工耗和费用数据实现对产品成本的跟踪与核算，建立产品的成本档案等。

> **○ 相关知识 ○**
>
> MRP Ⅱ 的数据环境与输入数据的类型
>
> 1.MRP Ⅱ 的数据环境
>
> （1）静态数据（固定信息）　指生产活动开始之前要准备的数据。如：物料清单、工作中心能力与成本数据、工艺路线、仓库及货位代码、会计科目的设定等。
>
> （2）动态数据（流动信息）　指生产活动过程中发生的数据动态变化，需要随时维护。如：客户合同、库存记录、完工报告等。
>
> （3）中间数据（中间信息）　根据用户需要，经过MRP Ⅱ 系统运算形成的各种数据或报表。如：主生产计划、物料需求计划。
>
> 静态数据和动态数据是MRP Ⅱ 系统的输入，中间数据是输出。
>
> 2.MRP Ⅱ 输入数据的主要类型
>
> （1）物料与产品信息　如物料主文件、产品物料清单。
>
> （2）能力信息　如工作中心、工艺路线文件、工作日历。
>
> （3）库存信息　如物料可用量、安全库存、仓库与货位。
>
> （4）财务信息　如会计科目、产品成本、利润中心或成本中心。
>
> （5）需求信息　如预测、合同 。
>
> （6）供需方信息　如供应商文档、客户信息。

6.1.4　MRP Ⅱ 的特点

（1）计划的一贯性、有效性和可行性　计划主导型管理模式。

（2）管理系统性　"一个计划（One Plan）"。

（3）数据共享性　中央数据库。

（4）动态应变性　闭环控制，管理机动。

（5）模拟预见性　MRP Ⅱ 信息逻辑反映生产经营管理客观规律，具有决策模拟性。

（6）财物一致性　物流与资金流的统一。

（7）整体协作性　MRP Ⅱ 统一、协调了企业的生产经营活动：市场营销、生产管理、采购管理、财务管理、技术管理。

6.1.5　MRP Ⅱ系统运作流程

MRP Ⅱ系统运作流程如图6-1所示。

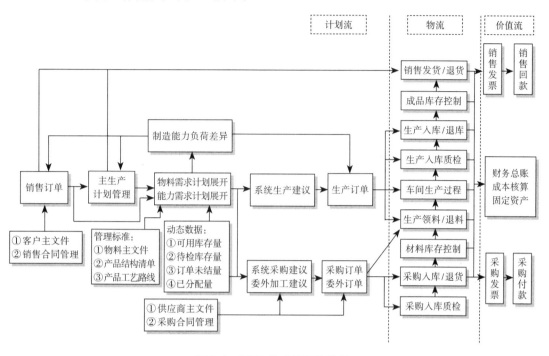

图 6-1　MRP Ⅱ 系统运作流程

6.1.6　MRP Ⅱ的主要业务流程

以下所述各流程适用于需要进行MRP展开并根据系统生成的生产建议和采购建议进行生产订单和采购订单的下达。

（1）销售管理流程　销售管理流程的关键节点及说明如表6-1所示。

表6-1　销售管理流程的关键节点及说明

步骤	关键节点	具体说明
1	销售合同准备	销售合同相当于销售价格表，为客户定义各种物料的价格，销售合同主要是控制销售订单的销售价格
2	销售合同批准	销售合同经过批准后才是有效的合同
3	销售订单准备	销售订单是MRP展开的驱动源头之一，销售价格可受控于销售合同，也可由用户直接输入
4	销售订单批准	批准后的销售订单才是有效的
5	销售发货	销售发货必须根据销售订单进行发货
6	销售订单关闭	销售订单完成或取消后可以将其关闭，MRP展开不考虑关闭的销售订单
7	销售订单清除	销售订单关闭后，可从系统中清除，以减轻系统负荷

（2）主生产计划流程　主生产计划流程的关键节点及说明如表6-2所示。

表6-2　主生产计划流程的关键节点及说明

步骤	关键节点	具体说明
1	主生产计划准备	主生产计划也是MRP展开的驱动源头之一，系统主生产计划由主生产计划员以手工方式录入，也可以通过"主生产计划引入"菜单直接引入EXCEL格式文件。在主生产计划准备阶段，系统提供对主生产计划进行调整的功能，并且所有主生产计划变更的资料自动在系统中记录
2	主生产计划下达	主生产计划批准屏幕提供主生产计划批准和取消批准两种状态。取消主生产计划的执行，便返回主生产计划准备状态。批准后的主生产计划才是有效的
3	物料需求计划展开	物料需求计划展开程序对销售订单、主生产计划文件、物料清单文件和库存文件进行操作，经过运算得到生产建议和采购建议。MRP计划展开有模拟运算和正式运算两种选择，主生产计划员必须先运行模拟运算，然后根据"制造能力负荷差异表"对主生产计划不断进行调整、模拟展开、评估，直到得到切实可行的主生产计划，然后进行MRP正式运算，输出生产建议和采购建议（含委外加工建议）
4	主生产计划销售出库核销	主生产计划销售出库时系统自动核销主生产计划
5	主生产计划关闭	主生产计划关闭状态是指主生产计划停止执行状态，引起主生产计划关闭的原因是主生产计划完成或取消或暂停执行。主生产计划关闭由系统提供两种操作：一是通过系统参数设置使主生产计划在完成后（即核销后）自动关闭；二是由主生产计划员以手工操作方式在系统中进行关闭。主生产计划关闭后，其毛需求取消，MRP展开不会对已关闭的主生产计划产生系统建议
6	主生产计划清除	主生产计划关闭后，可从系统中清除。由主生产计划员手工操作完成

（3）生产订单流程　生产订单流程的关键节点及说明如表6-3所示。

表6-3　生产订单流程的关键节点及说明

步骤	关键节点	具体说明
1	生产建议	运行MRP正式展开生成生产建议，生产建议含最终产品的净需求和自制零部件的净需求，各计划员根据"生产建议"进行"生产订单准备"作业
2	生产订单准备	在生产建议界面，激活"增加图标"，进入生产订单准备界面。计划控制人员（主生产计划员或生产计划员或车间主任）根据系统建议的最终结果，进行生产订单准备作业。系统自动生成约定交货量、约定开工日、约定交货日、生产订单号

步骤	关键节点	具体说明
3	生产订单下达	（1）生产订单经过批准，在系统中处于生产订单下达状态，然后此订单才可执行 （2）取消生产订单的批准，便返回生产订单准备状态
4	生产领料制单	生产领料单由车间产生。系统允许车间分批制单，分批领料。系统采用"车间生产领料单"记录没有超过生产订单的领料。对超订单的领料，系统采用"车间生产超订单领料单"记录超订单的领料数。生产领料数量受约束于生产订单数量和产品BOM构成
5	生产领料核定	生产领料单由仓库核定，仓管员对车间领料单进行审核并发料
6	生产入库制单	生产完工后，车间根据生产订单编制生产入库单据，并到仓库进行生产入库。系统采用"生产入库单"记录没有超过生产订单的生产入库。对超订单的生产入库，系统采用"生产超订单入库单"记录超订单的生产入库数
7	生产入库核定	生产入库核定由仓库进行。仓库根据实物数量对生产入库单进行审核
8	生产订单关闭	生产订单关闭状态是指生产订单停止执行的状态。引起生产订单关闭的原因是生产订单完成或取消或暂停执行。生产订单关闭有两种方法：一是通过设置系统参数使生产订单完成后自动关闭；二是由计划控制人员以手工操作方式在系统中进行关闭。若生产订单在完成前关闭，MRP展开时系统会根据主生产计划的毛需求重新生成新的系统建议
9	生产订单结算	生产订单关闭后，计划控制人员对生产订单进行结算，可进行成本核算
10	生产订单清除	生产订单结算后可从系统中清除，由计划控制人员手工在系统中操作完成

（4）生产领料流程　生产领料流程的关键节点及说明如表6-4所示。

表6-4　生产领料流程的关键节点及说明

步骤	关键节点	具体说明
1	生产订单下达	生产订单下达，车间根据生产订单准备领料
2	生产领料制单	生产领料单由车间产生。系统允许车间分批制单，分批领料。系统采用"车间生产领料单"记录没有超过生产订单的领料。对超订单的领料，系统采用"车间生产超订单领料单"记录超订单的领料数。生产领料数量受约束于生产订单数量和产品BOM构成
3	生产领料核定	生产领料单由仓库核定，仓管员对车间领料单进行审核并发料

（5）成品生产入库流程　成品生产入库流程的关键节点及说明如表6-5所示。

表6-5　成品生产入库流程的关键节点及说明

步骤	关键节点	具体说明
1	生产订单下达	生产订单下达后，车间生产完工，准备入库
2	成品生产入库制单	成品生产入库单据由车间根据生产订单编制。系统采用"成品生产入库单"记录没有超过生产订单的生产入库。对超订单的生产入库，系统采用"成品生产超订单入库单"记录超订单的生产入库数
3	成品生产入库核定	成品生产入库核定由成品仓进行，仓库根据实物数量对入库单进行核定

（6）半成品生产入库流程　半成品生产入库流程的关键节点及说明如表6-6所示。

表6-6　半成品生产入库流程的关键节点及说明

步骤	关键节点	具体说明
1	生产订单下达	半成品生产订单完工，车间准备入库
2	半成品生产入库制单	半成品生产入库单据由车间根据生产订单编制。系统采用"半成品生产入库单"记录没有超过生产订单的生产入库。对超订单的生产入库，系统采用"半成品生产超订单入库单"记录超订单的生产入库数
3	半成品生产入库核定	半成品生产入库核定由半成品仓库根据实物数量对入库单进行核定

（7）采购订单流程　采购订单流程的关键节点及说明如表6-7所示。

表6-7　采购订单流程的关键节点及说明

步骤	关键节点		具体说明
1	采购建议	采购价格准备	运行MRP正式展开程序生成系统采购建议。采购控制人员根据采购建议编制采购价格表
2		采购价格表批准	采购价格表批准是对采购价格表的审核，必须先有采购价格表，才能进行采购订单准备工作。采购价格表是否需要审批在系统参数设置界面进行设置
3	采购订单准备		采购控制人员根据采购建议并在采购合同约束下编制采购订单（普通采购、进口采购、委外加工），系统提供自动生成采购订单的功能
4	采购订单批准		采购订单是否需要审批在系统参数设置界面进行设置。采购订单批准界面提供采购订单批准和取消批准两种操作

续表

步骤	关键节点	具体说明
5	待检采购物料入库	待检单据由仓管员录入，待检物料进入仓库待检货位。在系统参数设置界面设置提前到货多少天与滞后到货多少天禁止收料
6	待检物料质检判定	待检入库提供正常、拒收、让步、挑选等四种收货状态。待检物料检验合格后填写待检物料质检结果报告
7	采购入库	根据采购订单或待检物料质检判定结果进行入库
8	采购订单关闭	采购订单关闭是指采购订单已经结束或取消或停止的状态。系统提供两种关闭方法：一是通过设置系统参数使采购订单完成后自动关闭；二是由采购控制人员每月月末以手工方式在系统中进行关闭。若采购订单在完成前关闭，则系统在MRP展开时，会根据主生产计划的毛需求生成新的系统建议
9	采购订单结算	采购订单必须关闭后才能进行结算，结算后该单的所有数据都不可修改
10	采购订单清除	采购订单结算后允许从系统中清除，由采购控制人员手工完成

（8）委外加工订单流程　委外加工订单流程的关键节点及说明如表6-8所示。

表6-8　委外加工订单流程的关键节点及说明

步骤	关键节点	具体说明
1	委外加工订单准备	委外加工控制人员在委外加工合同约束下编制委外加工订单，系统提供自动生成委外加工订单的功能
2	委外加工订单批准	委外加工订单批准也就是对委外加工订单的审核，批准后方可执行
3	委外加工领料	系统采用"委外加工领料单"记录没有超委外加工订单的领料。对超订单的领料，系统采用"委外加工超订单领料单"记录超订单的领料数
4	待检采购物料入库	待检单据由仓管员录入，待检物料进入仓库待检货位。在系统参数设置界面设置提前到货多少天与滞后到货多少天禁止收料
5	待检物料质检判定	待检入库提供正常、拒收、让步、挑选等四种收货状态。待检物料检验合格后填写待检物料质检结果报告
6	委外加工产品入库	系统采用"委外加工产品入库单"记录没有超委外加工订单的入库，对超订单的入库，系统采用"委外加工超订单入库单"记录超订单的入库数
7	委外加工定额核定	定额核定的目的是为了更准确地核销供应商的材料结存，当委外产品入库时，系统根据BOM定额来核销供应商的材料结存，但是BOM中所设定的定额经常不符合实际情况，故在此对供应商所消耗的材料的定额进行核定，以便更准确地核销供应商的材料结存

续表

步骤	关键节点	具体说明
8	委外加工订单关闭	委外加工订单关闭是指委外加工订单已经结束或取消或停止的状态。系统提供两种操作：一是通过设置系统参数使委外加工订单完成后自动关闭；二是由委外加工控制人员手工在系统中进行关闭委外加工订单，选择关闭后，委外加工订单就不再执行
9	委外加工订单结算	委外加工订单必须关闭后才能进行结算，结算后该单的所有数据都不可修改
10	委外加工订单清除	委外加工订单结算后，允许从系统中清除，由委外加工控制人员手工完成

（9）普通采购入库流程　普通采购入库流程的关键节点及说明如表6-9所示。

表6-9　普通采购入库流程的关键节点及说明

步骤	关键节点	具体说明
1	采购订单下达	采购订单是否需要审批在系统参数设置界面进行设置，采购订单批准界面提供采购订单批准和取消批准两种操作
2	待检采购入库	待检单据由仓管员录入，待检物料进入仓库待检货位。在系统参数设置界面设置提前到货多少天与滞后到货多少天禁止收料
3	待检物料质检	待检入库提供正常、拒收、让步、挑选等四种收货状态。待检物料检验合格后填写待检物料质检结果报告
4	普通采购入库	根据采购订单或待检物料质检判定结果进行入库

（10）进口采购入库流程　进口采购入库流程的关键节点及说明如表6-10所示。

表6-10　进口采购入库流程的关键节点及说明

步骤	关键节点	具体说明
1	采购订单下达	采购订单下达，其订单类型为"进口采购"
2	进口采购入库	根据采购订单（订单类型为进口采购）或待检物料质检判定结果进行入库

（11）待检物料入库流程　待检物料入库流程的关键节点及说明如表6-11所示。

表6-11　待检物料入库流程的关键节点及说明

步骤	关键节点	具体说明
1	采购订单下达	采购订单是否需要审批在系统参数设置界面进行设置。采购订单批准界面提供采购订单批准和取消批准两种操作
2	待检物料入库	待检单据由仓管员录入，待检物料进入仓库待检货位。在系统参数设置界面设置提前到货多少天与滞后到货多少天禁止收料
3	待检物料质检结果	待检入库提供正常、拒收、让步、挑选等四种收货状态。待检物料检验合格后填写待检物料质检结果报告
4	采购入库	待检物料检验合格，然后执行采购入库，进入采购入库屏幕后，按"从待检入库"按钮，则系统显示质检合格的物料，用户可选择入库
5	采购订单关闭	采购订单关闭是指采购订单已经结束或取消或停止的状态。MRP Ⅱ 系统通常提供两种操作方式：一是通过设置系统参数使采购订单完成后自动关闭；二是由采购控制人员手工在系统中进行关闭。采购订单关闭后就不再执行

（12）主计划销售发货流程　主计划销售发货流程的关键节点及说明如表6-12所示。

表6-12　主计划销售发货流程的关键节点及说明

步骤	关键节点	具体说明
1	主计划销售发货单维护	主计划销售发货单由销售人员制订，记录成品销售数量和金额，发货人员手工核销主计划或由系统自动核销主计划
2	成品销售出库核定	仓管员核定销售出库单并控制出货

（13）应付账款流程　应付账款流程的关键节点及说明如表6-13所示。

表6-13　应付账款流程的关键节点及说明

步骤	关键节点	具体说明
1	采购发票录入及匹配	财务部门录入采购发票并和已核价的采购入库单进行匹配处理
2	采购付款票据录入及系统自动核销发票	财务部门录入付款票据，系统以逐票核销法或余额承前法与采购发票进行匹配核销

（14）应收账款流程　应收账款流程的关键节点及说明如表6-14所示。

表6-14　应收账款流程的关键节点及说明

步骤	关键节点	具体说明
1	销售发票录入及匹配	财务部门录入销售发票并和已核定的销售发货单进行匹配处理
2	销售回款票据录入及核销发票	财务部门录入收款票据，系统以逐票核销法或余额承前法与销售发票进行匹配核销

（15）财务总账流程　财务总账流程的关键节点及说明如表6-15所示。

表6-15　财务总账流程的关键节点及说明

步骤	关键节点	具体说明
1	账套参数设置	财务部门设置相关账套参数
2	设置会计科目	财务部门根据业务的需要设置相关会计科目
3	设置外币汇率	财务部门有外币业务时要设置相关外币汇率
4	输入期初余额	财务部门录入科目期初余额，核对期初余额，并进行试算平衡
5	账套启用	试算平衡后，财务部门可启用账套
6	输入相关做记账凭证和财务报表的数据	财务部门输入凭证类型和常用摘要数据，设置模块参数，设置财务报表格式
7	记账凭证	财务部门输入手工凭证，系统凭证从其他模块导入
8	凭证审核	财务部门对记账凭证做审核或取消审核工作
9	出纳签字	财务部门对记账凭证做签字或取消签字工作
10	凭证过账	财务部门登记总账和明细账
11	月末处理	财务部门在月末要做自动转账、结转损益和月末调汇工作
12	月末结账	财务部门把月结月份的业务处理完毕便可做月末结账处理
13	列印报表	财务部门列印相关财务报表

（16）固定资产流程　固定资产流程的关键节点及说明如表6-16所示。

表6-16　固定资产流程的关键节点及说明

步骤	关键节点	具体说明
1	输入与固定资产卡片有关的数据	输入资产类别、增减方式、使用状态和存放地点等相关数据

步骤	关键节点	具体说明
2	输入固定资产卡片	输入固定资产相关资料
3	输入工作量	输入折旧方法为"工作量"的固定资产的工作量
4	计提折旧	做相应月份的计提折旧
5	月末结账	计提折旧后可做相应月份的结账工作

（17）成本核算流程　成本核算流程的关键节点及说明如表6-17所示。

表6-17　成本核算流程的关键节点及说明

步骤	关键节点	具体说明
1	输入相关成本资料	在成本主文件中输入采购件的直接材料、委外件的委外加工费及自制件的直接人工、固定制造费用和变动制造费用
2	成本滚加	输入完成本资料，便可进行成本滚加，以算出委外件和自制件的标准成本
3	成本替换	把成本主文件中认可的标准价格替换到标准价格表中
4	实际成本还原	把材差还原到最终产品中
5	人工及制造费用分摊	由人工把直接人工及制造费用分摊到最终产品上

（18）自动凭证处理流程　自动凭证处理流程的关键节点及说明如表6-18所示。

表6-18　自动凭证处理流程的关键节点及说明

步骤	关键节点	具体说明
1	存货月结	存货月末处理后及月结后，把月结月份的存货业务固化及把系统中月结月份物料发生出入库的标准成本固化
2	存货凭证处理	把系统自动产生的存货业务凭证导入到财务总账的记账凭证表中
3	应付月结	把月结月份的应付业务固化
4	应付凭证处理	把系统自动产生的应付业务凭证导入到财务总账的记账凭证表中
5	应收月结	把月结月份的应收业务固化
6	应收凭证处理	把系统自动产生的应收业务凭证导入到财务总账的记账凭证表中
7	固定资产月结	把月结月份的固定资产业务固化
8	固定资产凭证处理	把系统自动产生的固定资产业务凭证导入到财务总账的记账凭证表中

（19）非订单控制出入库流程　非订单控制出入库流程的关键节点及说明如表6-19所示。

表6-19　非订单控制出入库流程的关键节点及说明

步骤	关键节点	具体说明
1	其他入库	处理不在计划控制范围内的特殊采购入库
2	其他出库	处理不在计划控制范围内的特殊出库

（20）独立生产订单流程　独立生产订单流程的关键节点及说明如表6-20所示。

表6-20　独立生产订单流程的关键节点及说明

步骤	关键节点	具体说明
1	独立生产订单准备	独立生产订单环节主要处理企业生产的独立需求，即企业不需要做主生产计划，生产管理人员或生产计划人员可直接通过独立生产订单来安排生产
2	独立生产订单下达	即独立生产订单的批准，批准后的独立生产订单才正式生效并可被执行
3	生产领料制单	生产领料请领制单由车间产生。车间根据独立生产订单和BOM制作"生产领料单"
4	生产领料核定	仓管员核定生产领料单并控制领料
5	生产入库制单	生产完工后，车间根据独立生产订单编制生产入库单；产品拉到仓库进行入库
6	生产入库核定	仓管员核定生产入库单，并检验货品入库
7	独立生产订单关闭	独立生产订单关闭是指独立生产订单停止执行的状态。引起生产订单关闭的原因是独立生产订单完成或取消或暂停执行。独立生产订单关闭后就不再执行，可通过设置系统参数使独立生产订单完成后自动关闭也可手工关闭
8	独立生产订单结算	独立生产订单关闭后，可对订单进行结算
9	独立生产订单清除	独立生产订单结算后，可从系统中清除，由计划控制人员手工操作完成

（21）独立采购订单流程　独立采购订单流程的关键节点及说明如表6-21所示。

表6-21　独立采购订单流程的关键节点及说明

步骤	关键节点	具体说明
1	采购价格准备	运行MRP正式展开程序生成系统采购建议。采购控制人员根据采购建议编制采购价格表
2	采购价格表批准	采购价格表批准是对采购价格表的审核，必须先有采购价格表，才能进行采购订单准备工作。采购价格表是否需要审批在系统参数设置界面进行设置
3	独立采购订单准备	独立采购订单一般是相应于独立生产订单的，即企业不需要做主生产计划，不需要系统生成的生产建议和采购建议，企业管理人员根据经验编制生产订单和采购订单，即称为独立生产订单和独立采购订单。同独立生产订单准备一样，下达独立采购订单的前一环节也是"独立采购订单准备"
4	独立采购订单下达	即独立采购订单的批准，批准后的订单才是有效且可执行的
5	待检物料入库	待检单据由仓管员录入，待检物料进入仓库待检货位。在系统参数设置界面设置提前到货多少天与滞后到货多少天禁止收料
6	待检物料质检判定	待检入库提供正常、拒收、让步、挑选等四种收货状态。待检物料检验合格填写待检物料质检结果报告
7	采购入库	根据采购订单或待检物料质检判定结果进行入库，独立采购订单的入库只能入在冻结货位
8	独立采购订单关闭	独立采购订单关闭是指独立采购订单已经结束或取消或停止的状态。可通过设置系统参数使独立采购订单完成后自动关闭，也可由采购控制员手工在系统中进行关闭
9	独立采购订单结算	独立采购订单关闭后方可进行结算，结算后不可再对其进行操作
10	独立采购订单清除	独立采购订单结算后，可从系统中清除，由采购控制人员手工操作完成

（22）批次控制流程　批次控制流程的关键节点及说明如表6-22所示。

表6-22　批次控制流程的关键节点及说明

步骤	关键节点	具体说明
1	物料主文件："是否批次控制"参数设定	在物料主文件中对要进行批次控制的物料设置其参数"是否批次控制"为"是"
2	批次主文件维护	在批次主文件中，定义新的批次号
3	待检入库、质检判定、采购入库、其他入库等入库	选择物料的批次号
4	生产领料、委外领料、其他出库、材料销售等出库	选择物料的批次号

（23）产成品计划价法核算流程　产成品计划价法核算流程的关键节点及说明如表6-23所示。

表6-23　产成品计划价法核算流程的关键节点及说明

步骤	关键节点	具体说明
1	物料计划价表	按月设定产成品的计划价
2	生产入库核定	生产入库核定时，按照该物料当月的计划价进行计价
3	产成品出库核定	产成品出库核定时，按照该物料当月的计划价进行计价

（24）材料移动加权平均法核算流程　材料移动加权平均法核算流程的关键节点及说明如表6-24所示。

表6-24　材料移动加权平均法核算流程的关键节点及说明

步骤	关键节点	具体说明
1	采购入库、其他入库	当入库业务单据正式进入系统时，系统计算相应物料的移动加权平均价
2	生产领料、委外领料、其他出库	当出库业务单据正式进入系统时，系统按领料数量和移动加权平均价确定领料金额

（25）副产品流程　副产品流程的关键节点及说明如表6-25所示。

表6-25　副产品流程的关键节点及说明

步骤	关键节点	具体说明
1	物料主文件	在物料主文件中定义该物料
2	BOM构造	在其主项下挂上该物料，且其子项属性为"副产品"
3	生产入库制单	副产品的生产入库单据由车间根据生产订单编制
4	生产入库核定	副产品的生产入库核定由仓库进行，仓库根据实物数量对入库单进行核定

（26）清单领料流程　清单领料流程的关键节点及说明如表6-26所示。

表6-26　清单领料流程的关键节点及说明

步骤	关键节点	具体说明
1	车间制单	（1）车间制单时，列出整份领料清单 （2）用户在新弹出的窗口中维护数据 （3）车间请领时，只允许输入未被仓库核定的次数最小的那次请领信息 （4）车间请领时，没有单据的概念，所以每录入一行，就立即保存 （5）超领不禁止，只是提示，所以可以增加原来领料清单中没有的物料 （6）每班别对每一生产订单物料最多只能领料三次
2	仓库核定	（1）列出有请领数量的、下达状态的订单行信息 （2）列出有请领数量而未被仓库核定的数据 （3）仓库核定时，只能更改"实领数量"

6.2　ERP 管理系统

企业资源计划系统ERP（Enterprise Resource Planning）是指建立在信息技术基础上，以系统化的管理思想，为企业决策层及员工提供决策运行手段的管理平台。ERP是MRP Ⅱ（企业制造资源计划）下一代的制造业系统和资源计划软件。除了MRP Ⅱ已有的生产资源计划、制造、财务、销售、采购等功能外，还有质量管理，实验室管理，业务流程管理，产品数据管理，存货、分销与运输管理，人力资源管理和定期报告系统。概括地说，ERP系统是一种主要面向企业进行物资资源、资金资源和信息资源集成一体化管理的企业管理软件系统。

6.2.1　ERP 实现的工作目标

（1）建立企业管理与决策的计算机管理网络，实现信息资源共享。

（2）建立综合管理系统数据库，实现对数据的集中存储与管理。

（3）实现对数据的授权访问控制机制。

（4）实现企业各部门协同工作，提高工作效率。

（5）实现系统设备与应用的安全可靠运行。

（6）为企业的经营管理提供科学的技术决策支持。

（7）建立进、销、存的统一管理机制。

（8）建立计算机网络和数据库的维护管理机制。

6.2.2　ERP系统实施可以实现的功能

（1）可以快捷及时查询当前企业全局经营信息。

（2）可以对各下属部门、机构业务进行实时管理与监控。

（3）通过各类统计分析报表对公司生产经营状况进行全面分析，辅助决策。

（4）可以提高公司形象及辅助管理，使管理更上一个层次。

（5）实现销售计划制订、执行情况监督。

（6）实现供应商信息管理（基本信息、购买记录等）及信用控制。

（7）实现对生产订单的自动分解。

（8）实现客户的售前售后等技术支持。

（9）根据生产订单和仓库情况，生成物料需求计划。

（10）对生产过程进行控制跟踪。

（11）加强对市场动态的实时跟踪。

（12）业务员成绩考核（统计分析）。

（13）合同（订单）管理及预警管理。

（14）销售报价管理。

（15）应收款管理及预警。

（16）及时查询销售统计报表。

（17）销售订单详细情况查询、库存查询、生产信息等实时查询。

（18）销售成本及毛利计算。

（19）产品销售统计及经营情况分析。

（20）对出入库进行计算机化管理，电脑自动制单，自动生成每日流水账及日报，减少人员工作强度，提高数据准确性，查阅快捷方便。

（21）提供多条件组合查询，可全面、及时地反映库存情况。

6.2.3　ERP实施的效益

（1）使库存成本下降30% ~ 50%，企业库存投资减少1.4 ~ 1.5倍，库存周转率提高50%。

（2）使延期交货发生减少80%，当库存减少并稳定的时候，企业ERP管理水平提高，可以让使用ERP的企业的准时交货率平均提高55%，误期率平均降低35%。

（3）采购提前准备期缩短50%，采购人员有了及时准备生产的生产计划信息，就能集中精力进行价值分析、货源选择，研究谈判策略，了解生产问题，缩短了采购时间，节省了采购费用。

（4）停工待料发生减少60%，由于零件需求的透明度提高，计划也做了改进，能够做到及时与准确，零件也能以更合理的速度准时到达，因此生产线的停工待料现象将会大大减少。

（5）制造成本降低12%，由于库存费用下降，劳动力的节约，采购费用的节省等一系列人、财、物的效应，必然会引起生产成本的降低。

（6）管理水平提高，管理人员减少10%，生产能力提高10%～15%。

6.2.4　ERP系统功能模块

ERP系统包括以下主要功能：供应链管理（SCM）、销售与市场、分销、客户服务、财务管理、制造管理、库存管理、工厂与设备维护、人力资源、报表、制造执行系统（Manufacturing Execution System，MES）、工作流服务和企业信息系统等。此外，还包括金融投资管理、质量管理、运输管理、项目管理、法规与标准和过程控制等补充功能。

ERP是依据物流、资金流、信息流三块总线将模块系统连接形成一套完整的企业管理系统，从系统功能上可以包括如图6-2所示功能模块。

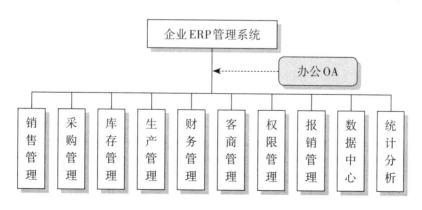

图 6-2　ERP 系统功能模块示例

6.2.5　ERP系统各子系统介绍

6.2.5.1　BOM管理子系统

BOM管理子系统如图6-3所示。

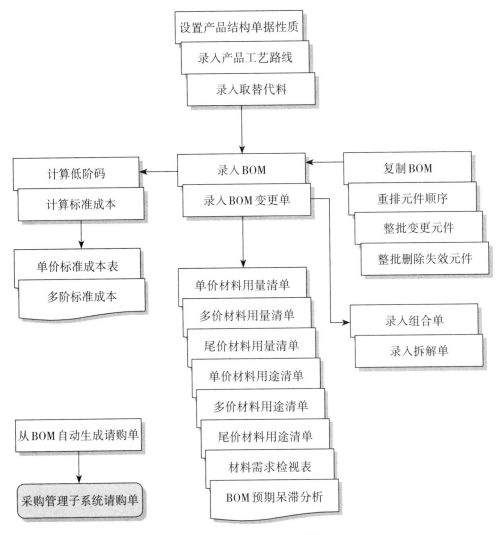

图 6-3　BOM 管理子系统

　　BOM 管理是 ERP 中最基础的信息了，在最初建立 ERP 的时候，必须建立产品编码规则、建立品号、编制产品的 BOM。以前 BOM 管理靠人工编制，错误率很高，现在越来越多的单位上了 PDM（Product Data Management 的缩写，产品数据管理），设计师在 PDM 中设计好的产品文件，直接导入 ERP 即可。

6.2.5.2　采购管理子系统

　　采购管理子系统如图 6-4 所示。

　　采购业务是每个公司必须有的，主要负责生产材料的购买。ERP 的采购管理子系统里包括请购单、采购入库单、进货单等，采购计划员接受生产工单转成的 ERP 采购计划和各部门的手工请购单进行采购，料到后在系统中办理入库，其他部门可直接通过 ERP 查询领用材料的库存信息。

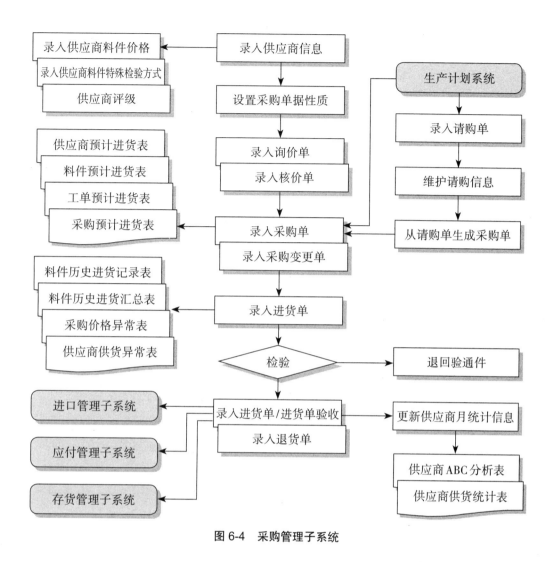

图 6-4 采购管理子系统

6.2.5.3 生产管理子系统

生产管理子系统如图6-5所示。

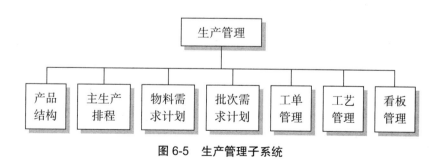

图 6-5 生产管理子系统

制造型企业都是围着生产转的，通过ERP下达生产工单，系统将最新的BOM自动导入生产工单中，车间领料员就可以开具领料单了，系统可自动计算缺料，并汇总成表。

产品生产入库后，开入库单，工单完工。生产工单还可直接生成LRP（Logistics Resources Planning的缩写，物流资源计划）采购计划、生产计划。

6.2.5.4 销售管理子系统

销售管理子系统如图6-6所示。

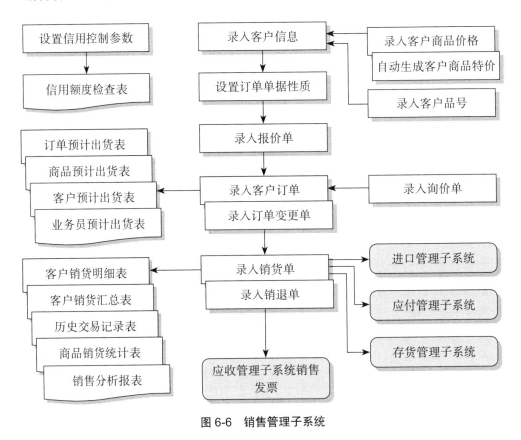

图6-6 销售管理子系统

销售管理子系统中输入客户的订单、销货，通过ERP，可查询以往历年的销售记录，包括客户名称、合同号、产品名称、数量、商品价格等，并可自动计算总的销货数据。

6.2.5.5 存货管理子系统

存货管理子系统如图6-7所示。

存货管理子系统是整个公司运作的基础，它包括了原材料、半成品、产成品、成品的出入库，各部门的物料管理通过存货管理来进行；存货管理子系统必须做到库位准确、ERP账本的数据与实际一样，入库单、出库单及时审核，否则将出现问题。

6.2.5.6 财务管理子系统

财务管理子系统如图6-8所示。

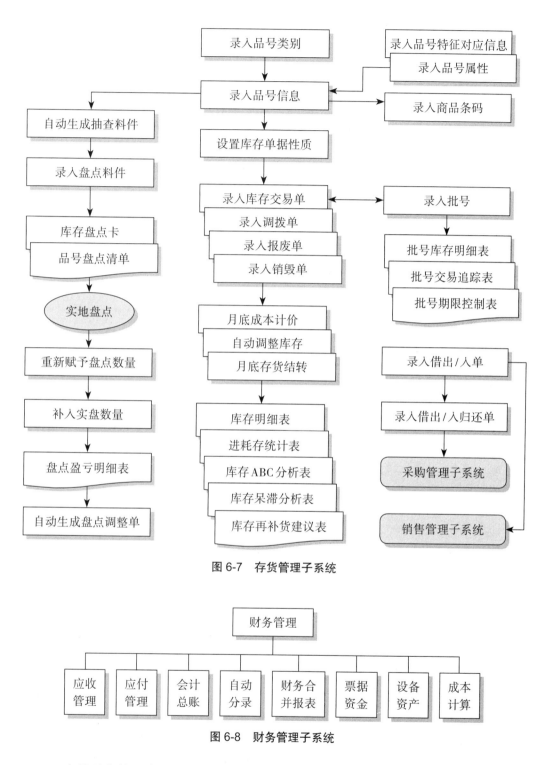

图 6-7　存货管理子系统

图 6-8　财务管理子系统

　　ERP中的财务管理主要为成本核算、设备资产、应收应付等。其中主要为成本核算，有了前面的几大块的基础，只要数据准确，产品的成本肯定就能很快计算出来。

6.2.5.7 其他子模块

ERP还有其他很多子模块，在此不多述。

【他山之石01】MRP Ⅱ系统管理制度

MRP Ⅱ系统管理制度

1.目的

为规范MRP Ⅱ操作和管理，确保MRP Ⅱ系统高效、稳定、安全运行，进一步提高MRP Ⅱ系统信息的准确性和安全性，特制定本制度。

2.适用范围

本制度适用于××公司。

3.管理规定

3.1 MRP Ⅱ用户管理

3.1.1 本公司内部各单位的MRP Ⅱ用户由MRP Ⅱ项目小组统一归档管理。

3.1.2 非财务系统人员在申请MRP Ⅱ用户时，需由所申请财务组织的财务部门负责人签字复核后，MRP Ⅱ项目小组系统管理员再给予权限。

3.1.3 MRP Ⅱ新增用户管理规定

（1）各单位需新增MRP Ⅱ用户，含操作人员更换时申请用户需填写"MRP Ⅱ系统用户申请表"（见附件1）

（2）申请表由部门负责人签字后，提交到MRP Ⅱ项目小组。如非财务人员递交的财务用户申请表，须先提交给所申请财务部门负责人签字，再交到MRP Ⅱ项目小组。

（3）MRP Ⅱ项目小组负责人对申请表进行审核批准。

（4）MRP Ⅱ项目小组系统管理员根据申请用户的工作职责及权限，在MRP Ⅱ系统中设置好申请用户的操作权限，并保存申请表格。

（5）如果申请表不被批准，MRP Ⅱ项目小组系统管理员负责将MRP Ⅱ项目文件申请表转回申请部门，并负责解释原因。

3.1.4 MRP Ⅱ用户职责更改管理规定

（1）使用部门操作人员的工作职责发生变动时，申办人员需填写"MRP Ⅱ系统用户职责更改表"（见附件2），由部门负责人签字后交MRP Ⅱ项目小组负责人审核，然后由MRP Ⅱ项目小组负责修改相应的职责。

（2）如非财务系统人员新申请或修改的财务职责，须先提交给所申请财务组织的财务部门负责人签字后，再交到MRP Ⅱ项目小组。

（3）当使用部门操作人员离职或调离时，该部门的负责人必须及时填写"MRP Ⅱ系统用户职责更改表"，并交 MRP Ⅱ 项目小组系统管理员在 MRP Ⅱ 系统上作用户删除。如由于该部门负责人未及时通知系统管理员在系统删除用户，而影响 MRP Ⅱ 系统数据安全，由该部门负责人负责。

3.1.5 MRP Ⅱ用户管理规范

（1）MRP Ⅱ用户统一为"×××"开头，由 MRP Ⅱ 项目小组作归档管理。

（2）各使用部门的操作人员对本用户的安全负责，各用户必须对自己的用户密码严格保密并定期修改，不得外泄。如有他人通过用户自己的密码登录造成数据泄密、数据修改或恶意破坏，责任由用户本人承担。

（3）严禁对系统数据进行蓄意破坏，一经查证，予以重罚。情节严重者，交集团法律部，按集团制定的"保密制度"处理。

3.2 MRP Ⅱ报表管理

3.2.1 各单位使用的 MRP Ⅱ 报表由 MRP Ⅱ 项目小组统一归档管理。

3.2.2 报表开发管理规定

（1）各单位需新增 MRP Ⅱ 报表或修改报表时，申请人需填写"MRP Ⅱ报表开发申请表"（见附件3），并提交 MRP Ⅱ 项目小组相关实施人员确认。

（2）MRP Ⅱ实施人员负责对申请表内容进行优化，并协助申请人填写好报表需求内容。

（3）申请表由申请人所在部门的负责人签字后，交 MRP Ⅱ 项目小组，由 MRP Ⅱ 项目小组的负责人审核批准。

（4）MRP Ⅱ项目小组报表开发人员根据报表需求进行开发，并保存申请表格。

（5）报表开发完毕后，由开发人员负责通知 MRP Ⅱ 实施人员在测试环境进行一天以上时间的报表测试。测试无误后，由实施人员通知申请人进行试运行，确认后再正式使用。

（6）报表运行无误后，报表开发人员必须对开发的程序进行文档资料化处理，以便查询。

3.2.3 MRP计划管理规定

（1）MRP计划运行时间规定为凌晨2:00至4:00之间。

（2）如有特殊原因，需在白天工作时间运行MRP计划，必须通知 MRP Ⅱ 实施人员，由实施人员查实确认后才能进行。否则，系统管理员有权随时中止其运行。

（3）将 MRP Ⅱ 报表拷贝至本机的管理规定

① 对需把 MRP Ⅱ 系统中的报表拷贝至本机的用户，申请人必须填写"FTP安装申请表"（见附件4），经部门领导签字后，交 MRP Ⅱ 项目小组。

②MRP Ⅱ项目小组负责人确认审核后，交MRP Ⅱ实施人员。

③MRP Ⅱ实施人员负责通知集团信息数据管理中心开通相应的权限，实施人员进行软件的安装及用户使用培训。

④对拷贝至本机属保密范围的报表文件，用户应承担文件的保密工作。

3.3 MRP Ⅱ系统设置管理

（1）MRP Ⅱ实施人员在正式环境进行重大的系统设置时（包括组织设置、账套设置或重大流程调整的系统设置），必须建立相关的技术文档，并报MRP Ⅱ主管审核，MRP Ⅱ项目小组负责人批准。文档资料需进行备案。

（2）设置人员进行系统设置时，必须通知MRP Ⅱ主管现场进行技术指导和监督。

4.附则

4.1 本规定由MRP Ⅱ项目小组制定并解释。

4.2 本规定自下发之日开始实行。

附件：1.MRP Ⅱ系统用户申请表

2.MRP Ⅱ系统用户职责更改表

3.MRP Ⅱ报表开发申请表

4.FTP用户申请表

附件1：

MRP Ⅱ系统用户申请表

年　月　日

用户姓名		所属部门	
中文全拼		联系电话	
工作岗位			
常用需求职责（需要的打"√"）	1.全面查询 2.制造报表 3.库存事务 4.车间作业 5.BOM管理 6.计划员工作台 7.采购员		
专用需求职责			

续表

部门负责人意见：		
	签字：	日期：
财务部门负责人意见（非财务系统人员申请财务职责时此栏所有签字）：		
	签字：	日期：
MRP Ⅱ项目小组意见：		
	签字：	日期：
给予职责：		
	系统管理员：	日期：

举例说明：如供应室采购员申请用户就可在"常用需求职责栏"选"全面查询""采购员"；在"专用需求职责栏"选"应收应付查询"。

另注：如是非财务系统人员申请财务相关权限，需交此表到相关财务组织的财务部门负责人复核，再交给MRP Ⅱ项目小组。

附件2：

MRP Ⅱ系统用户职责更改表

年 月 日

用户姓名		所属部门	
中文全拼		联系电话	
工作岗位			
原用职责			
现需职责			
部门负责人意见：			
		签字：	日期：
财务部门负责人意见（非财务系统人员申请财务职责时此栏所有签字）：			
		签字：	日期：

续表

MRP Ⅱ 项目小组意见：		
	签字：	日期：
给予职责：		
	系统管理员：	日期：

注：此表也可供离职或岗位调离人员使用。

附件3：

MRP Ⅱ 报表开发申请表

部门：　　　　　　　　　　　　　　　　　　　日期：　　年　月　日

表名		用户职责	
目的			
需求	报表参数及参数说明：		
	报表字段及取值来源：		
	其他要求：		
样本数据：			
参考报表：			

申请人姓名： 电话分机号码：		部门负责人：		
			签字：	日期：
实施人员	开发人员	测试人员	MRP Ⅱ 负责人	系统管理员
程序名				

附件4：

FTP用户申请表

编号：

申请人		所属部门	
工作岗位		联系电话	
申请事由： 申请人： 年 月 日			
申请单位意见： 负责人： 年 月 日			
MRP Ⅱ项目小组意见： 负责人： 年 月 日			
集团数据中心科意见： 负责人： 年 月 日			
承办情况： 负责人： 年 月 日			

【他山之石02】ERP系统运行使用管理制度

ERP系统运行使用管理制度

一、目的

为了加强公司ERP系统的管理，确保信息数据的安全性和准确性，促进公司ERP系统工作持续健康的发展，满足领导决策信息披露的需要，根据公司相关管理制度，结合ERP管理系统工作的特点，特制定本管理制度。

二、适用范围

本制度适用于公司所有使用ERP的部门。

三、机构组成

（1）公司ERP系统运行机构分为两个小组：ERP运行运维组和ERP业务使用组。

（2）公司ERP系统运行机构，是支持公司ERP系统日常运行和进一步拓展ERP功能的常设机构，设ERP专员，其ERP系统日常运行管理由ERP运维组负责，责任部门是行政部。

（3）公司ERP系统业务使用机构，所有人员都为兼职工作人员。

（4）业务部的ERP关键用户和骨干用户是ERP系统支持的重要组成部分。

四、名词定义

（1）ERP 即公司资源计划系统（Enterprise Resource Planning），是指建立在信息技术基础上，以系统化的管理思想，为公司决策层及部门提供决策运行手段的管理平台。

ERP不仅仅是一个软件，更重要的是一个管理思想，它实现了公司内部资源和公司相关的外部资源的整合。通过软件把公司的人、财、物、产、供、销及相应的物流、信息流、资金流、管理流、增值流等紧密地集成起来，实现资源优化和共享。

（2）BOM 即物料清单（Bill of Material），描述产品零件、半成品和成品之间的关系。

五、管理制度

（一）各组职责权限划分

1. ERP业务使用组

包括业务部、计划部、采购部、仓库、生产部、财务部、品质部、喷印部、工模部、工程部。

（1）负责部门分管模块的各类数据的录入、管理与使用。

（2）负责新增和变更业务需求的收集、分析和开发申请。

（3）负责权限的申请。

（4）向公司ERP运行运维组定期汇报ERP系统的运行状况。

（5）ERP业务使用组日常工作由各部门使用责任人兼管。

2. ERP运行运维组

公司行政部，负责管理公司ERP系统全面工作。

（1）运行运维组工作内容

① ERP专员负责日常业务信息的监督与考核。

② 审核原始凭证的合理、合法性及是否有经办人、验收人、主管领导签字。

③ 发现不合法的原始凭证及手工记账凭证填写有误时，退回业务使用人员协调处理，并记录在案，按照规定考核其绩效。

（2）行政部工作内容

① 研究制定公司ERP管理系统发展规划，并组织实施。

② 根据公司新的需求，组织相关部门、人员对公司ERP管理系统进行改进和完善。

③ 制定公司ERP管理系统的管理办法和规章制度。

④ 组织制定公司ERP管理系统行业标准、规范，并组织实施；新增和变更业务需求的分析和解决；报表、工作表单和接口的维护与开发。

⑤ 负责系统运行过程中出现的各种问题解决和现场业务支持，包括系统的日常操作错误纠正、功能解释和最终用户正确使用指导，确保ERP系统的正常运行。

⑥ 应急方案的实施指导，联系ERP软件售后部门，进行相关沟通、权限管理与维护。

⑦ 主机系统的运行和安全管理，包括数据的备份，软件本身的补丁、修改的传送等。网络系统的运行和安全管理。

⑧ 组织和管理公司ERP管理有关人员的培训工作，向公司领导定期汇报ERP系统的运行状况。

⑨ 总结、交流推广管理信息系统的经验，指导各部门开展管理信息系统工作。

⑩ 建立公司ERP"技术支持"和"项目管理网络系统"，负责协调各种公司ERP系统相关技术服务和相关技术问题的解答。

（二）ERP各岗位及岗位责任

1. ERP系统维护管理员岗位

为更好地发挥公司ERP系统为管理服务的原则，在公司运行ERP督促组的领导下，根据公司的生产管理特点和生产管理岗位设置的要求，以实现信息系统替代手工管理的顺利过渡。

（1）岗位要求　维护管理员是系统的维护和管理人员，是一个技术性较强的岗位，需要经过相关培训。此岗位需要具备计算机软硬件及数据库知识，有维护系统环境的经验，此岗位由网管兼任。

（2）岗位职责

① 负责公司系统应用软件、硬件的日常维护工作，例如软件补丁更新、网络环境配置等，并登记相应的维护记录。

② 参加相关的系统业务使用操作员培训，解决软件操作过程中出现的技术问题，并在必要时向相关部门或软件公司反映。

③ 按照相关制度督促、检查系统操作人员的工作，根据实际工作需要，经行政主管批准后，合理分配系统操作员的使用权限。

④ 负责系统数据库的备份，系统及系统数据、档案安全保密工作。

⑤ 负责公司下发的数据采集系统的维护、使用，并按照公司的要求，按时连通网

络上报数据，如果遇到问题应及时与公司联系。

⑥严格遵守公司其他关于安全性、保密性的规章制度，对于违反规章制度、进行泄密的行为，有举报的义务。

（3）岗位权限

①负责整个系统的用户、数据信息的安全，根据公司的有关制度，保证数据的准确。

②有对整个系统软件进行系统升级的权限，负责系统环境的搭建问题。

③有对各部门系统数据管理员进行督促的权利，并指导他们完成本职工作。

④遵循其他关于公司ERP系统管理的规章、制度。

2.ERP专员岗位（由专职人员完成）

（1）参与ERP项目工作，完成ERP项目各阶段文档编写、收集、整理工作，根据公司需求，设计ERP单据流程。

（2）维护ERP系统正常运行，解决各部门在使用时出现的问题。

（3）负责培训各部门系统操作人员ERP使用。

（4）负责监督审查系统运行中各部门录入数据的准确性。

（5）及时解决各部门使用中反馈的系统运行问题。

（6）负责依据物料编码文件，部门主管签发的物料数据重要属性的设置方案，以及其他用户确认的物料数据文件，输入、修改系统各项物料数据及其属性，并保证录入无误；负责根据编码方案，在相关部门提出编码申请后，在1个小时内发放编码。

（7）负责依据系统管理员签发的单位换算系统文件输入、修改各项物料不同单位间的换算系数。

（8）保证数据的及时性、准确性，当有新的编码以及换算系统改变时，及时通知采购部、生产部、销售部等各相关部门；对BOM表录入负审核责任。

（9）当收到采购部、生产部、仓储部的物料数据错误、质疑通知（邮件、书面）后，应在提出质疑部门要求的时间内查清情况，如确有错误，应及时纠正，如无误，应通知各部门，并说明情况。

3.物料数据和工艺设计管理岗位

业务部是ERP系统中物料数据（商品信息、BOM）的更新、维护管理部门，此岗位由项目工程师兼任。项目工程师职责及权限如下。

（1）对将进入系统的产品，必须严格按照软件要求，拟订成BOM草表，即物料主文件，进行核实后，再核对好物料主文件的基本信息、物料属性、生产属性后，提交部门主管复审，检查审核无误后，交数据录入管理员，数据录入管理员及时录入系统。

（2）负责将客户产品基本数据、产品的注塑材料（含特殊材料提前订购）、产品单重、损耗、规格型号、颜色、工艺、品质标准（工装夹具、装配件）、五金配件、包装形式等信息，提供给数据录入管理员。

（3）负责提供数据录入管理员提出的系统必须数据，不清楚的和客户沟通。

4.系统数据录入管理员岗位要求

（1）岗位要求　数据录入管理员是系统中基础数据的主要操作人员，主要负责部门物料主文件BOM表的编制并负责导入系统，往来单位、人员、仓库、物料与采购员的关系等数据的维护；负责本部门系统操作及业务联系，需要经过相关培训。此岗位要求具备计算机操作的基本知识，熟练使用office办公软件，该岗位由业务部文员兼任。

（2）岗位职责

① 对将进入系统的项目工程师提供的产品BOM草表，即物料主文件，必须严格按照软件要求进行核实，在核对好物料主文件的基本信息、物流属性、生产属性后向ERP文员申请编码，根据ERP文员发放的编码及时录入系统。

② 核实需要进入系统的人员、部门、往来单位、仓库等基础信息并及时录入系统，保证系统的正常运作。

③ 对保密性和安全性要求较高的货源清单、物料与采购关系等数据按照规定格式进行录入、维护。

④ 数据录入管理员必须对自己所维护的数据负责，在系统中查询、修改自己负责维护的基础数据，对维护的数据做好方案记录。

⑤ 遵守公司及有关保密性和安全性的规章制度。

⑥ 遵循系统其他管理文档针对权限分配的制度。

⑦ 协助系统业务主管部门，负责落实工作安排，发放相关文件、会议通知、资料等，及时配合完成系统相关工作。

⑧ 督促本部门操作人员，遵守操作规范和及时、准确地录入生产数据，及时向ERP业务使用组提供单位业务流程、人员、数据等信息变更资料。

⑨ 加强行业队伍建设，做好本部门操作人员的培训工作。

⑩ 协助运行ERP运维组开展业务调研。

（3）岗位权限

① 拥有自己的独立账号和密码，只允许进入系统中相关维护数据的模块和功能，数据录入管理员必须对自己的账号和密码进行安全设置，做到各负其责。

② 在系统内只能看到本人负责的相关模块、相关数据维护的界面，只能看到本人拥有操作权限的模块和功能。

③ 在系统中拥有管理和负责收集基础数据的权限，并对所维护的数据进行查询和修改。

④ 在系统中所维护的数据可以在系统中打印，也可以导出为电子格式，但需要填

写操作记录。

⑤ 遵循系统其他管理文档针对权限分配的制度。

⑥ 负责系统环境的搭建，有对本部门系统软件进行系统升级的权限。

⑦ 有对本单位操作人员违反公司信息管理规章制度和系统规章管理制度的行为进行监督的权利。

⑧ 遵循公司其他关于系统管理的规章、制度。

5.业务跟单员

（1）岗位职责

① 按照客户订单核实产品编码、名称、数量、交期等信息，进入系统，下达《客户订单》。

② 将客户基础信息及时录入系统，保证客户订单及时下达。

③ 对自己所维护的数据负责，在系统中查询、修改自己负责维护的基础数据，对维护的数据做好方案记录。

④ 遵守公司及有关保密性和安全性的规章制度。

⑤ 遵循系统其他管理文档针对权限分配的制度。

⑥ 熟悉和掌握本单位使用系统的基本情况。

⑦ 及时向系统的维护部门反映系统使用中出现的各类问题。

（2）岗位权限

① 拥有自己的独立账号和密码，只允许进入系统中相关维护数据的模块和功能，业务跟单员必须对自己的账号和密码进行安全设置，做到各负其责。

② 在系统内只能看到本人负责的相关模块、相关数据维护的界面，只能看到本人拥有操作权限的模块和功能。

③ 在系统中拥有管理和负责收集基础数据的权限，并对所维护的数据进行查询和修改；在订单评审的过程中，业务通知财务参加订单评审，财务人员给出建议。

④ 在系统中所维护的数据可以在系统中打印，也可以导出为电子格式，但需要填写操作记录。

⑤ 遵循系统其他管理文档针对权限分配的制度。

⑥ 有对本单位操作人员违反公司信息管理规章制度和系统规章管理制度的行为进行监督的权利。

⑦ 遵循公司其他关于系统管理的规章、制度。

6.物料系统岗位职责及权限

（1）计划员岗位

① 岗位要求　计划员是系统中生产计划管理模块的主要操作人员，主要负责制定

生产计划模型及收集各生产工作站的生产预测、生产订单与零星需求并进行汇总后及时进行录入，录入时必须做到数据准确、及时，需要经过相关培训。此岗位要求具备计算机操作的基本知识，熟悉系统生产计划的业务流程，熟练掌握系统的操作方法，由PMC兼任。

②岗位职责　负责制作生产计划；及时办理物料的生产订单业务，及时形成生产指令单；调整产品的生产价格。

③岗位权限

a.拥有自己的独立账号和密码，只允许进入系统的生产记录管理模块及库存管理模块；计划员必须对自己的账号和密码进行安全设置，做到各负其责。

b.在系统内只能看到本人负责的相关业务部门和物料，只能看到本人拥有操作权限的模块和功能。

c.在系统内有制作生产计划、生产订单、内部零星需求及对应的单据审批权限，以及相应单据的查询权限。

d.在系统库存管理模块中具有查询所负责的产品的库存权限。

e.在系统中维护的数据可以在系统中进行打印，也可以导出为电子文档。

f.遵循系统其他管理文档针对权限分配的制度。

（2）仓库管理员岗位

①岗位要求　仓库管理员是系统中库存管理模块的主要操作人员和负责人员，主要负责物料收发业务，仓库管理在公司实际管理中业务复杂，因此系统中仓库管理人员需要了解公司实际业务流程，并按照流程在系统中体现，及时进行系统数据的录入，做到数据的准确性和及时性。需要通过相关培训。此岗位要求具备计算机操作的基本知识，熟悉系统库存管理的业务流程，熟练掌握系统的操作方法，由仓库主管兼任。

②岗位职责

a.及时办理物料的入库业务，仓库管理员在收到物料时，必须及时审查，及时在系统中办理物料的入库业务，为了保证系统的稳定运行，各仓库管理员需了解不同的入库业务在系统中的操作方法，不允许随意更改单据类型和制作单据，发现制作单据错误，需及时更改。

b.针对自己负责的仓库，需要对办理物料入库单进行系统库管理模块的入库单记账，原则为每天的单据在下班前必须记账。

c.及时办理物料的出库业务，仓库管理员在进行发料业务后，在系统中办理物料的出库业务。为了保证系统的稳定运行，各仓库管理员需了解不同的出库业务在系统中的操作方法，不允许随意更改单据类型和制作单据，发现制作单据错误，需及时更改。

d.针对自己负责的仓库，需要对办理物料出库单进行系统库存管理模块的出库单记账，原则为每天的单据在下班前必须记账。

e.针对料废、工废处理，严格按照操作岗位手册办理料废、工废的系统业务录入，并及时进行系统登账业务。

f.需对系统中自己制作的单据进行检查，发现错误后，按照流程进行修改。

g.按照系统提供的查询账表和单据的功能，为领导或相关人员提供查询的数据，打印或电子文档进行呈报。

h.遵循公司其他针对系统管理的制度。

③ 岗位权限

a.拥有自己的独立账号和密码，只允许进入系统的库存管理和采购管理两个模块；仓库管理人员必须对自己的账号和密码进行安全设置，做到各负其责。

b.在系统内只能看到自己负责的仓库和相关业务部门，只会看到本人拥有操作权限的模块和功能。

c.在系统内拥有制作入库单的权限，具体包括采购入库单、生产入库单、其他入库单、调拨移库单、盘盈出库单。

d.在系统内拥有制作出库单的权限，具体包括销售出库单、生产领料单、其他出库单、调拨移库单、盘亏出库单。

e.在系统内拥有查询出库单的权限，具体包括库存余额的月报、日报、出入库单单据的查询、批准管理的查询及收发存汇总表查询等。

f.在系统中制作的单据和账表，可以在系统中进行打印，也可以导出为电子文档。

g.遵循系统其他管理文档针对权限分配的制度。

7.采购系统在ERP岗位职责及权限

（1）采购计划岗位

① 岗位要求。采购计划员是系统中采购管理模块的主要操作人员和负责人员，主要负责物料采购计划业务，采购计划业务在公司实际管理中极其重要，因此系统中采购计划员需要了解公司实际业务流程，并按照流程在系统中体现，及时进行系统数据的录入，做到数据的准确性和及时性。需要经过相关培训。此岗位要求具备计算机操作的基本知识，熟悉系统采购模块的业务流程，熟练掌握系统的操作方法，暂由采购组长兼任。

② 岗位职责

a.及时处理各部门的采购请购需求并在系统中制作采购计划。

b.需跟踪系统中采购计划的执行情况，如采购计划的状态变更、执行、终止、变更等，并根据实际情况在系统中进行体现。

c.对于系统中没有的资料，需要及时按操作规范录入到系统中。

d.需跟踪采购计划在系统中的执行情况，如物料的入库或物料的在途。

e.按照系统提供的查询账表和单据的功能，为领导或相关人员提供查询的数据，打印或电子文档进行呈报。

f.遵循公司其他针对系统管理的制度。

③ 岗位权限。针对采购部供应体系和配套体系的保密性，系统对采购计划员的权限设置，具体内容如下。

a.拥有自己的独立账号和密码，只允许进入系统的采购管理和库存管理；采购员必须对自己的账号和密码进行安全设置，做到各负其责。

b.在系统内只能看到自己负责的采购计划，只能看到自己拥有操作权限的模块和功能，只能看到自己负责的物料、仓库等信息。

c.在系统内拥有制作采购计划和修改采购计划的权限，在库存管理中具有录入物料目录、录入货位物料分布的权限。

d.在系统中拥有查询采购管理和库存管理中账表与单据的权限，具体包括采购计划、采购订单、采购入库单等。

e.在系统中制作的单据和账表，可以在系统中进行打印，也可以导出为电子文档。

f.遵循系统其他管理文档针对权限分配的制度。

（2）采购员岗位

① 岗位要求。采购员是系统中采购管理模块的主要操作人员和负责人员，主要负责物料采购业务，采购业务在公司实际管理中极其重要，因此系统中采购员需了解公司实际业务流程，并按照流程在系统中体现，及时进行系统数据的录入，做到数据的准确性和及时性，需要经过培训。此岗位要求具备计算机操作的基本知识，熟悉系统存货核算和相应收付款业务流程，熟练掌握系统的操作方法。

② 岗位职责

a.及时处理采购计划员在系统中制作的采购计划，并把采购计划按照企业实际情况转化为采购订单，满足企业生产需要。

b.需及时把系统中的采购订单反馈到供应商那里，并跟踪采购情况，如发生订单变更时要及时更改订单。

c.需跟踪采购订单在系统中的执行情况，如物料的入库或物料的在途。

d.按照系统提供的查询账表和单据的功能，为领导或相关人员提供查询的数据，打印或电子文档进行呈报。

e.遵循公司其他针对系统管理制度。

③ 岗位权限。针对采购部门供应体系和配套体系的保密性，系统对采购员的权限设置，具体内容如下。

a.拥有自己的独立账号和密码，只允许进入系统的采购管理和库存管理两个模块；必须对自己的账号和密码进行安全设置，做到各负其责。

b.在系统内只能看到自己负责的采购计划（订单）和采购入库单，只能看到自己拥有操作权限的模块和功能。

c.在系统内拥有制作采购订单和修改采购订单的权限。

d.在系统中拥有查询采购管理和库存管理中单据的权限，具体包括采购计划、采购订单、采购入库单、采购发票、采购付款单等。

e.在系统中制作的单据和账表，可以在系统中打印，也可以导出为电子文档。

f.遵循系统其他管理文档针对权限分配的制度。

8.财务部会计在ERP岗位职责及权限

（1）岗位要求　财务成本会计是系统中存货核算模块的主要操作人员和负责人员，是销售管理及采购管理中发票与付款单、回款单的主要操作人员，主要从资金管理的角度出发，加强对物料的管理，旨在降低存货的资金占用，完成物料收发存的成本核算，能够正确及时地核算出材料成本，进行材料的结算业务。此岗位要求具备计算机操作的基本知识，熟悉系统存货核算的相应收付款业务流程，熟练掌握系统的操作方法。

（2）岗位职责

① 负责企业结算业务和暂估业务；负责系统发票和入库单的核销，制作销售发票与销售回款单等。

② 在系统中利用库存管理和存货核算从实物和价值两个角度分别对仓库物料的收发存进行管理；在订单评审的过程中，业务通知财务成本会计参加订单评审，财务成本会计给出建议。

③ 有责任对在实际业务或系统发现的仓库管理人员或采购员的数据或信息情况进行监督，并要求其进行及时的更改。

④ 在物料计划价格变更的时候，必须在系统进行及时调整，对于新物料，必须及时对新物料的计划价格进行调整。

⑤ 按照系统提供的查询账表和单据的功能，为领导提供查询的数据，打印或电子文档进行呈报。在订单结束时，根据出货单核算该张订单的盈亏情况并形成档案，在盈利的状况下，通知相关部门（在超出预计盈利而产生盈利的部门）保持；在亏损的情况下，通知相关部门（亏损产生原因的部门）改善。

⑥ 遵循公司其他针对系统管理的制度。

（3）岗位权限　系统对财务成本会计的权限设置，具体内容如下。

① 拥有自己的独立账号和密码，只允许进入系统的存货管理、采购管理和销售管理三个模块；必须对自己的账号和密码进行安全设置，做到各负其责。

② 在系统内只能看到自己负责的仓库和相关业务部门，只能看到自己拥有操作权限的模块和功能。

③ 对采购入库单进行暂估业务和冲销业务，具有制作销售发票、销售回款单并进行核销的权限。

④ 在系统中拥有查询采购发票和付款单、销售发票与回款单的权限。

⑤ 在系统中具有调整计划价格的权限。

⑥ 在系统中拥有查询存货核算中账表的权限，具体包括库存存货余额的月报、日报；出入库单据的查询，批次管理的查询，收发存汇总表查询等。

⑦ 在系统中维护的单据和账表，可以在系统中打印，也可以导出为电子文档。

⑧ 遵循系统其他管理文档针对权限分配的制度。

（三）系统运行管理

1.日常管理内容

（1）BOM数据提供　业务部各项目工程师负责完善和创建BOM草表、工艺路线数据；创建、审核新产品BOM单、工艺路线、材料定额完成；各工序中物料分配、物料替换和废除。

（2）BOM草表的数据　由业务部各客户相关项目工程师负责，按照BOM草表的标准格式提供，必须在试模前8小时内制作完成纸质BOM草表，业务主管当天初审，转交业务部经理复审签名同意后，并送交数据录入管理员录入系统。当工艺发生更改时，项目工程师发出内部联络单及时通知相关部门，由数据录入管理员负责4小时内在系统中做工程更改及工艺路线变更，保证生产系统的正常运行。

（3）BOM表录入　数据录入管理员在收到项目工程师提供的BOM草表（纸质）后，8小时内申请编制编码，并在ERP中录入BOM表后，向ERP专员提供BOM纸质草表，通知ERP专员审核；ERP专员4小时内在ERP系统中审核。ERP专员接到各部门所提供的物料编码申请表后，无其他原因4个小时内完成编码发放。

（4）PO（Purchase Order的缩写，采购单）单的下达　业务跟单员负责客户的PO订单转换为公司的CO（Customer Order的缩写，客户订单）单，业务部经理审核。

（5）MO（Manufacture Order的缩写，生产订单）单的下达　计划部PMC根据CO单制作生产指令单、请购单，计划部主管审核后下发。

（6）生产部各文员按照ERP运行和生产需要制作、打印领料单、退料单、补料单、入库单；此单据必须经过相关部门（各单据上的部门）的签字方才有效。

（7）采购部按照请购单制作采购单，副总审核批准后下达供应商。

（8）仓库根据采购单收货并报送品质部检查，品质合格入库，打印入库单，计划部主管审核，不合格退货。

（9）仓库根据入库单和出库单、送货单收货和备货、送货。

（10）此管理程序生效起，ERP各使用部门不得再使用手工单，各下游部门可拒收手工单据。

2.检查

（1）数据检查　ERP系统运行检查采用日常检查与月度考评相结合的方式。日常检查采用网上检查和现场数据检查相结合的方式。

（2）系统运行检查　系统维护员每日对ERP用户进行当日系统运行检查；依据检查结果进行相应处理。

（3）检查整改　运行运维组对于当日检查存在的问题及时以邮件形式下发整改通知，并将电子邮件发送到各部门主管，次日对整改的问题进行复查。每周对各单位实际发生的业务情况与进入系统业务的差异等进行小结。

（4）总结　运行运维组每月30日组织召开ERP系统各部门运行检查月度总结会，对各部门日常检查情况进行汇总，对一些常见问题进行分析，并提出解决方案，以保障系统正常运行。

3.问题处理

（1）分类　ERP系统问题分为用户操作问题、系统功能问题、权限问题、系统主数据问题、终端设备问题、网络故障问题、主机系统问题、需求修改和新增问题及其他问题。所有问题由ERP运行运维组解决，所有问题必须是各业务部门ERP关键用户递交的，并经本部门审批者批准的纸面文件和电子邮件。电话、口头形式的申请均不受理。

（2）解决　接到用户请求后，应在1小时内给用户回应，一般问题在两小时内解决，除重大问题外，当天的问题应当天解决。凡是当天解决不了的问题，必须向ERP运行运维组报告。

（3）确认　问题解决后，应及时通知相关用户，并督促用户测试申请的问题，直至问题的解决得到用户确认。

4.考核办法

（1）ERP系统管理员在系统日常维护工作中因疏忽或怠慢工作进度，造成ERP系统故障无法及时解决、系统瘫痪等不正常现象，考核责任人扣绩效10分/次；因日常检查、维护工作不到位，而影响系统出现重大问题，考核责任人扣绩效10分/次。

（2）未及时对物料编码进行维护而影响后续流程的，考核责任人扣绩效5分/次；未及时维护BOM单、工艺路线、材料定额、工序中物料分配而影响后续流程无法进行的，考核责任人扣绩效5分/次；工艺发生变更时，未及时在系统中更改而影响生产流程的，考核责任人扣绩效5分/次。

（3）未按订单进行收发货及出入库确认，考核该责任人扣绩效5分/次；未实时对外协仓库进行管理，造成库存信息不准，考核责任人扣绩效5分/次。

（4）未及时录入发票或录入信息错误影响财务正常核算，考核责任人扣绩效3分/次。

（5）未按生产订单对应做入库的，考核责任人扣绩效3分/次，因入库不及时，导致系统库存信息失真或影响财务正常核算的，考核扣绩效3分/次。

（6）各业务使用单位流转的纸制单据中凡涉及单据号信息的要由系统打印出来，若发现有手工填写的情况，考核责任人扣绩效3分/次。

（7）要求整改的问题没有及时处理的，一次扣责任部门主管绩效3分/次、扣罚系统相关操作人员绩效5份/次。

（8）凡出现以上情况，情节严重的要加倍考核。

第7章

图解精益管理之标准化

所谓标准化，就是指制定标准，按标准进行行动，统一员工的工作行为，并在实践中适时更新与完善相应的标准，改善相应的管理及作业行为，从而促进企业经营管理水平的提高等一系列的管理活动。

7.1 标准化的益处

推行标准化可为企业带来许多好处，如图7-1所示。

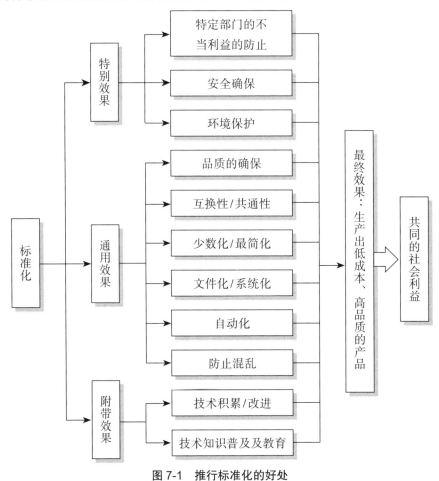

图 7-1 推行标准化的好处

7.2　标准化体系的组成

在管理界，现代企业标准化体系一般分为两个体系：一是生产管理作业标准体系；二是技术质量标准体系。企业标准化体系就是从这两个方面展开的，而各体系又包含相应的内容。

7.2.1　生产管理作业的标准化

生产管理作业的标准化可分为三个层面，如图7-2所示。

管理程序标准化

是指管理作业的实施步骤和各步骤的标准化操作

工作方法标准化

比如不能越级指挥、财务报销的审批手续、会议与会人员的级别和数量等有标准可遵循

业绩考核标准化

是指工作效率和质量的衡量评价要有标准，不能干好干坏一个样

图 7-2　生产管理作业的标准化

7.2.2　技术质量的标准化

技术质量的标准化主要有以下三个方面内容，如图7-3所示。

工艺流程标准化

是指生产作业过程中的工序按标准工艺要求的顺序排列

工艺技术标准化

简单地说就是操作方法、技巧标准化。如炉温要达到多少温度、时间要多长才能将产品出炉

产品质量标准化

就是指作业的成果（产品）合格与否检验过程的标准化

图 7-3　技术质量的标准化

7.3 标准化的对象

企业在生产管理过程中，凡多次重复出现和使用的现象与对象，正在制定标准的具体产品，以及各种定额、规划、要求、方法、概念等，都是标准化的对象。如采购的程序、合同、对原材料的要求，员工的绩效考核，生产中的每个操作，工件的流转、摆放、搬运的工具和方式，成品入库，成本核算，文件档案管理，设计文件管理以及新产品开发等，事无巨细，包罗万象，都必须实施标准化。

7.4 制定良好的标准

7.4.1 标准的构成项目

标准一般有以下几个构成项目，如表7-1所示。

表7-1 标准的构成项目与内容

序号	构成项目	详细内容
1	制定履历	制定时记入制定日期；改订时记入改订原因、改订内容、改订日期
2	制定目的	记入为何要制定该标准
3	适用范围	该标准适用的部门、场所、时期
4	标准正文	记入任务的具体实施方法
5	附表附图	当用文字难以把任务的实施方法描述清楚时，考虑加入表格或图

7.4.2 各种形式的标准

在不同的情况下，"标准"可能有不同的名称，但其目的都是相同的——为了更规范地执行任务。如图7-4所示。

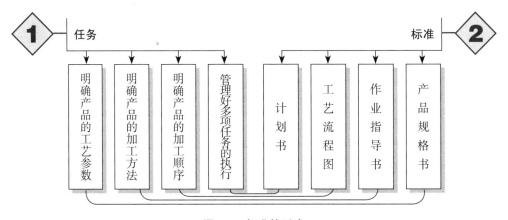

图 7-4 标准的形式

7.4.3 标准的制定要求

企业的性质不同其制定的标准也不尽相同，但仔细分析会发现许多标准存在操作性差、不明确等问题，例如，"要求冷却水流量适中"，什么是流量适中？不可操作；"要求小心地插入"，什么是"小心"？不可理解。其实，一个好的标准的制定是有要求的，通常应满足如图7-5所示的五点。

目标指向明确

标准必须是面对目标的，即遵循标准总是能保持生产出相同品质的产品。因此，与目标无关的词语、内容请勿出现

显示原因和结果

如"安全地上紧螺丝"，这是一个结果，应该描述如何上紧螺丝；又如"焊接厚度应是3微米"，这是一个结果，应该描述为："焊接工用3.0安培电流20分钟来获得3微米的厚度"

准确、不抽象

"上紧螺丝时要小心"，什么是"要小心"？这样模糊的词语是不宜出现的

数量化要具体

每个读标准的人都必须以相同的方式解释标准。为了达到这一点，标准中应该多使用图和数字。例如，使用一个更量化的表达方式，"使用离心机A以（100±50）转转动5～6分钟的脱水材料"来代替"脱水材料"的表达

现实、可操作

标准必须是现实的，即可操作的，标准的可操作性非常重要

图 7-5 制定标准的五大要素

7.5 标准的遵循

7.5.1 正确彻底地执行标准

如果没有付诸实施，再好的标准也不会对企业有所帮助。为了使已制定的标准彻底

地贯彻下去，企业首先需要让员工明白这样一个思想：作业指导书是自己进行操作的最高指示，它高于任何人（包括总经理）的口头指示。

另外，要彻底地贯彻标准，管理人员的表率作用也很重要。有这样一个实际例子：一家企业的老总非常喜欢到生产线进行巡视，而且每次巡视后都会对员工的工作提出一些改进意见并让他们马上实施。老总这种做法使生产主管及操作员认同了"口头指示"，而他们对"口头指示"的认同最终导致了这家企业标准化工作的失败。

7.5.2 抱着发现问题的心态执行标准

企业管理人员除了要正确彻底地贯彻标准，还要抱着发现问题的心态去执行标准，这在标准化的推进中也至关重要。

标准是根据实际的作业条件及当时的技术水平制定出来的，代表了当时最好、最容易、最安全的作业方法。随着实际作业条件的改变和技术水平的不断提高，标准中规定的作业方法可能变得与实际不相符。

与实际不相符的标准不但不会对企业有所帮助，有时还可能会妨碍工作，因此必须及时进行修订。所以，企业管理人员应要求操作者抱着发现问题的心态去执行标准，在"发现问题→修订标准"循环中去完善标准。

7.5.3 发现标准有问题时的做法

如果操作者发现标准存在问题或者已找到了更好的操作方法，不要自作主张地改变现有的做法（因为操作者认为的好方法有可能是漏考虑了某种因素情况下得出的），而应当按下面的步骤去做，如图7-6所示。

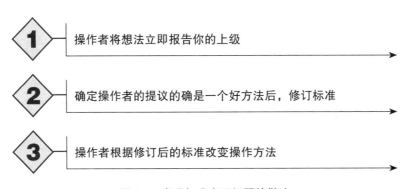

图7-6　发现标准出了问题的做法

7.6　标准的修订

标准在需要时必须修订。在优秀的企业里，工作是按标准进行的，因此标准必须是最新的，是当时正确的操作情况的反映。企业在以下的情况下应修订标准。

（1）内容难，或难以执行定义的任务。

（2）当产品的质量水平已经改变时。

（3）当发现问题及改变步骤时。

（4）当部件或材料已经改变时。

（5）当机器工具或仪器已经改变时。

（6）当工作程序已经改变时。

（7）当方法、工具或机器已经改变时。

（8）当要适应的外部因素改变（如环境的问题）时。

（9）当法律和规章（产品赔偿责任法律）已经改变时。

（10）标准（ISO等）已经改变。

下面提供几份关于标准化管理方面的范本，仅供读者参考。

【他山之石01】企业标准化管理办法

企业标准化管理办法

前言

本标准为企业标准化良好行为管理准则。

（1）进一步完善标准化管理基本任务。

（2）落实标准化方针、目标。

（3）对标准化组织机构和职责进行了规定，并体现企业标准体系运行要求。

（4）对标准体系的建立进行规定。

（5）采用国际标准的内容、要求进行规定。

（6）对标准化管理、规划、信息资料、人员、培训均作出规定。

（7）强调对企业标准体系的评价与改进要求。

1.范围

本标准规定了企业标准化工作的基本任务、标准化的方针目标、标准化的组织机构、标准化组织的职责、标准体系的建立、企业标准制定和发布、标准的实施和监督检查、采用国际标准和国外先进标准工作程序、标准化管理的要求、企业标准化信息资料的管理、企业标准化人员及其培训、标准化成果管理、企业标准体系评价与改进。

本标准适用于公司的标准化管理。

2.规范性引用文件

下列文件对于本文件的应用是必不可少的。凡是注有日期的引用文件，仅注日期的版本适用于本文件。凡是不注日期的引用文件，其最新版本（包括所有的修改单）适用于本文件。

GB/T 13016—2018《标准体系构建原则和要求》

GB/T 13017—2018《企业标准体系表编制指南》

GB/T 15496—2017《企业标准体系　要求》

GB/T 15497—2003《企业标准体系　技术标准体系》

GB/T 15498—2003《企业标准体系　管理标准和工作标准体系》

GB/T 19273—2017《企业标准化工作　评价与改进》

GB/T 35778—2017《企业标准化工作指南》

3.企业标准化工作的基本任务

3.1 贯彻执行国家和地方有关标准化的法律、法规、方针政策。

3.2 建立、实施标准体系并持续改进。

3.3 实施国家标准、行业标准、地方标准、企业标准。

3.4 制定和实施企业标准，对标准的实施进行监督检查。

3.5 采用国际标准和国外先进标准。

3.6 参加国内、国际有关标准化活动。

4.标准化的方针、目标

4.1 标准化的方针：标准规范企业管理，争创行业一流水平。

4.2 标准化的目标

（1）两年内建立健全企业标准体系标准，争创标准化良好行为企业。

（2）完善产品标准，产品执行标准率达到100%。

5.标准化的组织机构与职责

5.1 标准化的组织机构

公司设立标准化管理委员会，负责领导全公司的标准化工作，公司标准化组织由三个层次组成，即公司标准化管理委员会、公司标准化职能管理机构（总工办）、由各职能部门专兼职标准化人员组成的公司标准体系工作组。

5.1.1 标准化工作机构的最高领导者是公司总经理，由管理者代表统一负责，各部门领导负责分管业务范围内的标准化工作。

5.1.2 标准化管理委员会成员由总经理、管理者代表、办公室主任和各部门负责人、重点项目工程等相关部门负责人以及标准化有关专家组成，由总经理担任标准化委员会总监。标准化管理委员会办公室设在总工办，由总工办主任担任标准化委员会主任。

5.1.3 公司总工办是标准化管理委员会的常设机构，配备专职标准化技术人员，负责公司标准化委员会日常工作，对公司及各部门标准化工作的统一归口管理。

5.1.4 标准体系工作组由各部门专兼职标准化人员组成，业务上受公司总工办指导，承担所在部门的标准化管理工作。

5.1.5 公司行政管理组织机构图

（略）。

5.2 标准化组织的职责

5.2.1 标准化委员会的职责

5.2.1.1 贯彻落实国家标准化法律、法规、方针、政策和有关标准。

5.2.1.2 贯彻落实公司关于经营管理中涉及标准化工作的决议。

5.2.1.3 组织研究和制定标准化工作的方针、目标，审批公司标准化工作发展规划和年度计划。

5.2.1.4 负责标准化方面重大问题的研究、审议和决策。审批公司标准化管理基础标准和标准化工作导则，负责审批公司有关企业生产经营、产品质量等方面共用性的重要标准。

5.2.1.5 组织参加国家标准和行业标准的制定、修订和重大标准化活动等的策划及实施。

5.2.1.6 组织建立和评审企业标准体系，并对企业标准体系的有效运行负责。

5.2.1.7 主任负责编审企业标准体系；标准化管理者代表审查企业标准，并提交总经理批准后发布。

5.2.1.8 总经理负责批准，为企业标准化工作作出贡献的部门和个人进行鼓励、表彰，对不认真贯彻执行标准而造成损失的责任者进行惩罚。

5.2.2 办公室——标准化日常办事机构的职责

5.2.2.1 确定并落实标准化法律、法规、规章以及相关标准中与企业相关的要求。

5.2.2.2 组织编制并落实企业标准化工作任务的指标、规划、计划。

5.2.2.3 建立和实施企业标准体系，编制企业标准体系表。

5.2.2.4 组织实施有关国家标准、行业标准和企业标准。

5.2.2.5 对新产品、改进产品、技术改造和技术引进项目提出标准化要求。

5.2.2.6 对公司实施的标准情况组织监督检查，组织公司标准体系的自我评价，组织相关企业的标准复审。

5.2.2.7 负责制定企业标准化管理基础标准，负责制定涉及企业产品形象的图像标志标准。

5.2.2.8 负责企业标准的编号、标准化审查和管理。

5.2.2.9 组织企业产品标准的备案和确认工作。

5.2.2.10 负责产品型号的统一管理及行业标准化管理部门的注册与备案。

5.2.2.11 组织产品采用国际标准，并负责采标验收、确认工作。

5.2.2.12 负责公司"标准化良好行为企业"的申报、考核及验收工作。

5.2.2.13 组织标准化培训，负责向标准化管理委员会提出在标准化管理方面的表彰、奖励和处罚意见。

5.2.2.14 负责公司标准化管理委员会的秘书工作。

5.2.3 技术部是技术标准管理职能部门

5.2.3.1 组织实施有关国家标准、行业标准和企业标准。

5.2.3.2 对新产品、改进产品、技术改造和技术引进项目提出标准化要求。

5.2.3.3 负责制定企业标准化管理基础标准，负责制定涉及企业产品形象的图案标志标准；组织或参加国家、行业委托的有关标准的制定和审定工作，参加国内、国际各类标准化活动。

5.2.3.4 组织企业产品标准的制定、修订和备案确认工作。

5.2.3.5 负责产品型号的统一管理及行业标准化管理部门的注册和备案。

5.2.3.6 组织产品采用国际标准，并负责采标验收、确认工作。

5.2.4 各职能部门、车间标准化职责

5.2.4.1 贯彻公司标准化工作方针，负责公司下达的标准化工作任务的展开和实施。

5.2.4.2 结合本部门的工作特点，制订本部门年度标准化工作计划并报总工办，负责提高本部门标准化工作效果并进行检查总结。

5.2.4.3 负责与本部门相关联的企业标准的制定工作，负责公司的各种企业标准在本部门的贯彻落实，负责本部门标准文本的受控发放和回收。

5.2.4.4 负责搜集本部门技术和管理相关的必备标准及相关标准，建立本部门企业标准体系要求的相关标准、标准体系的建立。编制本部门专用标准的目录，提供标准文档（包括技术、管理、工作方面的规程和规范的清单）交总工办，实现信息资源共享。

5.2.4.5 负责本部门内部流通技术文件资料的标准化审查。

6.标准体系的建立

6.1 建立企业标准体系的要求

6.1.1 标准体系是企业各项经营活动所涉及的标准按其内在联系形成科学的有机整体。

6.1.2 公司按GB/T 15496、GB/T 15497、GB/T 15498、GB/T 19273的要求建立企业标准体系，加以实施，并持续评审与改进其有效性。建立公司标准体系应符合以下要求。

（1）企业标准体系应以技术标准体系为主体，以管理标准体系和工作标准体系相配套。

（2）符合国家有关法律、法规，实施有关国家标准、行业标准、企业标准和地方标准。

（3）企业标准体系内的标准应能满足企业生产、技术创新和经营管理的需要。

（4）企业标准体系应在企业标准体系表的框架下制定。

（5）企业标准体系内的标准之间相互协调。

（6）管理标准体系、工作标准体系应能保证技术标准体系的实施。

（7）企业标准体系、工作标准体系应能保证技术标准体系的实施。

6.1.3 企业标准体系应满足企业各项管理需要，企业标准体系是企业其他各管理体系的基础，将公司质量管理体系、环境管理体系、计量管理体系此类管理体系纳入标准体系中，形成有机的一体化管理，促进企业形成一套完整、协调配合、自我完善的管理体系和运行机制。

6.1.4 企业标准体系内的所有标准都要在本企业方针、目标和有关标准化法律的指导下形成，包括企业贯彻、采用的上级标准和本企业制定的标准。

6.2 标准体系表

6.2.1 企业标准体系表是企业标准体系内的标准按一定形式排列起来的图表。

6.2.2 建立企业标准体系应首先研究和编制企业标准体系表。

6.2.3 编制标准体系表应参照GB/T 13016、GB/T 13017所规定的概念、原理、编制要求和方法进行。

6.2.4 企业技术标准、管理标准和工作标准的层次结构图。

6.3 标准明细表

6.3.1 已搜集或计划搜集并经过标准有效性确认的有效版本标准，按标准体系表编号列入标准明细表。

6.3.2 各标准使用单位负责每年6月底和12月底通过电子版或文本核查标准换版有效性确认，确保使用的标准为有效性版本文件。

7.企业标准的制定和发布

7.1 企业标准的结构和编写规则

（略）。

7.2 企业标准编号规则

依据《企业标准化管理办法》中第12条："企业产品标准代号、编号方法"，特确定本公司企业产品标准的代号、编号方法规定如下图所示。

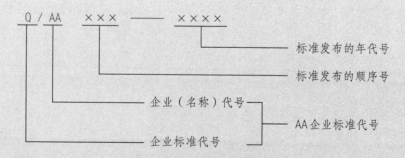

企业产品标准的代号、编号方法

注："Q"为"企"字的汉语拼音的第一个大写字母，是企业标准代号。"AA"为"AA有限公司"的简称。

7.3 公司制定的各种标准的代号

企业产品标准不需加其他标志区别，按6.3条编制即可。为了明显且易于区别各类标准文件，特做以下规定：公司制定的技术标准体系中的各类标准则在企业名称代号前加"J"字母。管理标准体系中各类标准编号则在企业名称代号前加"G"，工作标准体系中各标准代号则在企业名称代号前加"Z"，程序文件（各认证体系文件）编号则在企业名称前加"C"。

7.4 企业标准的制定范围

当公司在生产、经营、管理中缺少以下标准时应制定。

（1）产品标准。

（2）生产、技术、经营和管理活动所需要的技术标准、管理标准和工作标准。

（3）设计、工艺、工装、半成品、原辅材料采购、验收的技术标准。

（4）当已有国家、行业、地方标准时，企业应当制定严于国家、行业的内控标准。

8.标准的实施

8.1 实施标准的基本原则

8.1.1 实施标准必须符合国家法律、法规的有关规定。

8.1.2 国家标准、行业标准、地方标准中有关强制性标准，企业必须严格执行。不符合强制性标准的产品，严禁出厂、销售和进口。

8.1.3 推荐性标准，企业一经采用，应严格执行。

8.1.4 纳入企业标准体系的标准都应严格执行。

8.1.5 出口产品的技术要求，依照进口国法律、法规、技术标准或合同约定执行。

8.2 实施标准的程序

8.2.1 制订实施标准计划。总公司标准化处应在年度《企业标准化工作计划》中，规定有关部门在该年度应承担的标准实施的任务和完成的时间。实施标准的计划应包括：实施标准的方式、内容、步骤、负责人员、起止时间、应达到的要求等。

8.2.2 实施标准的准备。实施标准的准备工作应包括：标准实施前标准化处应有专人负责本标准实施中涉及的有关部门、所需设备、检测手段的准备、改造和更新工作的协调、培训和设备购置工作，标准中技术指标的讲解和控制点，为实施标准提供必要的技术改造和物资准备。

8.2.3 实施标准。依据技术标准、管理标准、工作标准的不同要求和特点，在做好准备工作的基础上，由各部门分别组织实施有关标准，公司各有关部门应严格实施标准。在贯彻实施有关标准中遇到的问题，属技术指标应及时与市质量技术监督局标准科或标准起草单位沟通。

8.2.4 检查总结

8.2.4.1 检查。一是对实施标准的准备工作之检查，主要看准备工作的进度和质量是否能满足标准实施的要求，提出是否可转入实施阶段的指令；二是对标准实施的检查，即对标准实施的监督检查，具体内容按本标准第9.3条规定执行。

8.2.4.2 总结。标准实施工作告一阶段后，应对标准实施工作进行全面总结，对存在的问题采取了哪些措施和取得的效果进行分析和评价，并写出标准实施总结报告：属技术标准，由分管的标准化检查员完成书面报告，一份报分管副总，一份报标准化处；属管理标准和工作标准总结报告，由各部门负责人书面报告生产经营的副总，按有关规定处理。

9.监督检查

9.1 监督检查的内容

9.1.1 总公司内部的监督与检查应是一项硬性工作，而不是形式上的规定。必须从产品设计开始，贯穿于产品生产的全过程。产品设计阶段的监督，一般是对产品设计图样和设计文件的标准化审查。生产过程的监督，是对实施标准的综合性检查。新产品开发、改进老产品、技术革新改造或引进技术设备，要符合国家有关法律、法规和强制性标准的规定，实施"技术引进和设备进口标准化审查"的管理办法。

9.1.2 设计文件的标准化审查。设计文件是直接指导产品生产制造和质量检验的依据，通过标准化审查，可以充分掌握产品及其组成部分在设计、制造、检验、使用等方面实施国家强制性标准的情况，使设计文件达到完整、正确、统一的要求，扩大工艺工装的继承性，提高产品标准化水平。

9.1.3 除了9.1.2条以外，在改进产品、进行技术改造、引进国外技术和设备时，都必须进行标准化自行审查，或者请市标准化管理科进行审查，审查其是否符合国家有关标准化法律、法规、规章和有关强制性标准的要求，凡不符合要求的坚决不能签字。

9.1.4 在生产过程中对实施标准进行综合检查

9.1.4.1 采购环节的检查

（1）主要检查所采购的原辅材料的供应商是否是合格的供方企业。食品加工用原辅料供方不应是私营、个体商贩，而必须是国家定点生产食品级原料、食品添加剂、营养强化剂的信誉度高的供方企业。

（2）检查检测中心对所购物资、原辅材料的检验依据，即检测时所依据的检测标准是否正确，有否继续使用过期作废标准。

（3）检查检测中心的检验人员实际检测项目和数据的正确性与可靠性。采购物资的质量管理过程是原辅材料标准实施的过程，是企业产品质量保证基础的第一步，因此对采购关口切莫忽视检查。

9.1.4.2 工艺准备环节的检查。主要检查设计制造工艺方案、工艺路线、工艺文件的编制与设计文件和工艺标准是否一致，每个工序和作业技术文件是否符合规定要求，从而保证产品完全在受控情况下安全生产。

9.1.4.3 检验环节的检查。是以"三不"为中心，即不合格的产品不入库，不合格的在制品（半成品）不转序（下一道工序），不合格的成品（产品）不出厂为要求，主要检查实际操作程序。这个环节主要是产品标准实施的检查。

9.1.4.4 成品仓库环节的检查。不定期对成品仓库中成品进行抽查，对产品的质量、标签和包装标准实施的检查。这是本公司免检产品实行自控、自查、自检的最后一个环节。

9.1.4.5 管理标准和工作标准实施的检查

（1）该项工作的实施由各有关科室负责人组织，于每季度末、半年和年终进行检查。

（2）检查工作应该是不定期地组织与进行，这样能及时纠正生产和经营管理工作中出现不符合管理标准或工作（程序）标准的现象，能及时制定有关预防措施，是保证产品质量和生产秩序正常进行的关键。

9.2 监督检查的方式

9.2.1 产品标准，包括原料、辅料、食品添加剂、半成品、标识、包装等标准的检查，由检测中心按有关标准规定进行监督检查和处理，标准化处负责人和标准化检查员，每月要定期或不定期对检测人员的工作质量进行抽查。

9.2.2 本规定的第9.1.1~9.1.4条的日常监督检查和处理权，由分管标准化工作的副总经理和标准化检查员负责审查，并做好记录。

9.3 奖罚规定

9.3.1 凡是国家质量监督、行业质量监督、社会监督检查中，出现属产品质量事故的，公司应按事故责任大小分别对有关人员进行必要的经济处罚。

9.3.2 凡因工作不认真或玩忽职守，平时检查中发现一项不符合有关标准规定的行为或作法，应予立即制止，并给予适当的批评或经济处罚。

10.企业标准化信息资料管理

10.1 标准化信息资料的范围

10.1.1 国家和地方有关标准化法律、法规、规章和规范性文件。

10.1.2 企业生产、经营、科研和贸易等方面所需要的有效标准文本。

10.1.3 国内外有关标准化期刊、出版物等。

10.1.4 有关的国际标准、技术法规和国外先进标准的中外文本。

10.1.5 其他与本企业有关的标准化信息资料。

10.2 标准化信息资料的管理要求

10.2.1 各项标准使用部门负责标准信息的搜集和管理。

10.2.2 与上级标准化部门建立广泛而稳定的搜集渠道。

10.2.3 对收集的资料进行整理、分类、编目，及时更替，保持良好的标准时效性。

10.2.4 各部门标准信息资料的归口管理部门及时正确掌握单位有关的标准发布、修订、更改、废止的信息和资料，并尽快传递给相关使用部门。

10.2.5 及时收回作废标准并按要求销毁。

11.企业的标准化人员及培训

11.1 标准化人员应具备的知识和能力

11.1.1 企业标准化管理人员应具备与所从事标准化工作相适应的专业知识、标准化知识和工作技能，经过培训取得标准化管理的上岗资格。

11.1.2 熟悉并能认真执行国家有关标准化的方针、政策和法律、法规。

11.1.3 熟悉本企业的生产、技术、经营和管理现状，具备一定的企业管理知识。

11.1.4 具有一定的组织协调能力、计算机应用及文字表达能力。

11.2 企业标准化培训

11.2.1 标准化培训教育的对象和目标

（1）各部门负责人熟悉国家有关标准化的法律、法规、方针政策，了解标准化基本知识，熟悉、掌握管理范围内的技术、管理和工作标准。

（2）专兼职标准化人员的业务培训应达到本标准11.1的要求。

（3）技术人员和一般职工熟悉并能熟练运用与本工作有关的各类技术标准及管理和工作标准。

11.2.2 标准化培训程序、方法和要求

（1）各部门提出培训计划报公司总工办，总工办将标准化培训计划内容报人力资源部，人力资源部将标准化培训列入职工教育计划并实施。

（2）采取多层次的开办形式，包括参加标准化会议、学习班，到外单位参观、学习。

（3）标准化人员在公司培训的基础上，还要参加上级标准化机构组织的标准化培训班学习，取得标准化资格证书方可从事标准化工作。

（4）培训具体程序按公司标准化培训管理办法的要求进行。

12.标准化成果管理

12.1 标准化成果包括的范围

（1）企业标准体系。

（2）企业标准（包括企业制定的技术标准、管理标准、工作标准）。

（3）工艺工装设计、改造，技术革新、发明创造。

（4）标准化工作的贡献经国家、地方标准化行政主管部门授予标准化先进工作者称号。

12.2 标准化工作奖励程序和奖金

12.2.1 企业标准体系的建立者，当企业标准体系经国家认可的标准化行政主管部门确认合格，达到AAA级以上水平，为一等奖，AA为二等奖，A为三等奖。

12.2.2 企业标准。为企业产品或生产、经营/管理带来显著经济效益的部门或个人，通过申请，经公司标准化管理委员会讨论通过其奖励档次后，报最高管理者批准，可获得一、二、三不同等级的奖励。

12.2.3 工艺工装设计、改造，重大技术革新、发明创造，为企业带来显著经济效益的个人或部门通过申请，经标准化管理委员会讨论通过后，报请最高管理者批准，可获得一、二、三不同等级的奖励。

12.2.4 企业标准化工作成绩突出，凡被国家级标准化行政主管部门授予标准化先进工作者称号的，可获得一等奖；被省级标准化行政主管部门授予标准化先进工作者称号的，或被行业标准化部门授予标准化先进工作者称号的，均可获得二等奖；被地市县级政府或标准化行政主管部门授予标准化先进工作者称号的可获得三等奖。

12.2.5 凡符合12.2条规定范围，应获得奖励的标准化人员，总公司或分公司应给记功奖励，并发给荣誉证书和奖金。

12.2.6 一等奖奖金_____元，二等奖奖金_____元，三等奖奖金_____元。由所在公司一次性给予现金奖励，保证兑现。

13.采用国际标准和国外先进标准工作程序

13.1 与国际标准一致性程度的划分。国家标准与相应国际标准的一致性程度分为三种，即等同、修改和非等效。

13.1.1 等同采用是指国家标准与相应国际标准技术内容完全相同，不做或稍做编辑性修改，其缩写字母代号为"IDT"。

13.1.2 修改采用是指存在技术内容差异，并对技术性差异进行了清楚的标识和解释。在文本结构上相同，但如不影响内容时，允许改变结构。其缩写字母代号为"MOD"。

13.1.3 国家标准与相应国际标准技术内容和文本结构上不同，它们之间的差异也没有被清楚地标识，这种一致性程度称为"非等效"，"非等效"程度不属于采用国际标准，其缩写字母代号为"NEQ"。

13.2 采标原则

13.2.1 凡已有国际标准（包括即将制定完成的国际标准），但国家标准和行业标准未采用时，企业可以以其为基础制定企业标准。凡尚无国际标准或国际标准不能适用需要的，应积极采用国外先进标准。

13.2.2 对国际标准中的安全标准、卫生标准、环境保护标准、职业健康安全标准、计量标准以及贸易需要的标准,应先行采用,并与相关标准相协调。

13.2.3 采标的产品标准,应当同时采用与其配套的相关标准,采标应同企业的技术引进、技术改造、新产品开发相结合。

13.2.4 对于采用国际标准或国外先进标准的国家标准,应当采取有效措施贯彻实施。

13.2.5 采用国际标准应符合GB/T 35778—2017《企业标准化工作指南》中的要求。

13.3 采标工作步骤

13.3.1 编制计划。编制本企业采标的规划、计划。

13.3.2 搜集资料。搜集相关的国际标准和国外先进标准,并进行翻译。

13.3.3 对比分析、试验验证。对国际标准和国外先进标准进行对比分析和必要的试验验证,找出本企业产品结构、性能指标、试验方法等方面的差距,提出措施。

13.3.4 制定标准。把国际标准和国外先进标准的内容不同程度地纳入企业标准。

13.3.5 实施标准。强化企业标准、完善设备和检测手段,进行人员培训,组织技术攻关,进行必要的技术引进,保证标准的实施。

13.3.6 检查验收。企业对采标的产品自检后,认为符合采标要求具备验收条件的,填报《产品采用国际标准验收申请书》,并附验收必要材料,向有关标准化行政主管部门申请验收。验收合格后颁发《产品采用国际标准验收合格证书》,并可到有关部门办理备案手续,使用采标标志。

14.企业标准体系的评价与改进

14.1 自我评价的要求

为确保公司企业标准化体系的适宜性、充分性和有效性,管理者代表每年组织不少于一次的自我评价,并结合平时标准实施的监督检查结果进行持续改进。持续改进应按照PDCA管理模式和方法进行,按策划、实施、检查、处置、再策划的管理模式周而复始的顺序运作,从而实现对企业标准体系持续改进的目的。

14.2 自我评价的组织和人员要求

(1)由标准化管理者代表组成标准体系自我评价小组,并确定一名组长。成员包括职能部门、各部门负责人、公司标准化管理人员。

(2)评价小组人员应经过企业标准化培训,具有相关专业技术知识,掌握GB/T 15496、GB/T 15497、GB/T 15498等系列标准,熟悉企业生产、经营、管理情况和企业标准体系文件。

14.3 自我评价的方法和程序

自我评价方法和程序按GB/T 19273—2017中的要求开展。

14.4 自我评价的内容和要求

自我评价的内容和要求与标准化主管确认的评价机构确认的内容和要求相同。

（1）标准化工作要求。

（2）技术标准体系的编制要求。

（3）管理标准体系和工作标准体系编制要求。

（4）技术、管理和工作标准的实施、监督与改进。

（5）对评价确认结果的处置。

具体评价内容按GB/T 19273—2017中的要求开展。

14.5 评价机构确认

为取得外部资源的有效支持，接受社会确认的监督检查，达到国家标准化确认的适当水平，在完成公司自我评价并实行持续改进的基础上，经公司标准化委员会审定，可以在适当时机向政府标准化主管部门认可的评价机构申请，进行"标准化良好行为企业"水平确认。

14.6 标准化体系的持续改进

企业标准化是一个指定标准→实施标准→合格评定→分析改进，以及再修订标准的动态过程，这个过程是通过持续改进来实现的。

（1）日常改进。各级标准归口管理部门的日常改进应包括搜集有关不合格信息，确定信息来源，分析不合格原因，指定纠正措施，对过程或管理机构进行调整，避免不合格品再发生。

（2）评价后的改进。根据公司的自我评价与社会评价机构确认结果，公司各级标准归口管理部门会同相关人员组织对不合格项进行分析和改进，提出改进和预防措施，并付诸实施。标准体系评价员对改进过程的有效性进行跟踪评价。

【他山之石02】××公司标准编写规范

××公司标准编写规范

1.目的与范围

为加强××有限公司（以下简称"公司"）标准化管理，完善公司标准化体系，规范公司标准的编写格式等，特制定本规范。

本规范明确了公司技术标准、管理标准和工作标准的编写格式等要求。

本规范适用于公司及所属各部门。

2.规范性引用文件

GB/T 1.1—2009标准化工作导则第一部分：标准的结构和编写规则。

GB/T 15496—2017企业标准体系要求。

3.术语及定义

3.1 文本格式，是指编写细则中要求的页眉、页脚、字体、字号等页面设置。

3.2 文本层次结构，是指章节段等标题结构。

3.3 文本内容，是指细则中所含有的主要条款项目的要求。

4.管理职责

4.1 综合管理部是公司标准化的管理部门。

4.2 综合管理部对公司所属各部门编制标准的编写格式等，负有检查、指导与考核的职责。

5.工作内容与要求

5.1 标准文本格式编写要求

5.1.1 A4纸张：210毫米×295.2毫米；页面设置：上25毫米、下25米、左25毫米、右25毫米。

5.1.2 页眉与页脚

（1）页眉格式 行文字体为黑体，五号，居中；1.5倍行距，段前0行，段后0行；下边框0.5行或25磅；距边界15毫米。

（2）页脚格式 页码字体为Times New Roman，小五，居中；单倍行距，段前0行，段后0行；距边界11.25毫米。

5.1.3 标题格式

（1）正文标题格式 行文字体为黑体，三号，1.5倍行距，段前段后0.5行。

（2）一级标题格式 行文字体为黑体，五号，1.5倍行距，段前段后0.5行。

5.1.4 正文格式。行文字体为宋体，五号，1.5倍行距，段前段后0行。

5.1.5 层次编号采用四级标题制，对多余的采用（1）（2）（3）等；对有并列叙述的内容与要求时，也可在二级或三级标题下直接采用（1）（2）（3）等编号。

5.2 技术标准编写要求

5.2.1 技术标准编写格式参照本规范中5.1条款要求编写。

5.2.2 编写内容与文本结构无统一要求，以相关专业标准要求为参考，根据各部门专业的管理职责及内容自行编写。

5.3 管理标准编写要求

5.3.1 管理标准编写文本格式参照本规范中5.1条款要求编写。

5.3.2 编写文本结构及基本内容模板，具体参见附件1。

5.3.3 具体内容包括：封面、目次/目录、前言、正文和附加说明。

备注：标准汇编使用"目次"，单一标准使用"目录"；前言在每一标准汇编册中形成，单一标准不需编制。

5.4 工作标准编写要求

5.4.1 部门职责描述

5.4.1.1 部门职责编写文本格式参照本规范中5.1条款编写。

5.4.1.2 编写文本结构模板详见附件2。

5.4.1.3 编写内容无统一要求，根据各部门专业的管理职责及工作内容自行编写。

5.4.1.4 具体内容包括：范围、管理职责、工作内容、要求和检查与考核。

5.4.2 部门内部岗位职责描述

5.4.2.1 科级以上管理人员岗位职责描述

（1）部门职责编写文本格式参照本规范中5.1条款编写。

（2）编写文本结构模板详见附件3。

（3）编写内容无统一要求，根据科级以上管理人员的管理职责及工作内容自行编写。

5.4.2.2 一般管理人员岗位职责描述

（1）部门职责编写文本格式参照本规范中5.1条款编写。

（2）编写文本结构模板详见附件4。

（3）编写内容无统一要求，根据一般管理人员的管理职责及工作内容自行编写。

5.5 编写标准标题要求

5.5.1《×××管理办法》是指对某项工作具有指导性和要求性的要求，内容要求较为粗略。

5.5.2《×××管理细则》是指对某项工作具有实施性和操作性的要求，内容相对详细。

6.检查与考核

6.1 综合管理部对本公司所属各部门新编标准每半年抽查一次，年底全面检查一次。

6.2 对不符合本标准管理的要求其整改，并按公司有关考核制度进行考核。

7.附录

附录1：×××管理细则模板

Q/＊＊＊＊
＊＊＊＊＊公司企业标准

Q/＊＊＊＊－×××－×××－××××

×××××管理细则

×××－××－××发布　　　　　　×××－××－××实施

＊＊＊＊＊公司　　　发布

目　录

×××管理细则

1.目的与范围

本条款主要叙述或阐明本规范制定的目的及适用范围。

示例：

为加强/完善/×××管理工作，特制定本规范。

本规范明确了×××。

本规范适用于×××。

2.管理职责

本条款主要叙述或阐明本部门或其他相关部门需承担的职责。

示例：

2.1 ×××部是公司标准化工作的主管部门，统一归口管理各类标准，主要职责：

2.1.1 负责×××。

3.工作内容与要求

本条款详细叙述或阐明责任部门与相关部门的工作内容、要求与程序。

示例：

3.1 立项

3.1.1 每年年末，×××部组织公司所属各部门根据管理职责和公司发展需要编制×××。

3.1.2 每年年末，×××部汇总公司所属各部门编制的×××。

4.检查与考核

本条款规定了考核部门、接受考核部门、考核周期及考核指标、依据及制度等。

示例：

4.1 ×××部对公司所属各部门×××工作开展情况每半年抽查一次，年底全面检查一次。

4.2 对不符合本标准管理的要求其整改，并按公司有关考核制度进行考核。

5.规范性引用文件

本条款需详细列出办法/细则中引用的标准文件。

示例：

GB/T 1.1—2009标准化工作导则第一部分：标准的结构和编写规则。

GB/T 13496—2017企业标准体系要求。

6.术语及定义

本条款规定了办法/细则中涉及的术语及定义。

示例：

标准：标准的含义是对重复性事物和概念所做的统一规定。它以科学、技术和实践经验的综合成果为基础，经有关方面协调协商一致，由主管机构批准，以特定形式发布，作为共同遵守的准则和依据。

7.附件

办法/细则中规定的图表等文件均以附件形式另起一页附于正文之后。

示例：

附件1：×××

附件2：×××

附件3：×××

附加说明：（包括以下内容）

（1）本标准由×××部提出

（2）起草人：（一般不超过5人）

（3）审核人：×××

（4）审定人：×××

（5）批准人：×××

（6）本标准汇编自颁发之日起施行。

（7）本标准汇编由×××部负责解释。

附录2：部门职责编写模板

×××部职责

1.范围

本条款描述本部门的主要工作范围。

示例：

×××部门主要负责×××的管理。

2.管理职能

主要描述本部门在组织系统中的职权范围和应承担的责任。

示例：

2.1 负责×××的管理。

2.2 负责×××工作。

3.工作内容与要求

主要描述完成本部门在职权范围内的工作责任，所必须履行的工作任务，按由主到次、时间先后的顺序编写。

示例：

3.1 ××阶段

3.1.1 组织×××。

3.1.2 沟通、协调×××。

4.检查与考核

按照部门职责与工作要求，对所开展的工作进行考核的方法与标准。

示例：

4.1 实施周检查、月考评等考核办法。

4.2 按照公司有关规定，考评结果与当月公司有关考核规定挂钩。

附录3：岗位职责编写模板

×××部经理职务责任及工作标准

1.岗位名称：×××部经理

2.领导关系

本条款明确了本岗位的上下级关系。

示例：

2.1 受公司总经理及副总经理领导。

2.2 领导本部门×××。

2.3 协助其他部门做好相关配合工作。

3.管理职责

主要描述本部门经理在组织系统中的职权范围和应承担的责任。

示例：

3.1 全面负责×××部的各项管理工作。

3.2 负责全公司日常×××管理工作。

4.工作内容与要求

主要描述完成本部门经理在职权范围内的工作责任，所必须履行的工作任务，按由主到次、时间先后的顺序编写。

示例：

4.1 组织×××。

4.2 协调×××。

5.检查与考核

按照部门职责与工作要求，对所开展的工作进行考核的方法与标准。

示例：

5.1 实施周检查、月考评等考核办法。

5.2 按照公司有关规定，考评结果与当月公司有关考核规定挂钩。

附录4：岗位职责编写模板

×××部×××专工职务责任及工作标准

1.部门及岗位名称：×××部×××专工

2.领导关系

本条款明确了本岗位的上下级关系。

示例：

2.1 受主任及副主任领导。

2.2 领导下属车间级专工。

2.3 协助其他部门做好专责范围内的配合工作。

3.管理职责

主要描述本部门本岗位专工在组织系统中的职权范围和应承担的责任。

示例：

3.1 负责本岗位×××管理工作。

3.2 负责×××工作。

4.工作内容与要求

主要描述完成本部门本岗位专工在职权范围内的工作责任，所必须履行的工作任务，按由主到次、时间先后的顺序编写。

示例：

4.1 组织×××。

4.2 确定×××。

4.4 审查×××。

5.检查与考核

按照部门职责与工作要求，对所开展的工作进行考核的方法与标准。

示例：

5.1 实施日检查、周小结、月考评的考核办法。

5.2 按照公司有关规定，将考评结果提交部门主管领导，并在当月与公司有关考核规定挂钩。

第8章

图解精益管理之5S活动推广

5S是整理（Seiri）、整顿（Seiton）、清扫（Seiso）、清洁（Seikeetsu）和素养（Shitsuke）这五个词的缩写。因为这五个日语词中罗马拼音的第一个字母都是"S"，所以简称为5S，开展以整理、整顿、清扫、清洁和素养为内容的活动，称为5S活动。

5S活动起源于日本，并在日本企业中广泛推行，它相当于我国企业开展的文明生产活动。5S活动的对象是现场的"环境"，它对现场环境全局进行综合考虑，并制订切实可行的计划与措施，从而达到规范化管理。

8.1 5S的定义

（1）整理 工作现场，区别要与不要的东西，只保留有用的东西，撤除不需要的东西。

（2）整顿 把要用的东西，按规定位置摆放整齐，并做好标识进行管理。

（3）清扫 将不需要的东西清除掉，保持工作现场无垃圾、无污秽状态。

（4）清洁 维持以上整理、整顿、清扫后的局面，使工作人员觉得整洁卫生。

（5）素养 通过进行上述4S的活动，让每个员工都自觉遵守各项规章制度，养成良好的工作习惯，做到"以厂为家、以厂为荣"。

8.2 5S活动的要求

5S活动的要求如表8-1所示。

表8-1　5S活动的要求

序号	类别	具体说明
1	良好的仪表及礼仪	统一规范的着装要求，良好的坐姿、站姿，电话礼仪，整洁、明亮、大方、舒适的接待环境
2	单一整洁的办公室	台面整洁，文具单一化管理，公用设施责任人标志

序号	类别	具体说明
3	维修、保养工具管理	单一化管理
4	现场管理	分画线，员工工作井然有序，工作环境清洁明亮
5	工作速度和效率	最佳的速度和零不良率
6	空间效率	对现场分区画线，对各场地的利用率进行分析，增加有限空间的利用价值
7	严明的小组督导	上班前经理、班组长对员工进行检查督导，工作过程中，对发现的问题及时开展小组督导，下班前对全天的工作进行总结

8.3　整理的措施

8.3.1　清除不用物品

8.3.1.1　现场需要与不需要的判别基准

进行整理，首先要根据情况，分清什么需要，什么不需要，分清使用频度后，按层次规定放置的位置。现场需要与不需要的判别基准如下。

工具：当前不用就是不需要，不用的工具应当收到工具箱里。

材料、半成品：当前不用就是不需要，不需要的材料应当放到规定地点。

设备：常用但当前不需要的小型设备，可就近放到指定地点；不常用的小型设备：不需要；报废的设备：不需要。

无用的包装箱（袋）、垃圾、废品：不需要。

个人生活用品：不需要。

对于现场不需要的物品要坚决清理出生产现场。对于车间里各个工位或设备的前后、通道左右、厂房上下、工具箱内外，以及车间的各个角落，都要彻底搜寻和清理，达到现场无不用之物。

8.3.1.2　清除不用物品的程序

清除不用物品，按图8-1所列的程序进行。

8.3.2　大扫除

8.3.2.1　大扫除的注意要点

（1）注意高空作业的安全。

（2）爬上或钻进机器时要注意。

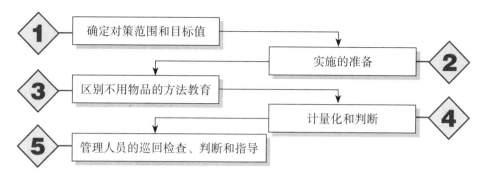

图 8-1　清除不用物品的程序

（3）使用洗涤剂或药品时要注意。

（4）使用錾凿工具或未用惯的机器时要注意。

（5）扫除时要注意，不要由于使用洗涤剂而使设备生锈或弄坏设备。

8.3.2.2　消除问题和损坏地方的方法

检查一下有问题的地方，对象是：建筑物、屋脊、窗户、通道天棚、柱子、管路线路、灯泡、开关、台、棚架、更衣室、外壳的盖的脱落或破损以及安全支架和扶手的损坏等，要采取措施彻底解决这些问题以及长锈、脱落、杂乱等现象。

8.3.2.3　消灭污垢发生的措施

消灭污垢产生根源的不力原因如下。

（1）不了解现状、不认为是问题、问题意识淡薄。

（2）对产生的根源未着手解决，对问题放任不管。

（3）清扫困难或对保持清洁感觉困难而灰心。

（4）解决的技术办法不足或因未动脑筋而缺乏技术。

消灭污垢发生根源的措施程序，如图8-2所示。

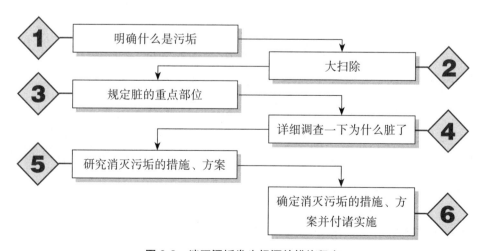

图 8-2　消灭污垢发生根源的措施程序

8.4 整顿的措施

通过前一步整理后，对生产现场需要留下的物品进行科学合理的布置和摆放，以便用最快的速度取得所需之物，在最有效的规章、制度和最简捷的流程下完成作业。

整顿的三项原则如图8-3所示。

规定放置场所

放置场所要遵循一定的规律性，如何保持这种规律性，就是整理、整顿的方法研究，也是个技术问题

规定放置的方法

好的放置方法是指查找容易和取拿方便

遵守保管规则

为了遵守放置场所的规定，必须彻底贯彻从哪儿拿走，还放回哪儿。此外，为防止缺货，对员工应进行库存管理和出库方法的训练。这是搞好整理整顿决定性的办法

图 8-3　整顿的三项原则

8.4.1　东西放置场所的规定

8.4.1.1　撤掉不用物品

减少50%库存量，车间里（岗位上）原则上一种东西只留1个，其他一律清理出去。

8.4.1.2　分类区分

分类区别什么东西放在远处，什么东西放在近处，什么东西放在中央仓库。近处只放必需的东西。室内的整体布局应该是：使用次数多的放在门口附近，重的东西放在容易搬运的地方。这种分类区分法就是符合系统规律性的分类法。

8.4.1.3　统一名称

现场使用、保管的东西的名称要统一。在撤掉不用物品时，你会在数量、名称问题上，意外地发现许多没有名称、名称重复或没有具体名称等问题，因而有必要予以统一。

8.4.2　规定东西的放置方法

8.4.2.1　研究符合功能要求的放置方法

（1）所谓符合功能要求，就是要考虑怎样放置在质量上、安全上、效率上都没有浪

费或徒劳。

（2）在质量上，特别要注意品名错误。

（3）对形状、品名、号码相似的东西要放得距离远一些，或放一个样品以便确认，或者用不同的颜色和形状来防止出错。

（4）在品名上把搁板的仓库号码作为后备号填上。

8.4.2.2　品种名称和放置场所的标示

（1）东西一定要填上名称——固定位置对号入座。

（2）东西的名称和放置场所的名称都必须明确。

（3）标示放置场所——固定东西的存放位置。

（4）东西和放置场所两者的配套名称，在物和仓库上都加以标注，放置方法的标识工作才算完成。

8.4.2.3　拿放方便的改进

（1）名称标识好了，放置位置也已固定下来，就要想办法画个指示地图，以便能够顺利地找到存放地方，而不至于迷惑。

（2）备件按功能保管，还是按产品别或车间别保管。总之，东西要在一个地方备齐，特别要以成套或用工具箱比较容易地把它备齐。对备品等要以组装部件的方式准备好。

（3）放置场所的高度要考虑安全，把重的东西放在下面或做个带滑轮的台车或设置脚手架、升降场等。

（4）取拿方便或工作容易的改进高度是：备品为从人们的膝盖到头部为宜；工作用工具类从腰到肩的高度为宜。

（5）放置场所要充分利用建筑物的面积，同时也要考虑取拿方便和质量方面的要求。

东西放置方法的要点，具体如表8-2所示。

表8-2　东西放置方法的要点

序号	要点	具体操作要领
1	画线和定位标志	（1）现场的整顿首先要对通道和区域进行画线，标明定位。当然，最重要的原则是要有利于作业的合理布局 （2）布局应以直线、直角、垂直、平行为原则 （3）主通道和副通道画的线的宽度和颜色也可以不同 （4）限制东西摆放的高度也很重要，它有助于防止掉下来、倒下来或库存过多
2	台座、搁板、台车等	（1）减少台座和搁板的使用数量。东西放在台座和搁板上。不用的撤掉或收拾起来 （2）台座和搁板高矮不一样时，下面需要适当垫一下，摆成几层高度 （3）台座或搁板不直接放在地上，用东西垫起来 （4）尽量少用吊车和叉车而使用台车

序号	要点	具体操作要领
3	管线	（1）管线要离开地面，要防止打捆、摩擦和振动，要保持直线、直角和松散的状态 （2）不在地下埋线，全部在地上用垫子垫起来或者一根一根分别不同的种类、号码、颜色来区分，以防止出错。还要考虑布局变更容易
4	工具等	（1）在设计上、维修上不考虑使用工具 （2）减少工具的使用数。比如，螺栓种类减少了，就可以少用扳手 （3）工具要放在取拿方便的地方 （4）按照使用顺序摆放工具 （5）拿起工具不用改换姿势马上就能工作 （6）工具挂起来松开手就能恢复到原来的位置
5	刀具	（1）不能搞错品名。保管场所要具备不至于掉齿、损坏、生锈、弄脏的条件 （2）减少库存数量 （3）有时把刀具立起来保管，从安全上考虑一定要戴上套
6	耗材	（1）对耗材首先固定场所，分好类，并规定数量和位置。超过就应视为异常，另行管理 （2）耗材必须按"先进先出法"使用
7	备品	（1）备品的保管，可以考虑保存双份或确定最低库存量 （2）保管中的东西要保持任何时候都使用的状态。保管的要点，如污垢、伤痕、生锈等要有明确的标示
8	润滑油、动作油等油脂	（1）减少和合并油种名称，以减少种类 （2）按颜色管理 （3）集中管理、分开标志管理，都要遵守规定的保管场所、数量和规则 （4）根据油种和注油口的形状准备好用具 （5）对防火、公害、安全方面都要考虑周到 （6）改进注油方法和延长注油周期
9	计测器具、精密贵重工具等	（1）计测器具、精密贵重工具等，实行专人管理 （2）对日常保管用的容器以及放置方法要下功夫研究
10	大、重的东西	（1）对大、重的东西要下功夫研究符合它的形状和使用方法，以确定保管方法和搬运方法 （2）对安全钢丝绳和扫除用具的各种容器及放置方法都要下功夫研究
11	小东西、消耗品等	（1）作为经常储备品，要管好订货 （2）属于散落部品，要防止在生产线上飞散和落下 （3）像弹簧那样缠绕的东西、垫圈那样不好拿的东西，要少量保管
12	表示、布告、文字、条件表、图纸、黏胶带	（1）不是什么地方都可以张（粘）贴，要规定张贴的地方范围 （2）布告要写上期限，没有期限的不能张贴 （3）黏胶带的痕迹要擦干净 （4）贴纸时上面的高度要对齐

8.4.3 遵守保管规则

8.4.3.1 日常管理和防止库存无货

（1）放置场所要明确标明库存无货、未退货或丢失等状况。

（2）为了补充库存，对物品达到最低库存量时的订货起点要明确标示或运用颜色区别。

（3）搬运要用适合物品的专用台车，通用零件和专用零件要分别搬运，而且使用容易移动和容易作业的台车。

8.4.3.2 取拿、收存的训练和改进的效果

整顿就是为了避免取出、收存浪费时间的活动，一定要掌握改进的效果。因此，可以开展取出、收存的比赛活动。

8.5 清扫的措施

接下来要对工作场所和设备进行清扫。把工作场所打扫得干干净净，设备维护认真、仔细、到位。

8.5.1 区域划分和责任范围的确定

（1）明确个人分担的区域和共同责任的5S各小组分担的区域。由一个人领导，共同负责。

（2）实行值班制度。

（3）按车间、区域，每天安排值班人。

（4）每个人分担的范围用区域责任表示。

8.5.2 按区域、设备进行清扫

（1）按区域、设备顺序进行清扫，清扫过程中会发现种种问题，因此可以得到改进。

（2）"手帕作战"——以"擦一次作战""清除作战"的名称进行磨炼。

（3）为减少污垢，每天可用白布来检查清扫效果，并开展竞赛活动。

8.5.3 保持制度化——一起搞3分钟5S

（1）全员一起行动在短时间内搞好5S。全员一起行动非常重要。

（2）把时间划分段落也很重要。

时间划分可以短一些，如定时搞5S。在开始工作前，工作结束时，周末、月末和完工时搞"1分钟5S""3分钟5S"或"30分钟5S"等。

（3）一起活动对质量、安全检查也有作用。一天只要一起进行几次质量检查、安全

检查，就可以大量减少失误。

8.5.4 设备清扫和检查的关键

现场通过对设备、工具的清扫、检查可以排除小毛病（设备5S）。

8.5.4.1 事先进行技术教育

设备的清扫、检查要从设备内部着手，这样可以发现许多问题。企业如果不对员工进行技术教育，设备清扫效果不会很好，问题可能发现不了。

清扫和检查的教育内容包括以下两方面。

（1）学习功能、结构等。

（2）掌握机械各部分的知识。

8.5.4.2 防止设备磨损损耗

设备的各个部位都应该清扫、检查，但关键的是要防止设备磨损损耗，所以应对污垢进行清扫，检查缺油注油、松动扭紧和发热的温度管理等工作。

8.5.5 对设备功能上的问题进行分析研究

为彻底解决设备功能上的问题，应认真思考以下问题，并寻求解决对策。

（1）为什么这个地方重要？

（2）为什么忽视了而未管呢？

（3）如果这样下去可能会发生什么问题？会有什么影响？要从原理和机制上考虑。

（4）为什么未能早发现呢？如何才能做到及早发现呢？

（5）为何成了这个样子呢？

8.6 清洁的措施

清洁就是将整理、整顿、清扫实施的做法制度化、规范化，维持其效果。具体可运用目视管理法。

8.6.1 目视管理的重点

目视管理的重点是要使以下问题得以明确。

（1）管什么？看什么？管理的要害地方在哪儿？

（2）什么现象算异常？其判断标准是什么？

（3）能觉察出来吗？用什么工具检查？检查的窍门和方法是什么？

（4）怎样进行活动？应急处理、改进和保持的方法是什么？

8.6.2　目视管理要达到的目的

（1）从远处看也能明确。

（2）管理的东西要有标志。

（3）好坏谁都能明确指出来。

（4）谁都能使用，使用起来方便。

（5）谁都能维护，立即可以修好。

（6）使用工具，车间就可以明朗顺畅起来。

8.6.3　目视管理的方法

8.6.3.1　编制目视管理手册

为什么要搞 5S？如何进行好？对 5S 的做法、维修方法和异常时的行动规范化等编成手册，训练每个人的行动。

8.6.3.2　研究确定管理标签

（1）润滑油标签　标示油种和颜色、注油时间。

（2）精确度管理标签　标示测定量具的管理等级和精确度周期。

（3）年度检查标签　标示年度和月份检查。

（4）恒温器（箱）标签　标示各种温度。

（5）每种东西的管理责任者姓名检签　标示负责人。

8.6.3.3　标示管理界限

（1）标示仪表测量的范围。通常使用范围和危险范围，用画线的办法或颜色加以区别。对最低库存量加以标示。

（2）配合记号。螺栓和螺帽在一定位置上画上一条线以便发现是否松动。

（3）用定位记号和停止线，斑点和停止位置记号来标示。

8.6.3.4　在视觉上下功夫

（1）透明化　为使人们的眼睛看得清楚，不要罩、不要门、不要盖，不上锁。

（2）状态的视觉化　在风扇上拴上个飘带，使人知道送风状态。

（3）故障图像　对各种数据用图像形式表示，使人一看就明白。

（4）标示去向、内容　管理人或东西的去向。

（5）状态的定量化　标示管理界限和明确异常现象。

8.7 素养的措施

素养是指改变人们的习惯，并养成良好的习惯。

8.7.1 实施的要点

（1）为取得良好的结果，需要明确规定行动的准则。

（2）正确的传达和良好的培训，准确地传授。

（3）组织全员参加活动。

（4）每个人都养成对自己的行为负责的性格。

（5）以语言表示，每天行动，对上级发现的错误立即纠正。这样就能养成习惯，形成有纪律的车间。

（6）集中全员的力量形成向心力，便可发挥更大的力量。

8.7.2 怎样核对确认表上规定的事情是否得到遵守

8.7.2.1 确保检查者是可信任的

要想把填写"核对确认表"变成易于进行的工作，监督者也容易通过下属的"核对确认表"来判断工作，则管理者要从过去的仅仅只查看"核对确认表"而变为到现场用目视去管理。

8.7.2.2 在现场通过实物进行指导

对现场目视的重点管理得如何，监督者要到现场，通过实物和现象进行指导。指导的内容包括以下方面。

（1）为什么对那个地方总得经常清扫检查呢？对该部位的功能、结构、原理学懂了吗？

（2）清扫、检查是否容易做到？

（3）目视、大小、好坏的判断难易程度如何？

（4）再不能想办法找到更容易做到的目视方法吗？

8.7.2.3 要重视做的过程

标准或核对确认表的确定和填写过程很重要。不是上级分配了才去做，而是作业人员通过实际参加设备的检查过程去确定和填写。

8.7.2.4 训练员工使其确实会做

让每个作业者都遵守确实是件难事，企业对员工需要进行防止出错以及调换设备的作业训练。

（1）先从简单的开始做起。素养就是把遵守各项规定作为自觉行动，以"我的誓言""我的责任"，从简单的事情约束自己并养成习惯。作业者要养成对自己的行为负责的性格。

（2）训练最有效的方法为：通过技能教育使其理解，以示范表演给他看并让他实操一次，以此程序来进行。

下面提供几份某公司的现场5S检查项目及标准的范本，仅供读者参考。

【他山之石01】5S推行管理办法

5S推行管理办法

1.目的

1.1 提高工作效率，提高产品质量，降低成本，提高员工素质，确保安全生产。

1.2 改善公司内部环境，使公司有一个整洁亮丽的工作场所。

2.各级人员责任

2.1 5S委员会

公司成立5S委员会。5S委员会的工作职责是负责制定5S推行文件及监督5S运作；积极参与5S运动，给全体同事树立一个良好形象，要现场导入5S，把5S当作日常工作，有持续性、坚持性。

公司成立5S推行委员会，人员及职责如下。

2.1.1 主任委员：×××，策划整体推进活动，组织各委员负责具体的推进工作，定期向董事长报告推进状况。

2.1.2 执行秘书：×××，负责5S相关文件的制作、分发、修改，5S宣传海报的设计、评比活动的开展等工作。

2.1.3 仓库：×××，负责仓库5S工作。

2.1.4 生产部：×××，负责生产部5S工作。

2.1.5 品质部：×××，负责品质部5S工作。

2.1.6 办公区：×××，负责办公室5S工作。

2.2 董事长5S责任

2.2.1 确认5S活动是公司管理的基础。

2.2.2 参加5S活动有关教育训练与观摩。

2.2.3 以身作则，展示企业推动5S的决心。

2.2.4 担任公司5S推动组织的领导者。

2.2.5 担任5S活动各项会议主席。

2.2.6 仲裁有关5S活动检讨问题点。

2.2.7 掌握5S活动的各项进度与实施成效。

2.2.8 定期实施5S活动的上级诊断或评价工作。

2.2.9 亲自主持各项奖惩活动，并向全员发表精神讲话。

2.3 管理人员在5S活动中的责任

2.3.1 配合公司政策，全力支持与推行5S。

2.3.2 参加外界有关5S教育训练，吸收5S技巧。

2.3.3 研读5S活动相关书籍，广泛搜集资料。

2.3.4 负责部门内5S的宣导及参与公司5S文化宣传活动。

2.3.5 规划部门内工作区域的整理、定位工作。

2.3.6 依公司的5S进度表，全面做好整理、定位、画线标示的作业。

2.3.7 协助部属克服5S的障碍与困难点。

2.3.8 熟读公司《5S运动竞赛实施方法》并向部属解释。

2.3.9 必要时，参与公司评分工作。

2.3.10 5S评分缺点的改善和申述。

2.3.11 督促所属执行定期的清扫点检。

2.3.12 上班后的点名与服装仪容清查，下班前的安全巡查与确保。

2.4 员工在5S活动中的责任

2.4.1 自己的工作环境须不断地整理、整顿，物品、材料及资料不可乱放。

2.4.2 不用的东西要立即处理，不可使其占用作业空间。

2.4.3 通路必须经常维持清洁和畅通。

2.4.4 物品、工具及文件等要放置于规定场所。

2.4.5 灭火器、配电盘、开关箱、电动机、冷气机等周围要时刻保持清洁。

2.4.6 物品、设备要仔细地放、正确地放、安全地放，较大较重的堆在下层。

2.4.7 保管的工具、设备及所负责的责任区要整理。

2.4.8 纸屑、布屑、材料屑等要集中于规定场所。

2.4.9 不断清扫，保持清洁。

2.4.10 注意上级的指示，并加以配合。

3. 5S活动达标评鉴标准

3.1 整理、整顿、清洁

3.1.1 办公室物品和文件资料（30分）

3.1.1.1 发现下列情况之一者，扣30分。

（1）室内物品未实行定置管理，物品摆放杂乱，办公桌上下和抽屉内的物品过多，摆放无序。

（2）文件资料未实行分类定置存放，有用与无用或长期不用与经常用的混放在一起，不易查找。

3.1.1.2 每发现一例下列情况扣2～5分，扣完为止。

（1）办公设施不整洁或损坏严重。

（2）办公室内有与工作无关的物品。

（3）文件夹无标识，或文件夹内无文件目录清单。

（4）导线未集束或杂乱无序。

（5）文件柜内外有过时、无用需销毁的文件。

（6）公桌上放置有非当日用的文件。

3.1.2 办公区通道、门窗、地面、墙壁（20分）

3.1.2.1 发现下列情况之一者，扣20分。

（1）门厅、通道或墙角摆放很多物品。

（2）地面有烟头、纸屑、痰迹或其他杂物，很脏乱。

（3）门窗、墙壁、地面、天花板破乱不堪。

3.1.2.2 每发现一例下列情况扣2～4分，扣完为止。

（1）室内、楼道、楼梯内光线不足、阴暗，或通风不好，空气有异味。

（2）墙壁不整洁、不明亮。

（3）室内各种线不整齐或临时拉设明线。

（4）门窗、墙壁、地面、天花板上有灰尘或污迹。

（5）照明设施不亮。

（6）乱贴挂不必要的东西。

（7）没有挂处（科）室标牌，或标牌不统一，有破损。

3.1.3 作业现场的设备、仪器、工装、工具和物料（30分）

3.1.3.1 发现下列情况之一者，扣20分。

（1）作业现场未实施定置管理，设备、仪器、工具等摆放杂乱。

（2）长期不用的物料（超过一个月）杂乱摆放在现场。

（3）废弃不能使用的设备、仪器、工装、工具杂乱摆放在现场。

（4）作业现场设备油、液的跑、冒、滴、漏、飞溅问题严重，造成地面大面积脏污。

3.1.3.2 每发现一例下列情况扣2～5分，扣完为止。

（1）作业现场有设备油、液的跑、冒、滴、漏、飞溅等问题，以及有粉尘、飞屑、喷雾等。

（2）设备、仪器脏乱，维护保养不及时。

（3）工装、工具检查校准不及时。

（4）工具箱内的工具数量过多。

（5）现场有废弃不能使用的设备、仪器、工装、工具。

（6）物料摆放时间过长。

3.1.4 作业现场的通道和地面画线（20分）

3.1.4.1 发现下列情况之一者，扣20分。

（1）通道与作业面没有画线区分功能。

（2）通道上摆放很多东西，不畅通，或严重不平整。

（3）通道脏乱，有烟头、纸屑、金属屑、油、水或其他杂物。

3.1.4.2 每发现一例下列情况扣2～4分，扣完为止。

（1）画线不清楚，或不统一。

（2）通道不平整。

（3）可移动设备没有画线定置。

（4）物品摆放超出画线。

3.1.5 作业区地面、门窗、墙壁（30分）

3.1.5.1 发现下列情况之一者，扣30分。

（1）地面严重破损、不平整。

（2）地面脏乱，有烟头、纸屑、金属屑、油、水或其他杂物。

（3）门窗、墙壁、地面、天花板破乱不堪。

（4）管、线锈蚀、脏污、布置凌乱或有临时拉设的明线。

3.1.5.2 每发现一例下列情况扣2～5分，扣完为止。

（1）地面有油污、水渍等。

（2）乱挂贴不必要的东西。

（3）管、线有灰尘、污垢。

（4）地面不平整。

（5）门窗、墙壁、地面、天花板上有灰尘或污迹。

（6）光线不足或空气污浊。

（7）废弃管线未及时清除，局部零乱。

3.1.6 作业区现场的产品（30分）

3.1.6.1 发现下列情况之一者，扣30分。

（1）不合格品未与合格品隔离，或废品未及时清理出现场，混杂放置，未做标识。

（2）产品落地放置，没有防护措施。

3.1.6.2 每发现一例下列情况扣2～5分，扣完为止。

（1）不合格品有标识，但未及时与合格品隔离。

（2）标识不清楚。

3.1.7　作业现场的文件和记录（20分）

3.1.7.1　发现下列情况之一者，扣20分。

（1）现场使用的文件和记录很脏，破损严重，随意放置。

（2）过期的文件和使用的文件混杂在一起。

（3）不按规定填写记录。

3.1.7.2　每发现一例下列情况扣2～4分，扣完为止。

（1）现场有过期不使用的文件。

（2）现场使用的文件和记录有破损。

（3）记录填写不全或随意涂改。

3.1.8　库房和储物间（30分）

3.1.8.1　发现下列情况之一者，扣30分。

（1）未实施定置管理，物品无序摆放。

（2）通道摆满物品，人不易行走。

（3）合格品与不合格品没有标识，混放在一起。

（4）没有定期打扫，很脏乱。

3.1.8.2　每发现一例下列情况扣2～5分，扣完为止。

（1）账物卡不相符。

（2）合格品与不合格品未严格隔离。

（3）温度、湿度不符合要求。

（4）标识不清楚。

（5）物品摆放不整齐。

（6）库房和储物间内灰尘多。

3.1.9　公共设施（20分）

3.1.9.1　发现下列情况之一者，扣20分。

（1）设备损坏，不能使用，或水箱、水龙头关不上，长流水。

（2）公共设施环境卫生无专人负责，肮脏不堪，异味冲鼻。

（3）垃圾到处堆放。

3.1.9.2　每发现一例下列情况扣2～4分，扣完为止。

（1）地面有污水、污物和湿滑。

（2）门窗、墙壁及管道不整洁。

（3）垃圾散落在垃圾箱外。

（4）门窗、墙壁上乱画乱写。

3.1.10 厂（所）区建筑物和物料（30分）

3.1.10.1 发现下列情况之一者，扣30分。

（1）建筑物破旧没有修缮和粉刷。

（2）建筑物外面有长期无序堆放的物料或工业垃圾。

3.1.10.2 每发现一例下列情况扣2～5分，扣完为止。

（1）建筑物不符合公司视觉系统要求。

（2）建筑物外临时堆放有物料或工业垃圾。

（3）建筑物外违规搭建棚库。

（4）建筑物存在残破失修处。

（5）建筑物色彩存在不协调。

3.1.11 厂（所）区道路和车辆（30分）

3.1.11.1 发现下列情况之一者，扣30分。

（1）道路破损失修，很不平整。

（2）非机动车和摩托车等停放在厂房（办公楼）内或通道上。

（3）道路上堆放物料。

（4）厂（所）区内违章行车发生事故。

（5）机动车辆车况差，带故障行车。

3.1.11.2 每发现一例下列情况扣2～5分，扣完为止。

（1）车辆停放在道路上或其他非规定的地点。

（2）厂（所）区内违章行车。

（3）客货车车辆破旧，门窗不完好，或车内地面、座椅、靠垫不整洁。

（4）厂（所）区内无交通标志牌和标线，或标志牌、标线不清楚。

（5）路灯不亮。

（6）车棚内有未清理的破旧自行车。

（7）车棚打扫不干净，或自行车摆放无序或超出车棚。

3.1.12 厂（所）区绿化和卫生（30分）

3.1.12.1 发现下列情况之一者，扣30分。

（1）没有统一的厂（所）区绿化规划，绿化面积未达到可绿化面积的60%。

（2）厂（所）区卫生无专人打扫，绿地无人养护，杂草丛生，路面脏乱。

（3）工业排放物严重超过环保标准，受到当地环保部门的处罚。

3.1.12.2 每发现一例下列情况扣2～5分，扣完为止。

（1）清扫不及时，道路、地面上和草地角落、树木丛中有废弃物。

（2）道路两旁有裸露土地。

（3）有枯死的花草树木。

（4）绿化面积未达到可绿化面积的 90%。

3.1.13　厂（所）区标识系统（20 分）

3.1.13.1　发现下列情况者，扣 20 分。

厂区无任何公司标识系统的内容。

3.1.13.2　每发现一例下列情况者扣 2 ～ 4 分，扣完为止。

（1）厂服无公司标识。

（2）建筑物、文件或信笺等无公司标识。

（3）宣传品无公司标识。

（4）产品包装不符合要求。

3.1.14　厂（所）区文化氛围（20 分）

3.1.14.1　发现下列情况之一者，扣 20 分。

（1）对体现企业使命、发展方针、企业精神、核心价值观、企业作风、质量观等企业理念的标语没有按规定要求进行张贴、悬挂。

（2）对企业文化和质量文化未进行宣传贯彻。

3.1.14.2　每发现一例下列情况扣 2 ～ 4 分，扣完为止。

（1）悬挂的标语有破损之处。

（2）宣传形式单一。

（3）有关人员不了解公司的企业文化和质量文化。

3.2　规范达标准则

3.2.1　办公室和作业现场规范（40 分）

3.2.1.1　发现下列情况之一者，扣 40 分。

（1）对整理、整顿、清洁的结果未形成规章制度。

（2）没有制定 5S 检查、考核和奖惩的制度。

3.2.1.2　每发现一例下列情况扣 2 ～ 5 分，扣完为止。

（1）规章制度有不完善之处。

（2）没有规章制度执行情况的检查、考核记录。

（3）责任有不落实到人之处。

3.2.2　安全生产作业规范（30 分）

3.2.2.1　发现下列情况之一者，扣 30 分。

（1）没有制定安全生产管理制度。

（2）没有建立安全生产责任制。

（3）没有建立安全生产管理组织机构。

3.2.2.2 每发现一例下列情况扣2~5分，扣完为止。

（1）安全生产管理制度有不完善之处。

（2）安全生产责任制未层层落实。

（3）安全生产管理组织机构不健全。

（4）员工违反安全生产操作规程和制度进行操作。

（4）未按规定及时对安全生产进行监督检查。

3.2.3 5S培训（20分）

3.2.3.1 发现下列情况之一者，扣20分。

（1）对员工的5S培训未形成制度。

（2）5S培训没有当年的培训计划，未进行必要的培训。

3.2.3.2 每发现一例下列情况扣2~4分，扣完为止。

（1）制订的培训计划不满足需求。

（2）未按计划进行培训。

（3）培训结果未达到预期目标。

3.3 素养达标准则

3.3.1 行为规范（30分）

3.3.1.1 发现下列情况之一者，扣30分。

（1）因违反工艺纪律、操作规程造成产品不合格或发生事故。

（2）发生质量问题或过错时弄虚作假，文过饰非。

3.3.1.2 每发现一例下列情况扣2~5分，扣完为止。

（1）上班或开会迟到、早退，或开会交头接耳，看手机。

（2）工作拖拉，不能今日事今日毕。

（3）缺乏公德意识，随地吐痰，随手乱扔废弃物。

（4）在不允许抽烟的地方抽烟。

（5）发生质量问题不及时处理。

3.3.2 团队精神和班组建设（30分）

3.3.2.1 发现下列情况之一者，扣30分。

（1）未开展质量信得过班组活动。

（2）未开展QC小组活动和合理化建议活动。

3.3.2.2 每发现一例下列情况扣2~5分，扣完为止。

（1）QC小组活动不普遍。

（2）不积极参与合理化建议活动。

（3）未参与质量信得过班组活动。

3.3.3　服装与仪容（20分）

3.3.3.1　发现下列情况之一者，扣20分。

（1）很多人穿着不整洁，不修边幅，或不能按规定穿厂（所）服、佩戴识别牌（证）。

（2）很多人工作时间在不适合的场所穿拖鞋、背心以及短裤、超短裙等过于暴露的服装。

3.3.3.2　每发现一例下列情况扣2～4分，扣完为止。

（1）未按规定穿厂（所）服或佩戴识别牌（证）。

（2）工作时间在不适合的场所穿拖鞋、背心以及短裤、超短裙等过于暴露的服装。

3.3.4　日常5S活动与创新（30分）

3.3.4.1　发现下列情况之一者，扣30分。

（1）没有全面开展5S活动。

（2）没有推行看板管理和零缺陷管理。

3.3.4.2　每发现一例下列情况扣2～5分，扣完为止。

（1）5S活动缺乏人力、物力或财力资源。

（2）5S活动遇到难题时不能解决。

（3）看板管理和零缺陷管理存在漏洞。

（4）5S活动成果不显著。

3.4　安全达标准则（40分）

3.4.1　每发现下列情况之一者，扣40分。

（1）当年发生重大安全事故，伤亡人数超过规定标准。

（2）工作现场布局不合理，不符合安全标准，安全通道不通，安全、消防设施失效。

3.4.2　每发现一例下列情况扣2～10分，扣完为止。

（1）特种设备和安全防护、报警监测设施未注册登记，或未按规定进行维护、保养或定期检测。

（2）工作现场有害物质超标。

（3）工作现场存在失火、爆炸、毒气或毒液泄露等安全隐患。

（4）未按规定设置安全警示标识或标识破损，模糊不清。

（5）员工未按规定穿戴劳动保护服装、鞋、帽、眼镜、手套、护耳或安全带等。

3.5　5S管理达标评分合格标准

5S管理达标标准共22个小项，评分标准总分值为600分。540分（含）以上为一流5S管理水平，480分（含）至540分为合格5S管理水平，480分以下为不符合5S管理水平。

4. 5S活动检查及奖惩办法

4.1 检查种类

（1）公司巡回检查　由公司5S推行委员会推行小组进行现场5S日常巡回检查。

（2）责任区域内部检查　由公司各责任区责任人进行现场5S日常巡回检查。

（3）班组自我检查　由各个责任区域内的班组进行现场5S日常巡回检查。

4.2 检查标准

（1）5S推行委员会根据检查对象的工作性质制定相关检查标准。

（2）根据区域类别分为科室、生产、库房、后勤四类。检查时，各责任区域可根据区域内班组的类别参照相关的检查标准。

（3）根据检查5S责任的对象不同，生产类分为车间、班组、员工三个层次。

（4）检查种类　公司5S推行小组检查、责任区内部检查、班组自我检查。

（5）5S推行小组、各责任区域、班组可根据工作特点的不同，制定5S日常巡回检查表相关内容。

4.3 检查方法

4.3.1 计划制订及人员的构成

（1）公司5S推行委员会秘书制订并下达每月的5S值班计划，每天安排两名值班主任组成5S推行小组（再从中产生一名组长）进行值班检查。其小组成员由公司班组长以上管理、技术人员及优秀员工组成。5S推行小组依据每月公司5S值班计划，参照每天检查内容对所划分的责任区域，每天分两次（如上午9:00～10:00、下午4:00～5:00）一起进行全面检查。任何值班主任不得借故缺席，如有特殊情况，可申请他人代为值班，但替代人由其自行协商。对于缺席者，5S推行委员会将无条件扣除值班主任当月5S现场绩效5分。

（2）责任区内部检查由各责任区域负责人自行组织实施，参照相关检查标准每天对所在责任区的班组进行检查。

（3）班组自我检查由班组长组织自行实施，参照相关检查标准对所在责任班组应随时进行检查。

4.3.2 5S推行小组在检查时，需佩戴"5S值班主任"袖章，对检查发现的问题，应明确记录在5S巡回检查记录表上，并交由责任班组长或区域负责人加以确认；若遇相关负责人缺勤或否认既成事实，5S推行小组组长有权判定并形成相关记录。能当场整改的，有权责令其立即纠正；若不能当场整改的，应开具"5S整改通知书"限期整改；

同时5S推行委员会在编制5S检查内容时，将其列为检查项目，加以跟踪监督。责任区内部检查及班组自我检查可参照5S推行小组的检查办法。

4.3.3　5S推行小组的值班主任于次日上班后15分钟内，将形成结果的检查表上报到公司5S推行委员会秘书处汇总。5S推行委员会秘书将前一天巡查的问题、责任区域、责任人、值班主任、检查得分、整改状况等情况加以统计或汇总，每天定时通过公布栏加以公示。责任区内部检查及各班组自我检查亦可参照同样办法在现场看板上予以公示。

4.3.4　5S检查得分作为各责任区责任人每月绩效考核表中的5S得分，责任区内部检查月均分作为各班组长每月绩效考核表中的5S得分，班组内部检查月均分作为员工每月绩效考核表中的5S得分。5S推行小组在进行检查时，每位值班主任每天发现问题应不少于5个，并对两个以上的责任区域进行处罚，否则5S推行委员会将无条件扣除值班主任当月5S现场绩效5分。责任区内部检查及各班组自我检查亦可参照同样办法。

4.4　申诉

任何被检查人或单位如对5S检查结果有异议，可向公司5S推行委员会进行申诉，由主任委员最后裁决，但不得借故向值班主任作无休止的纠缠，违者公司5S推行委员会将处以200元/次的处罚。

4.5　奖惩措施

（1）奖惩以5S推行小组巡查的平均得分为准，以"月"为单位分别加以统计进行奖惩。奖金由主任委员或公司领导领发。

（2）对在公司巡查活动中工作表现突出的区域、班组，5S推行委员会根据各区域、各班组的问题汇总数进行集体评议，授予"5S先进集体"锦旗一面，并发给相应的奖金。奖金按（30元×n），n为区域内员工人数；对工作表现落后的班组，悬挂"5S加油队"黄旗，意在鞭策和促进。

（3）对在公司检查活动中工作表现突出的值班主任，经5S推行委员会集体评议，授予"5S优秀值班主任"荣誉，并发给奖金100元。

（4）部门内部检查的奖惩事项由本部门自行制定，并报公司5S推行委员会备案。

（5）对检查中所暴露的问题，推行委员会将汇总分发给有关单位进行限期整改，一次不改的将对责任人处以罚款20元，两次不改的将对责任人处以罚款50元，连续三次不改或整改效果不明显的，将对责任人和当事人处以罚款500元。

【他山之石 02】作业区 5S 评分标准

作业区 5S 评分标准

项目	序号	标准内容	扣分
1.1 地面上	1.1.1	地面物品摆放有定位、标志、合理的容器	1.5
	1.1.2	地面应无污染（积水、油污、油漆等）	1.5
	1.1.3	地面应无不要物、杂物和卫生死角	1.5
	1.1.4	地面区域划分合理，区域线、标志清晰无剥落	1.5
	1.1.5	应保证物品存放于定位区域内，无压线	1.5
	1.1.6	安全警示区划分清晰，有明显警示标志，悬挂符合规定	1.5
	1.1.7	地面的安全隐患处（突出物、地坑等）应有防范或警示措施	1.5
1.2 设备、仪器、仪表、阀门	1.2.1	开关、控制面板标志清晰，控制对象明确	1.5
	1.2.2	设备仪器保持干净，摆放整齐，无多余物	1.5
	1.2.3	设备仪器明确责任人员，坚持日常点检，有真实的记录，确保记录清晰、正确	1.5
	1.2.4	应保证处于正常使用状态，非正常状态应有明显标志	1.5
	1.2.5	危险部位有警示和防护措施	1.5
	1.2.6	设备阀门标志明确	1.5
	1.2.7	仪表表盘干净清晰，有正确的正常范围标志	1.5
1.3 材料、物料	1.3.1	放置区域合理划分，使用容器合理，标志明确	1.5
	1.3.2	各种原材料、半成品、成品应整齐码放于定位区内	1.5
	1.3.3	不合格品应分类码放于不合格品区，并有明显的标志	1.5
	1.3.4	物料、半成品及产品上无积尘、杂物、脏污	1.5
	1.3.5	零件及物料无散落地面	1.5
1.4 容器、货架	1.4.1	容器、货架等应保持干净，物品分类定位摆放整齐	1.5
	1.4.2	存放标志清楚，标志向外	1.5
	1.4.3	容器、货架本身标志明确，无过期及残余标志	1.5
	1.4.4	容器、货架无破损及严重变形	1.5
	1.4.5	危险容器搬运应安全	1.5
1.5 叉车、电瓶车、拖车	1.5.1	定位停放，停放区域划分明确，标志清楚	1.5
	1.5.2	应有部门标志和编号	1.5
	1.5.3	应保持干净及安全使用性	1.5
	1.5.4	应有责任人及日常点检记录	1.5

续表

项目	序号	标准内容	扣分
1.6 工具箱、柜	1.6.1	柜面标志明确，与柜内分类对应	1.5
	1.6.2	柜内工具分类摆放，明确品名、规格、数量	1.5
	1.6.3	有合理的容器和摆放方式	1.5
	1.6.4	各类工具应保持完好、清洁，保证使用性	1.5
	1.6.5	各类工具使用后及时归位	1.5
	1.6.6	柜顶无杂物，柜身保持清洁	1.5
1.7 工作台、凳、梯	1.7.1	上面物品摆放整齐、安全，无不要物和非工作用品不得摆放	1.5
	1.7.2	保持正常状态整洁干净	1.5
	1.7.3	非工作状态时按规定位置摆放（归位）	1.5
1.8 清洁用具、清洁车	1.8.1	定位合理不堆放，标志明确，及时归位	1.5
	1.8.2	清洁用具本身干净整洁	1.5
	1.8.3	垃圾不超出容器口	1.5
	1.8.4	抹布等应定位，不可直接挂在暖气管上	1.5
1.9 暂放物	1.9.1	不在暂放区的暂放物需有暂放标志	1.5
	1.9.2	暂放区的暂放物应摆放整齐、干净	1.5
1.10 呆料	1.10.1	有明确的摆放区域，并予以分隔	1.5
	1.10.2	应有明显标志	1.5
	1.10.3	做好防尘及清扫工作，保持干净及原状态	1.5
1.11 油桶、油类	1.11.1	有明确的摆放区域，分类定位，标志明确	1.5
	1.11.2	按要求摆放整齐，加油器具定位放置，标志明确，防止混用	1.5
	1.11.3	油桶、油类的存放区应有隔离防污措施	1.5
1.12 危险品、（易燃有毒等）	1.12.1	有明确的摆放区域，分类定位，标志明确	1.5
	1.12.2	隔离摆放，远离火源，并有专人管理	1.5
	1.12.3	有明显的警示标志	1.5
	1.12.4	非使用时应存放指定区域内	1.5
1.13 信道	1.13.1	信道划分明确，保持通畅，无障碍物，不占道作业	1.5
	1.13.2	两侧物品不超过信道线	1.5
	1.13.3	占用信道的工具、物品应及时清理或移走	1.5
	1.13.4	信道线及标志保持清晰完整	1.5

续表

项目	序号	标准内容	扣分
2.1 墙身	2.1.1	墙身、护墙板及时修复，无破损	1.5
	2.1.2	保持干净，没有剥落及不要物，无蜘蛛网、积尘	1.5
	2.1.3	贴挂墙身的各种物品应整齐合理，表单通知归入公告栏	1.5
	2.1.4	墙身保持干净，无不要物（如过期标语、封条等）	1.5
	2.1.5	主要区域、房间应有标志铭牌或布局图	1.5
	2.1.6	生产现场应无隔断遮挡、自建房中房等	1.5
2.2 资料、标志牌	2.2.1	应有固定的摆放位置，标志明确	1.5
	2.2.2	作业指导书、记录、标志牌等挂放或摆放整齐、牢固、干净	1.5
	2.2.3	标牌、资料记录正确具有可参考性	1.5
	2.2.4	组长以上管理人员应建立5S专用文件夹，保存主要的5S活动资料文件	1.5
2.3 宣传栏、看板	2.3.1	主要班组应有看板（如"班组园地""管理看板"等）	1.5
	2.3.2	干净并定期更换，无过期公告，明确责任人	1.5
	2.3.3	版面设置美观、大方，标志明确，内容充实	1.5
2.4 桌面	2.4.1	现场桌面无杂物、报刊	1.5
	2.4.2	物品摆放有明确位置、不拥挤凌乱	1.5
	2.4.3	桌面干净、无明显破损	1.5
	2.4.4	玻璃下压物尽量减少并放整齐，不压日历、电话表以外的资料	1.5
2.5 电器、电线、开关、电灯	2.5.1	开关须有控制对象标志，无安全隐患	1.5
	2.5.2	保持干净	1.5
	2.5.3	电线布局合理整齐、无安全隐患（如裸线、上挂物等）	1.5
	2.5.4	电器检修时需有警示标志	1.5
2.6 消防器材	2.6.1	摆放位置明显，标志清楚	1.5
	2.6.2	位置设置合理，有红色警示线，线内无障碍物	1.5
	2.6.3	状态完好，按要求摆放，干净整齐	1.5
	2.6.4	有责任人及定期点检	1.5

续表

项目	序号	标准内容	扣分
2.7 辅助设施	2.7.1	风扇、照明灯、空调等按要求放置，清洁无杂物，无安全隐患	1.5
	2.7.2	日用电器无人时应关掉，无浪费现象	1.5
	2.7.3	门窗及玻璃等各种公共设施干净无杂物	1.5
	2.7.4	废弃设备及电器应标志状态，及时清理	1.5
	2.7.5	保持设施完好、干净	1.5
	2.7.6	暖气片及管道上不得放杂物	1.5
3.1 着装及劳保用品	3.1.1	劳保用品明确定位，整齐摆放，分类标志	1.5
	3.1.2	按规定要求穿戴工作服，着装整齐、整洁	1.5
	3.1.3	按规定穿戴面罩、安全帽等防护用品	1.5
	3.1.4	晾衣应有专门区域，合理设置，不影响工作及房间美观	1.5
3.2 规章制度	3.2.1	工作时间不得睡觉、打瞌睡	1.5
	3.2.2	无聚集闲谈、吃零食和大声喧哗	1.5
	3.2.3	不看与工作无关的书籍、报纸、杂志	1.5
	3.2.4	不乱丢烟头（工作区、厂区）	1.5
	3.2.5	配合公司5S活动，尊重检查指导人员，态度积极主动	1.5
	3.2.6	要求单位成员对5S活动的口号、5S的意义、5S的基本知识有正确认识，能够表述	1.5
	3.2.7	没有擅自串岗、离岗	1.5
	3.2.8	单位班组长以上管理人员应建立5S专用文件夹，保存主要的5S活动资料文件	1.5
	3.2.9	工作区域的5S责任人划分清楚，无不明责任的区域	1.5
	3.2.10	"5S区域清扫责任表"和点检表要按时、准确填写，不超前、不落后，保证与实际情况相符	1.5
	3.2.11	单位应制定本单位《5S员工考核制度》，并切实执行，保存必要之记录	1.5
	3.2.12	应有"5S宣传栏（或园地）"，有专人负责，定期更换，并保存记录	1.5
	3.2.13	经常对职工（含新员工）进行5S知识的宣传教育，并有记录	1.5

续表

项目	序号	标准内容	扣分
3.2 规章制度	3.2.14	建立晨会制度，车间级每天至少开一次晨会，班组每天班前开一次晨会	1.5
	3.2.15	按《礼貌运动推行办法》教育职工，要求员工待人有礼节，不说脏话，做文明礼貌人	1.5
	3.2.16	制定本单位《职业规范》，教育职工严格遵守	1.5
	3.2.17	员工对5S活动的口号、5S的意义、5S的基本知识有正确认识，能够表述	1.5
3.3 生活用品、 私人用品	3.3.1	定位标志，整齐摆放，公私物品分开	1.5
	3.3.2	水壶、水杯按标摆放整齐，保持干净	1.5
	3.3.3	手巾、洗漱用品、鞋袜等按要求摆放整齐，保持干净	1.5
3.4 加减分	3.4.1	同一问题重复出现，重复扣分	2
	3.4.2	发现未实施整理整顿清扫的"5S实施死角"1处	10
	3.4.3	有突出成绩的事项（如创意奖项），视情况加分	2

【他山之石03】办公区5S评分标准

办公区5S评分标准

项目	序号	标准内容	扣分
1.1 地面	1.1.1	办公设施信道畅通明确	1.5
	1.1.2	地上无垃圾、无杂物、保持清洁	1.5
	1.1.3	暂放物有"暂放标志牌"	1.5
	1.1.4	物品存放于定位区域内	1.5
	1.1.5	地面无积水	1.5
	1.1.6	地面的安全隐患处（突出物、地坑等）应有防范或警示措施	1.5
1.2 垃圾桶	1.2.1	定位摆放，标志明确	1.5
	1.2.2	本身保持干净，垃圾不超出容器	1.5
1.3 盆栽（包括台 上摆放的）	1.3.1	盆栽需定位（无需定位线）	1.5
	1.3.2	盆栽周围干净、美观	1.5
	1.3.3	盆栽叶子保持干净，无枯死	1.5
	1.3.4	盆栽容器本身干净	1.5

续表

项目	序号	标准内容	扣分
2.1 办公桌、椅	2.1.1	办公桌定位摆放，隔断整齐	1.5
	2.1.2	抽屉应分类标志，标志与物品相符	1.5
	2.1.3	台面保持干净，无灰尘杂物，无规定外的物品	1.5
	2.1.4	台面物品按定位摆放（除正在使用外），不拥挤凌乱	1.5
	2.1.5	人员下班或离开工作岗位10分钟以上，台面物品、办公椅归位	1.5
	2.1.6	办公抽屉不杂乱，公私物品分类定置	1.5
	2.1.7	与正进行的工作无关的物品应及时归位	1.5
	2.1.8	玻璃下压物尽量减少并放整齐，不压日历、电话表以外的资料	1.5
2.2 茶水间、 饮水区	2.2.1	地面无积水	1.5
	2.2.2	整洁、卫生	1.5
	2.2.3	饮水器保持正常状态	1.5
	2.2.4	水杯、水瓶定位、标志	1.5
2.3 其他办公设施	2.3.1	热水器、空调、电脑、复印机、传真机、碎纸机等保持正常状态，有异常作出明显标志	1.5
	2.3.2	保持干净	1.5
	2.3.3	明确责任人	1.5
	2.3.4	暖气片及管道上不得放杂物	1.5
3.1 门、窗	3.1.1	门扇、窗户玻璃保持明亮干净	1.5
	3.1.2	窗帘保持干净	1.5
	3.1.3	窗台上无杂物	1.5
	3.1.4	门窗、窗帘无破坏	1.5
	3.1.5	有门牌标志	1.5
	3.1.6	门窗玻璃无乱张贴现象	1.5
3.2 墙	3.2.1	保持干净，无脏污、乱画	1.5
	3.2.2	没有非必需品悬挂	1.5
	3.2.3	电器开关处于安全状态，标志明确	1.5
	3.2.4	墙身贴挂应保持整齐，表单、通知定位在公告栏内	1.5
	3.2.5	墙体破损处及时修理	1.5
	3.2.6	没有蜘蛛网	1.5

续表

项目	序号	标准内容	扣分
3.3 天花板	3.3.1	破损处及时修复，没有剥落	1.5
	3.3.2	没有吊着非必需品	1.5
3.4 公告栏、看板	3.4.1	单位主要部门应有看板（如"人员去向板""管理看板"等）	1.5
	3.4.2	做好版面设置，标题明确，有责任人	1.5
	3.4.3	无过期张贴物	1.5
	3.4.4	员工去向管理板及时填写、擦除	1.5
	3.4.5	笔刷齐备，处于可使用状态	1.5
	3.4.6	内容充实，及时更新	1.5
4.1 文件资料、文件盒	4.1.1	定位分类放置	1.5
	4.1.2	按规定标志清楚，明确责任人	1.5
	4.1.3	夹（盒）内文件定期清理、归档	1.5
	4.1.4	文件夹（盒）保持干净	1.5
	4.1.5	文件归入相应文件夹（盒）	1.5
	4.1.6	单位组长以上管理人员应建立5S专用文件夹，保存主要的5S活动资料文件	1.5
4.2 文件柜（架）	4.2.1	文件柜分类标志清楚，明确责任人	1.5
	4.2.2	文件柜保持干净，柜顶无积尘、杂物	1.5
	4.2.3	文件柜里放置整齐	1.5
	4.2.4	文件柜内物品、资料应分区定位，标志清楚	1.5
5.1 服装、鞋袜	5.1.1	不穿时存放于私人物品区	1.5
	5.1.2	服装、鞋袜、洗漱用品放入指定区域	1.5
5.2 私物	5.2.1	一律摆放于私人物品区	1.5
6.1 着装标准	6.1.1	按着装规定穿戴服装	1.5
	6.1.2	工作服、帽干净无破损	1.5
6.2 规章制度	6.2.1	没有呆坐、打瞌睡	1.5
	6.2.2	没有聚集闲谈或大声喧哗	1.5
	6.2.3	没有吃零食	1.5
	6.2.4	不做与工作无关的事项（看报、小说等）	1.5
	6.2.5	没有擅自串岗、离岗	1.5

续表

项目	序号	标准内容	扣分
6.2 规章制度	6.2.6	配合公司5S活动，尊重检查指导人员，态度积极主动	1.5
	6.2.7	单位班组长以上管理人员应建立5S专用文件夹，保存主要的5S活动资料文件	1.5
	6.2.8	工作区域的5S责任人划分清楚，无不明责任的区域	1.5
	6.2.9	"5S区域清扫责任表"和点检表要按时、准确填写，不超前、不落后，保证与实际情况相符	1.5
	6.2.10	单位应制定本单位《5S员工考核制度》，并切实执行，保存必要记录	1.5
	6.2.11	单位应有"5S宣传栏（或园地）"，有专人负责，定期更换，并保存记录	1.5
	6.2.12	单位经常对职工（含新员工）进行5S知识的宣传教育，并有记录	1.5
	6.2.13	单位建立经常性的晨会制度，车间级每天至少开一次晨会，班组每天班前开一次晨会	1.5
	6.2.14	按《礼貌运动推行办法》教育职工，要求员工待人有礼节，不说脏话，做文明礼貌人	1.5
	6.2.15	各单位应制定本单位《职业规范》，教育职工严格遵守	1.5
	6.2.16	要求单位成员对5S活动的口号、5S的意义、5S的基本知识有正确认识，能够表述	1.5
7.1能源	7.1.1	厉行节约，无长流水、无长明灯等浪费	1.5
8.1 休息室、休息区、会客室、会议室	8.1.1	各种用品保持干净，定位标志	1.5
	8.1.2	各种用品及时归位，凳子及时归位	1.5
	8.1.3	饮用品应保证安全卫生	1.5
	8.1.4	烟灰缸及时倾倒，烟头不乱扔	1.5
	8.1.5	地面保持干净	1.5
8.2 洗手间	8.2.1	保持干净，无异味，无乱涂画	1.5
	8.2.2	各种物品应摆放整齐，无杂物	1.5
8.3 清洁用具	8.3.1	清洁用具定位摆放，标志明确	1.5
	8.3.2	本身干净，容器内垃圾及时倾倒	1.5
9.1 加减分	9.1.1	同一问题重复出现，重复扣分	2
	9.1.2	发现未实施整理整顿清扫的"5S实施死角"1处	10
	9.1.3	有突出成绩的事项（如创意奖项），视情况加分	+2

【他山之石04】5S个人日常检查标准

5S个人日常检查标准

部门：　　　　　　　　　员工姓名：　　　　　　　　　评分日期：

序号	项目	细目	要求	分值	评分
1	地面	表面	保持清洁，无污垢、碎屑、积水、异味等	2	
			地面无跌落零件、物料等	2	
			地面无破损，划线、标志清晰无剥落	2	
		通道	区划线清晰；无堆放物；保持通畅	2	
		耗材	定位放置，无杂物，摆放整齐无压线	2	
			堆叠不超高；暂放物有暂放标志	2	
			分类摆放在定位区内，有明显标志	2	
			包装箱标志清楚，标志向外；无明显破损及变形	2	
			周转箱保持干净，呆料及时处理	2	
			暂时放于指定区域外要按暂放要求操作，并指明责任人	2	
			合格与不合格品区分明确	2	
		货架	有架号分类及管理标志，无多余标贴	2	
			料卡相符	2	
		推车叉车	定位放置，标志明确	2	
			保持清洁，无破损，零配件齐全	2	
		专门区域	专门区域有明显标志，无其他物品；地面干净无积水	2	
		清洁用品	按要求整齐摆放，保持用品本身干净完好	2	
			及时清理垃圾桶，拧干拖把	2	
		垃圾	分有价垃圾与无价垃圾	2	
2	墙、天花板	墙面	保持干净，无非必需品；贴挂墙身的物品应整齐合理	2	
		门、窗	玻璃干净、无破损，框架无灰尘	2	
			无多余张贴物，铭牌标志完好	2	
		公告栏	有管理责任人，干净并及时更新，无过期张贴物	2	
		开关、照明	明确控制对象标志，保持完好状态	2	
			干净无积尘；下班时关闭电源	2	
		天花板	保持清洁、无蛛网、无剥落	2	

续表

序号	项目	细目	要 求	分值	评分
3	设备/工具	外观及周边环境	保持干净,无卫生死角	2	
			明确管理责任人,辅助设施或工具定位	2	
		使用/保养/点检	标志清楚(仪表、阀门、控制面板、按钮等),明确控制对象和正常范围	2	
			实施日常保养,保持完好状态,无安全隐患,使用完毕及时归位	2	
			设备点检表及时正确填写	2	
			设备发生故障时挂有故障牌及禁用标志	2	
4	工作台/办公桌	桌面	保持干净清爽,无多余垫压物	2	
			定位、摆放整齐,符合摆放要求	2	
		抽屉	物品分类存放,整齐清洁;公私物品分开放置	2	
		文件	分类存放,及时归档;文件夹标志清楚,定位明确	2	
		座椅	及时归位;椅下地面无堆放物	2	
5	电源插座		保持干净、无破损、随时保持可用状态	2	
6	箱、柜	表面	眼观干净,手摸无尘;无非必需品;明确管理标志	2	
		内部	资料、对象、工具按要求分类存放,有分类标志	2	
			保持清洁,有工具存放清单、合适放置位与容器	2	
		备品	分类摆放整齐,保证安全存量	2	
7	危险品		存放于指定区域,有明显警示标志,保持隔离放置	2	
			明确管理责任人,保持整齐、干净	2	

注:评分时完全达标得满分;不符合项出现一处扣1分,扣完为止。

【他山之石 05】公司 5S 执行标准

公司 5S 执行标准

本公司制定 5S 执行标准及拍下合适的照片作为标准照片，有关相片可因环境转变或标准的修改而做出更新。

1. 整理

编号	典型活动	执行标准/照片
1.1	抛掉不需要的东西或回仓（例如：一年内没有用过的物品）	（1）处理掉过期的文件、食物、药物、破损无用物品、机械/仪器设备、空化工容器等 （2）回仓余料或区域内不常用的物品，处理掉坏料
1.2	3R：环保回收、循环再用及节能降耗，如：减少用纸/水/电量	（1）垃圾分类存放（化工类、塑料类、纸类等） （2）设立环保纸箱 （3）申领文具实行以旧换新 （4）制订节能降耗计划
1.3	根据需要的物品按使用程度进行低、中、高的方式存放	所"需要"的物品均应定位分类存放，如工具类、仪器/机器类、文件类、文具类、物料、零配件等，并将其按经常用、短期、较长时间用的类别分开摆放
1.4	工作区域私人物品减至最低和集中存放	私人物品在工作区域尽量减少，并且应集中统一整齐存放，如：口杯、衣服、雨伞、鞋等

编号	典型活动	执行标准/照片
1.5	处理肮脏、泄漏和损坏情况并解决其成因	（1）维修时应挂出"正维修中"牌子，并要保全相关记录 （2）待维修的地方应挂出"待维修"牌子及显示维修完成日期 （3）及时处理好区域内肮脏、泄漏和损坏的情况
1.6	工作用的物品合理分配和利用，如：一套工具/文具/一页表格	（1）每位职员应配置一套适宜的文具 （2）每位修理工有一套适用的工具 （3）实施一换一制度
1.7	一小时会议（精简发言）	（1）每天早会控制在10分钟以内 （2）会议守则（准备议程、准时开会、关掉手机、发言精简、准时结束）
1.8	物料、工具或文件集中存放（包括计算机档案）	文件、记录、文具、工具、物料、食物等均须分类集中存放

2.整顿

编号	典型活动	执行标准/照片
2.1	所有东西都有一个清楚的标志和存放位置	所有的机械、仪器、物料、成品均有名称及完整的标志，并标明放置地点
2.2	每个划分的区域均有负责人标志	每个分区都有负责人标志，每个员工都有负责的地区
2.3	文件、物料、工具等使用合适容器整齐放置	存放的文件、记录、工具、物料、成品、文具等应采用适宜的容器储放
2.4	文件和物品的存盘标准和控制总表（包括物品的最高、低数量）	（1）文件、记录、资料应制定存盘标准（按时间先后或型号或文件编号等）及控制总表 （2）物料、半成品储存标准及控制总表

编号	典型活动	执行标准/照片
2.5	先进先出原则的安排	（1）物料、产品的进出应遵守先进先出原则 （2）应有有效期标记
2.6	区域划分区地线和指引牌	各种区域应用颜色地线划分出来，并标示出区域属性及责任人
2.7	整洁、明确易懂的通告板和通告（有大标题、分区和清除过期通告）	通告板上应有分类标题（如行政通告、内部通告、各部门通告或进度等）、负责人及定期清除过期通告

编号	典型活动	执行标准/照片
2.8	30秒钟内可取出和放回文件及物品	文件、记录集中存放并用颜色斜线分类标记，而且在30秒内能取用或存放

3.清扫

编号	典型活动	执行标准/照片
3.1	个人清扫责任的划分及执行（包括高层人员）	每人清理自己的工作范围及负责区域
3.2	使清扫和检查更容易（例如铺地砖和离地150厘米）	（1）所有通道和公共区域均应保持清洁及畅顺 （2）所有电线或拖板离地一尺装置 （3）尽量使用机械化清洁作业，如：吸尘吸水机、洗地机等

续表

编号	典型活动	执行标准/照片
3.3	清扫那些较少注意到的隐蔽地方（例如：风槽顶）	注意清扫隐蔽的地方，如：风扇叶、柜顶/底/内/侧、角落、机器下面、风槽顶、灯管顶等
3.4	地面和整体环境保持光洁明亮	各区域负责人应确保本区域内看不见垃圾、污渍及杂乱的现象

4.清洁

编号	典型活动	执行标准/照片
4.1	保持透明度（例如：能够一眼看透的玻璃门、盖）	（1）各部门应尽量使用透明盖/门的柜子存放物品/文件/工具 （2）如是木质或铁质的盖/门，应在门外标示清楚，并配置相应的照片，明确责任人

编号	典型活动	执行标准/照片
4.2	现场直线及直角式的布置且保持通道通畅（增加空间和减少踫撞）	（1）办公桌、工作台的布置以直线直角为主 （2）物料存放以直线直角为主，标示朝外
4.3	现场工作指引和"已检查合格"的标志	（1）生产/作业现场有有效的工作指引 （2）仪器及设备，如烙铁（温度）、电批（力度）等均符合现场指引要求 （3）物料/成品的状态标志
4.4	电掣功能和控制范围标志及电线的整理（包括离地）	（1）各类电线、电话线等能分类扎好，不会交叉凌乱，包括离地 （2）各个开关的控制范围要有明确标示

续表

编号	典型活动	执行标准／照片
4.5	节省能源方法	（1）下班时应将空调、电灯、计算机、风扇等电器的电源关闭 （2）制定空调合适温度指针，如：统一设定为气温在24℃以下不可开空调 （3）张贴相应的标语
4.6	通道、管道等的方向标志及颜色区分	（1）通道方向要标记 （2）管道以颜色管理、颜色分区 （3）电掣有荧光的开关标记
4.7	颜色和视觉管理：如纸、文件夹、铭牌、柜子等	（1）文件用不同颜色分类作为标记 （2）危险标记、消防设施/通道及安全标记统一用红色表示

续表

编号	典型活动	执行标准/照片
4.8	在平面图和现场上加上5S和工作责任标志	各部门将5S划分的责任区域形成平面图，并张贴于部门显眼处
4.9	防止噪声、震动和危险情况及解决其成因	（1）定期检查及保养仪器与设备，如有超标应及时修理 （2）定期检查安全设施及安全隐患
4.10	清晰的部门/办公室的标志、铭牌和工作证	（1）各部门、各办公室、各职位均应有清晰的铭牌 （2）每个人均应按规定佩戴工作证
4.11	防止出错方法	（1）挂工具的墙或木板上有线条显示形象，并标示清楚 （2）固定摆放物品的位置均须以图标/照片显示

5.素养

编号	典型活动	执行标准/照片
5.1	履行自己的职责	（1）遵守企业规章制度、员工守则 （2）履行个人工作职责
5.2	每天下班前执行5分钟5S活动（自己定5点内容表）	每人每天下班前均需按"个人5S检查表"（个人自定5～10条内容）执行5分钟5S活动
5.3	组织架构和服务宗旨放在入口显眼处	（1）每个部门均有最新组织架构图 （2）每个部门都有企业管理方针和部门目标

第9章

图解精益管理之定置管理

9.1 什么是定置管理

定置管理是根据安全、品质、效率、效益和物品本身的特殊要求，研究分析人、物、场所的状况，以及它们之间的关系，并通过整理、整顿改善生产现场条件，促进人、机器、原材料、制度、环境有机结合的一种方法。

9.2 定置管理的适用范围

定置管理的适用范围如表9-1所示。

表9-1 定置管理类别（按管理范围不同划分）

类型	适用范围
全系统定置管理	在整个企业各系统各部门实行定置管理
区域定置管理	按工艺流程把生产现场分为若干定置区域，对每个区域实行定置管理
职能部门定置管理	企业的各职能部门对各种物品和文件资料实行定置管理
仓库定置管理	对仓库内存放物实行定置管理
特别定置管理	对影响质量和安全的薄弱环节包括易燃易爆、易变质、有毒物品等的定置管理

9.3 定置管理实施步骤

9.3.1 方法研究

方法研究是定置管理开展的起点，它是对生产现场现有加工方法、机器设备情况、工艺流程等全过程进行详细分析研究，确定其方法在技术水平上的先进性、在经济上的合理性，分析是否需要和可能采取更先进的工艺手段及加工方法，进行改造、更新，从而确定工艺路线与搬运路线，使定置管理达到科学化、规范化和标准化。

9.3.2 分析人、物结合状态

场所的三种状态中：A状态是良好状态、B状态是改善状态、C状态是需要彻底改造状态。

这是开展定置管理的第二个阶段，也是定置管理中最关键的一个环节。定置管理的原则是提倡A状态，改造B状态，清除C状态，以达到提高工作效率和工作质量的目的。

9.3.3 分析物流、信息流

在生产现场中需要定置的物品无论是毛坯、半成品、成品，还是工装、工具、辅具等，都随着生产的进行而按照一定的规律流动着，它们所处的状态也在不断地变化，这种定置物规律性的流动与状态变化，称之为物流。

随着物流的变化，生产现场也存在着大量的信息，如表示物品存放地点的路标，表示所取物的标签，定置管理中表示定置情况的定置图，表示不同状态物品的标牌，为定置摆放物品而划出的特殊区域等，都是生产现场中的信息。随着生产的运行，这些信息也在不断地运动着、变化着，当加工件由B状态转化为A状态时，信息也伴随着物的流动变化而变化，这就是信息流。

现场管理者通过对物流、信息流的分析，不断掌握加工件的变化规律和信息的连续性，并对不符合标准的物流、信息流进行改正。

9.3.4 设计定置图

定置图有以下类别，如表9-2所示。

表9-2 定置图分类

序号	类别	具体说明
1	车间定置图	要求图形醒目、清晰，且易于修改、便于管理，应将图放大，制作成彩色图板，悬挂在车间的醒目位置
2	区域定置图	车间的某一工段、班组或工序的定置图，定置图可张贴在班组场地中
3	办公室定置图	制作定置图示板，悬挂于办公室的醒目位置
4	库房定置图	制作定置图示板悬挂在库房醒目位置
5	工具箱定置图	绘成定置蓝图，贴在工具箱盖内
6	办公室定置图	统一绘制蓝图，贴于办公桌上
7	文件资料柜定置图	统一绘制蓝图，贴于资料柜内

定置图的设计步骤如表9-3所示。

表9-3 定置图的设计步骤

序号	设计步骤	要求说明
1	对场所、工序、工位、机台等进行定置诊断分析	（1）分析现有生产、工作的全过程，确定经济合理的工艺路线和搬运路线 （2）分析生产、工作环境是否满足生产、工作需要和人的生理需要，提出改进意见 （3）分析生产人员的作业方式和设备、设施的配置，研究作业者的工作效率，找出不合理的部分，提出改进措施 （4）研究操作动作，分析人与物的结合状态，消除多余的动作，确定合理的操作或工作方法
2	制定分类标准	即制定A、B、C三类标准
3	设计定置图	（1）根据工艺路线、搬运路线选择最佳的物流程序，确定设备、通道、工具箱、检验与安全设施等各类场地 （2）按照作业计划量标准确定工件(包括毛坯、半成品、成品等)存放区域，并确定工序、工位、机台及工装位置 （3）工具箱内要定置，使当天使用的量具、工具、图样及工艺文件处于待用状态。生产用品和生活用品要严格分开，同工种、同工序工具箱定置要统一 （4）确定检查现场中各区位置 （5）C类物品要按有无改制回收价值分类定置

9.3.5 信息媒介物设计

信息媒介物设计，包括信息符号设计和示板图、标牌设计。企业在推行定置管理，进行工艺研究、各类物品停放布置、场所区域划分等都需要运用各种信息符号表示，以便现场管理者形象地、直观地分析问题和实现目视管理，企业应根据实际情况设计和应用有关信息符号，并纳入定置管理标准。信息媒介物设计说明如表9-4所示。

表9-4 信息媒介物设计说明

序号	设计步骤	要求说明
1	信息符号	在设计信息符号时，如有国家规定的符号（如安全、环保、搬运、消防、交通等）应直接采用国家标准符号。其他符号，企业应根据行业特点、产品特点、生产特点进行设计。设计符号应简明、形象、美观
2	定置示板图	定置示板图是现场定置情况的综合信息标志，它是定置图的艺术表现和反映
3	标牌	标牌是指示定置物所处状态、标志区域、指示定置类型的标志，包括建筑物标牌，货架、货柜标牌，原材料、在制品、成品标牌等

信息符号、定置示板图、标牌都是实现目视管理的手段。企业的各生产现场、库房、办公室及其他场所都应悬挂示板图和标牌，示板图中内容应与蓝图一致。示板图和标牌的底色宜选用淡色调，图纸应清洁、醒目且不易脱落。各类定置物、区（点）应分类规定颜色标准。

9.3.6　定置实施

定置实施是定置管理工作的重点，具体实施步骤如图 9-1 所示。

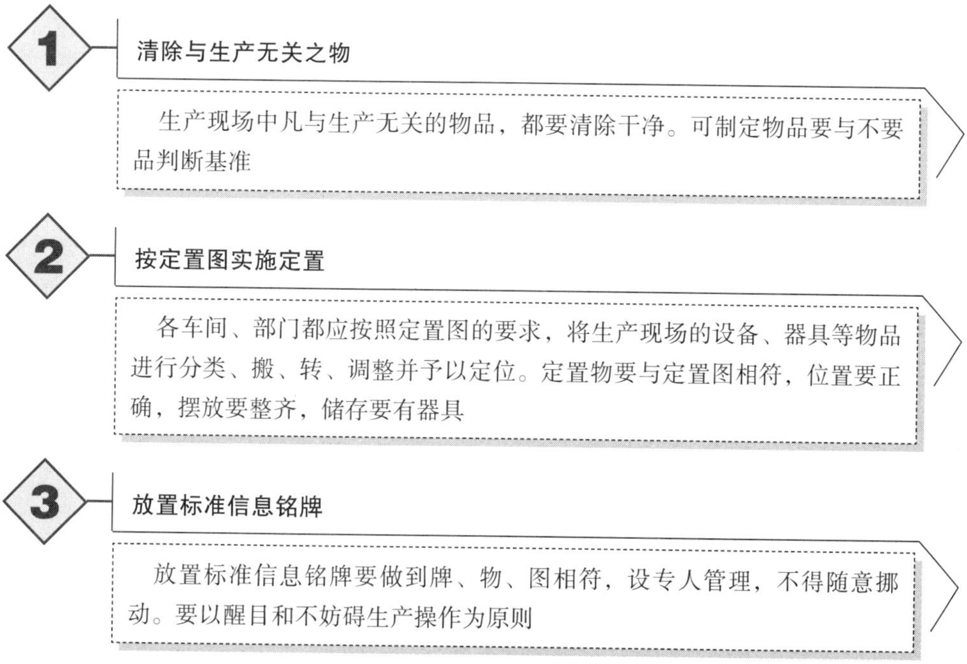

清除与生产无关之物

生产现场中凡与生产无关的物品，都要清除干净。可制定物品要与不要品判断基准

按定置图实施定置

各车间、部门都应按照定置图的要求，将生产现场的设备、器具等物品进行分类、搬、转、调整并予以定位。定置物要与定置图相符，位置要正确，摆放要整齐，储存要有器具

放置标准信息铭牌

放置标准信息铭牌要做到牌、物、图相符，设专人管理，不得随意挪动。要以醒目和不妨碍生产操作为原则

图 9-1　定置实施的步骤

9.3.7　定置管理标准化

企业要想使定置管理执行得好，必须将定置管理标准化，标准化的内容包括以下方面。

9.3.7.1　定置物品的分类规定

企业从自身的实际情况出发，将生产现场的物品分为 A、B、C 三类，也可分为 A、B、C、D 四类，以使现场管理者直观而形象地理解人与物的结合关系，从而明确定置的方向。

9.3.7.2　定置管理信息铭牌规定

信息铭牌是放置在定置现场，表示定置物所处状态、定置类型、定置区域的标示牌，企业应统一规定尺寸、形状、高低和制作，做到标准化。但要注意检查现场的定置区域，是否含有制造的区域，其划分和信息应符合统一规定。

（1）检查现场区域划分的规定　一般分为五个区域：成品、半成品待检区；返修品区；待处理品区；废品区；成品、半成品合格区。

（2）检查现场区域标准信息符号　信息符号应简单、易记、鲜明、形象和具有可解释性。具体如表9-5所示。

表9-5　信息符号说明

图示	具体说明	图示	具体说明
▢	表示成品、半成品待检区	→	表示返修品区
◯	表示待处理品区	✕	表示废品区
∨	表示成品、半成品合格区	∨	表示成品、半成品优等品区

9.3.7.3　定置管理颜色标准

颜色在定置管理中一般用于两种场合。一种是用于现场定置物分类的颜色标志；另一种是用于现场检查区域划分的颜色标志。前者如用红、蓝、白三种颜色表示物品的A、B、C分类；后者如将现场检查区域分别规定其颜色，并涂在标准信息铭牌上。

（1）蓝色——表示待检查品区。

（2）绿色——表示合格品区。

（3）红色——表示返修品区。

（4）黄色——表示待处理品区。

（5）白色——表示废品区。

9.3.7.4　可移定置物符号标准

可移定置物在定置图中采用标准符号表示法，从而使定置图纸清晰、简练、规范，且可使各部门之间便于简化手续，研究定置情况。

（1）BC——表示搬运车。

（2）GX——表示工具箱。

（3）GT——表示工作台。

（4）WG——表示文件柜。

（5）MQ——表示灭火器。

9.3.7.5　定置图绘制标准

定置图绘制标准的内容如下。

（1）统一规定各种定置图的图幅。

（2）统一规定各类定置物的线型画法，包括机器设备、工位器具、流动物品、工具箱及现场定置区域等。如表9-6所示。

表9-6　定置物的线型画法

图示	具体说明	图示	具体说明
	表示设备		表示工艺装备
	表示计划补充的设备工装	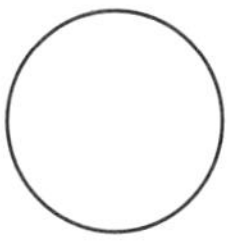	表示风扇
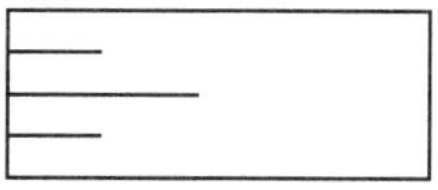	表示存放架	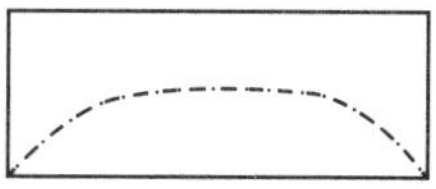	表示容器
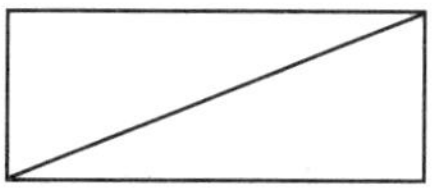	表示平台	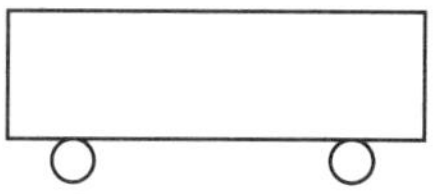	表示活动书架、小车
	表示工具箱、文件柜	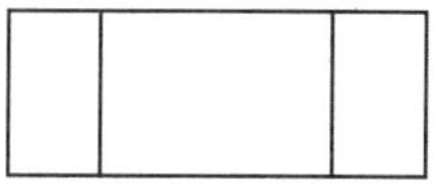	表示办公桌、茶几等
	表示计划补充的工具箱、办公桌等物品	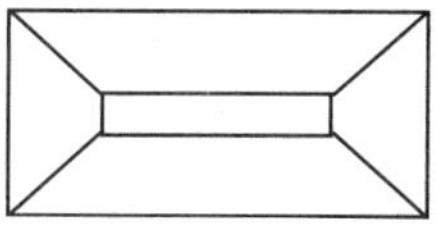	表示散状材料堆放场地
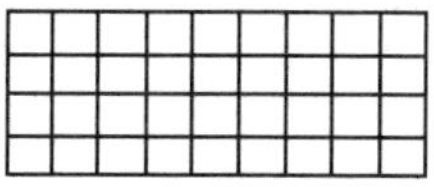	表示铺砖场地		表示工位区域分界线
	表示人行道	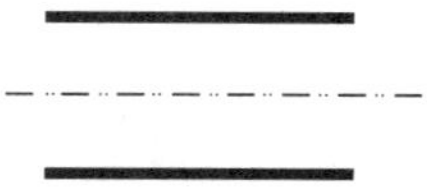	表示铁道
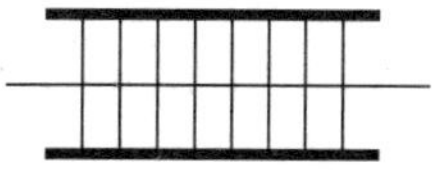	表示台阶、梯子	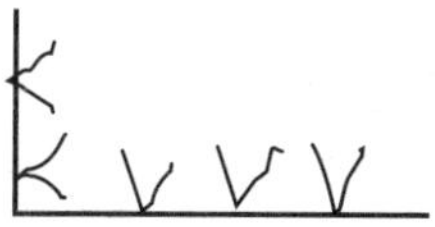	表示围墙

定置图中标准信息符号的规定：如现场定置图中的可移定置物，用信息符号表示后，还要在定置图的明细栏中加以说明。

各种定置图蓝、白图的规定：如办公室可用白图，而办公桌、文件柜、资料柜则必须用蓝图。

各种定置图的发放及保存，都须做统一规定。

9.3.7.6 各种储存容器、器具定置标准

（1）各种储存容器、器具中所摆放的物品，应是与生产操作有关的物品，反之均不得摆放。

（2）应将各种物品分类，按使用频次排列成合理的顺序，整齐有序地摆放在容器和器具中。使用频次多的物品，一般应放入每层中间且与操作者较近的位置。

（3）物品放好后，依次编号，号码要与定置图的标注相符，做到以物对号，以号对位，以位对图，使图、号、位、物相符。

（4）定置图要求贴在容器、器具门内或是合适的表面下。

（5）各种容器、器具的层格要保持清洁，无污垢，要按规定的时间进行清洗和整理。

（6）操作现场的器具和容器，定置到一定位置后，不得随意挪动。

（7）工具箱的结构尽可能做到一致，容器和器具也做到部门内统一。

9.3.7.7 办公桌定置要求

（1）定置时按物品分门别类，且分每天用和经常用；物品摆放符合方便、顺手、整洁、美观和提高工作效率的要求。

（2）定置图统一贴在规定的地方。

（3）办公桌中无用的物品清除走。

（4）有用物品编号并标在定置图中，使图、号、位、物相符。

9.3.7.8 办公椅定置要求

（1）人离办公室（在办公楼内或未远离），座位原位放置。

（2）人离开办公室短时外出，座位半推进。

（3）人离办公室超过4小时或休息，座位全推进。

9.3.7.9 文件柜定置要求

（1）与工作和生产无关的物品彻底清除。

（2）文件资料柜的摆放要做到合理、整齐、美观，以便于提高工作效率。

（3）各类物品必须编号并注于定置图中，做到号、物、位、图相符。

（4）定置图贴在文件资料柜门扇内。

（5）定期进行整理整顿，保持柜内整齐和整洁。

9.3.7.10　定置物存放标准

（1）工件的定置摆放，要按区、按类存放，做到标志与实物相符。

（2）工位器具使用合理。

（3）工件摆放做到齐、方、正、直，且符合安全生产要求。

（4）定置物的摆设与定置图相符。

（5）信息铭牌放在规定的位置后，不得随意挪动。定置物发生变化时，图、物、区域和铭牌均应做相应调整。

（6）定置物必须存放在本区域内，不得放在区域线或隔离围栏外。

9.3.7.11　设备定置管理标准

设备定置管理标准包括易损件定置、设备及周围环境卫生、设备检查时间周期、设备操作人员和维修人员的工作标准等要求。设备定置规则如下。

（1）设备机台有定置图。

（2）设备在工序的停滞位置定置。

（3）在设备周围给操作者留有充足的活动空间。

（4）在设备周围给维修人员留有充足的活动空间。

（5）操作者能安全进出设备放置处。

（6）设备配置要符合安全要求。

（7）设备作业面的高度要满足操作者运动自如的需要。

（8）对设备所有的资料实行定置管理。

（9）易损件在容器、零件架的摆放数量及摆设方式上实行定置管理。

9.3.7.12　安全定置管理标准

这是对易燃、易爆、有毒、污染环境的物品和不安全场所实行的特别定置。其要求如下。

（1）存放地的选择及要求，物品储存量和处理空间要达到最低值。

（2）消防、灭火器的定置要求，使通道畅通无阻，并设专人负责定时检查。

（3）生产现场电源、电路、电器设施的定置要求。

（4）吸烟点的设定及定置要求，休息室应设有烟灰缸，并放在安全可靠处。

（5）生产现场精、大、稀设备的重点作业场所和区域的定置。

（6）对不安全场所，如建筑场所、吊物作业、易滑坠落、塌方现场、易发生机械伤人的场所及通道等实行定置。

下面提供几份企业定置管理规定的范本，仅供读者参考。

【他山之石01】办公室定置管理规定

办公室定置管理规定

1.目的

为对办公现场中的人、物、场所三者之间的关系进行科学的分析、划分区域，以实现人和物的有效结合为目的，通过对现场的整理、整顿，把作业过程中不需要的物品清除掉，把需要的物品放在规定位置上，使其随手可得，促进办公室美观、高效、安全，特制定本规定。

2.适用范围

本规定适用于公司各车间以及办公楼层的所有办公室的定置管理。

3.管理规定

3.1 办公室责任区域划分

3.1.1 个人责任区是指个人的桌面、抽屉、电脑、文件柜以及个人办公桌周围1米之内的地面。每个人均有责任做好个人责任区的5S工作。

3.1.2 公共责任区是指大堂、盆景、门窗、公务桌、共用工作台、茶几、沙发、会议桌等。对公共区域可以责任到人或者实行轮流值日的方式，由本办公室人员对办公室内区域物品负责。

3.2 个人责任区域定置重点

3.2.1 办公桌定置管理

3.2.1.1 个人办公桌应在规定的位置张贴办公人员的铭牌。铭牌的制作要求参照"4.各类定置的图样、规格"。铭牌应摆放在××地方，或张贴在××地方，各办公室应统一，保持整齐和美观。

3.2.1.2 桌面定置要求。桌面原则上只允许放置以下与工作相关的物品，并参照"4.各类定置的图样、规格"的标准样板进行定置，并在必要时画线或影印标示：电脑显示器、电话、绿色植物、桌面用文件夹或文件柜、茶杯、鼠标、笔筒。其他办公用具尽量放到第一级抽屉中。桌面的定置管理标准参照"4.各类定置的图样、规格"的配图说明。每天上下班均需对桌面进行整理，确保桌面整齐美观。

3.2.1.3 办公桌抽屉、附件柜的定置要求。可移动的抽屉必须画线定置。抽屉第一格用于放置常用文具、杂件，参照"4.各类定置的图样、规格"的样板要求按照适用原则进行定置，最下面一个抽屉用于存放私人物品。抽屉内的物品、文件均需要整齐摆放，各员工至少每周对抽屉进行整理，按照整理标准，将3个月不用的物品从抽屉清走。

3.2.1.4 电脑主机统一整齐地放在桌子抽屉柜旁，须用直角定位法进行定位，主机须保持机箱盖的完整，严禁将机箱盖敞开使用。

3.2.1.5 个人办公桌的接线应确保安全整齐。杂乱的或超出长度需要弯曲的线要用束线将其固定，确保整齐。各种接线应确保安全，严禁随意接线。

3.2.1.6 各办公室椅子应确保协调统一，个人离开办公桌应将椅子归位到规定影印位置。严禁将衣服搭在椅背上，以免影响整体美观。

3.2.1.7 办公桌前墙板上可张贴联系电话、日历表、行事历、随意贴等资料，但必须遵循美观协调的原则。

3.2.1.8 个人物品如鞋、伞、包、衣服等严禁随意放置于办公桌区域或其他公共区域，必须存放于指定区域。

3.2.2 文件柜定置要求

3.2.2.1 各文件柜内放置的文件夹应统一大小和颜色，为提高查找效率，每个文件夹上应对内装资料贴上标签并进行编号。文件夹上标签格式参照"4.各类定置的图样、规格"，文件夹需要用蓝色标示线进行位置标示，以便能很快放入规定位置，并易于确认是否缺少文件夹。

3.2.2.2 文件柜中书籍应从高到低整齐摆放，并对书籍进行编号，以方便放入和取出。相同色彩的尽量放在一起。书籍的存放应避免杂乱无章。

3.2.2.3 每个文件柜应对内装的资料建立清单，并明确责任人，责任人对文件柜至少每周清扫一次。

3.2.2.4 其他杂物类应整齐放入无玻璃仓的杂物柜，但依然需要整齐并定位存放。

3.2.3 共用区域物品

3.2.3.1 共用区域物品应做到画线定位，必要时明确责任人，由责任人对该区域或设施进行整理。

3.2.3.2 会议桌、茶几、沙发等必须明确负责人，当有客人或会议结束后，负责人需要对其进行及时清理。

3.2.4 张贴规定

3.2.4.1 各办公室可张贴保密规定、企业文化宣传、标语等文字，张贴须确保整体美观，不影响整体办公室布局效果。

3.2.4.2 各办公室可设定公告栏，公告栏需要张贴的文件、通知均需要××部门批准，加盖"同意张贴"章后才可以进行张贴，每份张贴物的左下角应注明张贴天数及起止时间，到期应由贴出人负责收回。

3.2.4.3 各公共办公室可设定人员去向表，以了解人员动向。

4.各类定置的图样、规格

各类定置的图样、规格等如下表所示。

各类定置的图样、规格

类别	图标	使用说明
物品管理卡	<table><tr><td>资产编号：</td><td></td></tr><tr><td>设备名称：</td><td></td></tr><tr><td>密级编号：</td><td></td></tr><tr><td>责任人：</td><td></td></tr><tr><td>使用部门：</td><td></td></tr></table>	·规格：61.8毫米×100毫米 ·材料：即时贴 ·字体：黑体 ·颜色：深蓝色 ·使用范围：适用于办公设备等物品的管理
门推拉标识	推 PUSH（72毫米）	·规格：80毫米×80毫米 ·材料：即时贴 ·字体：黑体、ArialBlack ·颜色：深蓝色 ·使用范围：门 ·使用规范：标识下沿距地面110厘米，距门的边沿1～3厘米
	推 PUSH 空调区域 请随手关门（92毫米）	·规格：80毫米×100毫米 ·材料：即时贴 ·字体：黑体、ArialBlack ·颜色：深蓝色 ·使用范围：门（空调房间，门的状态常关） ·使用规范：标识下沿距地面110厘米，距门的边沿1～3厘米
	拉 PULL（72毫米）	·规格：80毫米×80毫米 ·材料：即时贴 ·字体：黑体、ArialBlack ·颜色：草绿 ·使用范围：门 ·使用规范：标识下沿距地面110厘米，距门的边沿1～3厘米

续表

类别	图标	使用说明
门推拉标识	拉 PULL 空调区域 请随手关门 92毫米 1毫米 3毫米 3毫米 1毫米 72毫米	・规格：80毫米×100毫米 ・材料：即时贴 ・字体：黑体、ArialBlack ・颜色：海信绿 ・使用范围：门（空调房间，门的状态常关） ・使用规范：标识下沿距地面110厘米，距门的边沿1～3厘米
门开闭线	（a）30毫米×2.5毫米 （b）	・规格：（a）30毫米×25毫米 　　　　（b）30毫米×25毫米 ・材料：即时贴 ・颜色：天蓝色 ・使用说明：门开闭虚线即门的形迹，应小心此区域，防止因门突然开启产生碰撞。（a）图为单门的形迹，（b）图为双门的轨迹 ・使用范围：开关门特别频繁的房间 ・使用规范：开闭线为90°扇形，标识之间间隔25毫米
办公桌其他物品定置	易移动物品 50毫米 50毫米	・规格：10毫米×50毫米 ・材料：即时贴 ・颜色：天蓝色 ・使用范围：用于办公桌上文件夹、微机键盘、台历等易移动物品的定置 ・使用规范：沿物品的两角贴10毫米×50毫米天蓝色即时贴将物品定置

类别	图标	使用说明
电话机、桌面固定物品位置	50毫米 10毫米 50毫米 10毫米 50毫米 77毫米	·规格：50毫米×77毫米 ·材料：即时贴 ·颜色：黄色/蓝色 ·使用说明：将电话机等桌面固定物品定位，位置偏移时可一眼看出，便于复位 ·使用范围：所有桌面物品 ·使用规范：普通桌子距边沿5厘米粘贴定置线，带引线孔的办公桌齐引线孔下沿粘贴 　电话机固定位置贴于话机正下方。文件夹放于右手最边上起画线
办公室垃圾篓，绿色植物定置	垃圾篓	·规格：20毫米×20毫米 ·材料：即时贴 ·颜色：白色 ·使用说明：将垃圾篓、绿色植物定位，位置偏移时可一眼看出，便于复位 ·使用范围：室内圆形垃圾篓、绿色植物 ·使用规范：标识间间隔20毫米

续表

类别	图标	使用说明
空调开关 可视化	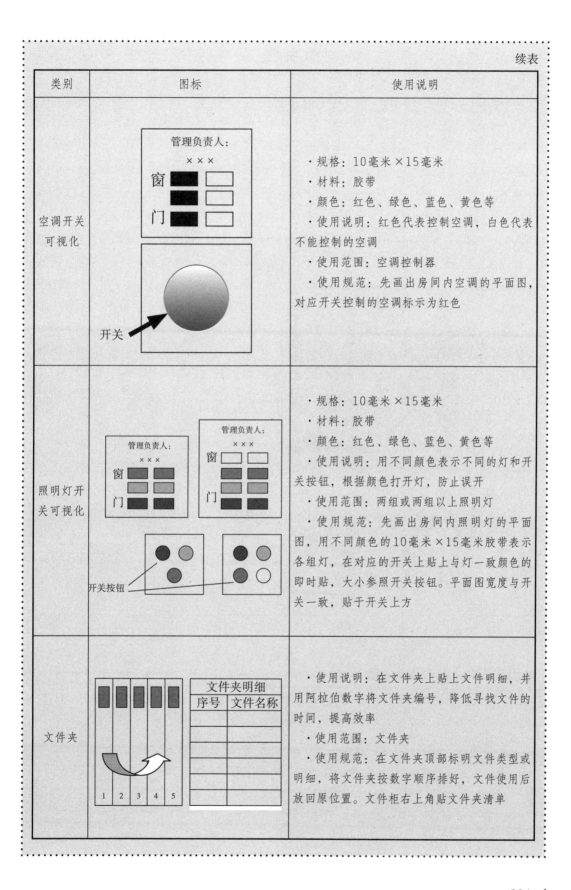	·规格：10毫米×15毫米 ·材料：胶带 ·颜色：红色、绿色、蓝色、黄色等 ·使用说明：红色代表控制空调，白色代表不能控制的空调 ·使用范围：空调控制器 ·使用规范：先画出房间内空调的平面图，对应开关控制的空调标示为红色
照明灯开 关可视化		·规格：10毫米×15毫米 ·材料：胶带 ·颜色：红色、绿色、蓝色、黄色等 ·使用说明：用不同颜色表示不同的灯和开关按钮，根据颜色打开灯，防止误开 ·使用范围：两组或两组以上照明灯 ·使用规范：先画出房间内照明灯的平面图，用不同颜色的10毫米×15毫米胶带表示各组灯，在对应的开关上贴上与灯一致颜色的即时贴，大小参照开关按钮。平面图宽度与开关一致，贴于开关上方
文件夹		·使用说明：在文件夹上贴上文件明细，并用阿拉伯数字将文件夹编号，降低寻找文件的时间，提高效率 ·使用范围：文件夹 ·使用规范：在文件夹顶部标明文件类型或明细，将文件夹按数字顺序排好，文件使用后放回原位置。文件柜右上角贴文件夹清单

续表

类别	图标	使用说明
图书	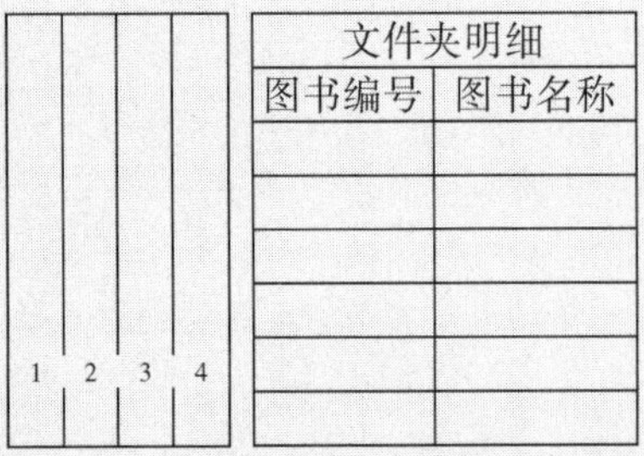 文件夹明细 图书编号　图书名称 1　2　3　4	·使用说明：在书上贴上文件编号标签，并用阿拉伯数字将图书编号，降低寻找图书的时间，提高效率，摆放图书时尽量同一层放置同样颜色和高度的书籍，不能统一地按照图书从高到低、从厚到薄排列放置 ·使用范围：书籍 ·使用规范：图书使用后放回原位置，文件柜右上角贴打印的图书清单
各类线缆	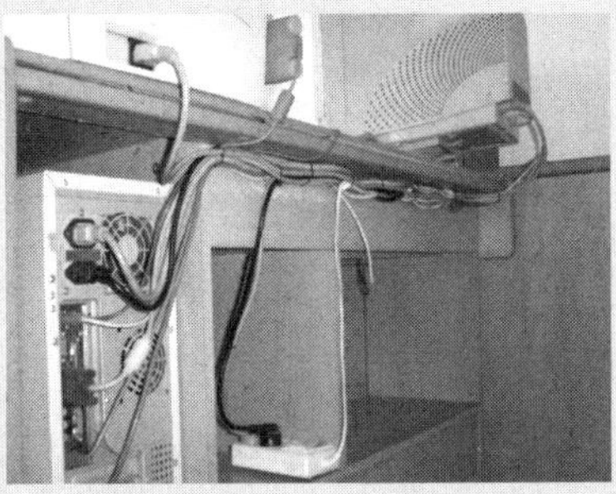	·使用说明：对于两种以上的走线，应使用塑胶束带将线束起来并整齐地走线 ·束线要求：单根线预留长度不超过15厘米，其他使用束线系起来
抽屉内物品定置	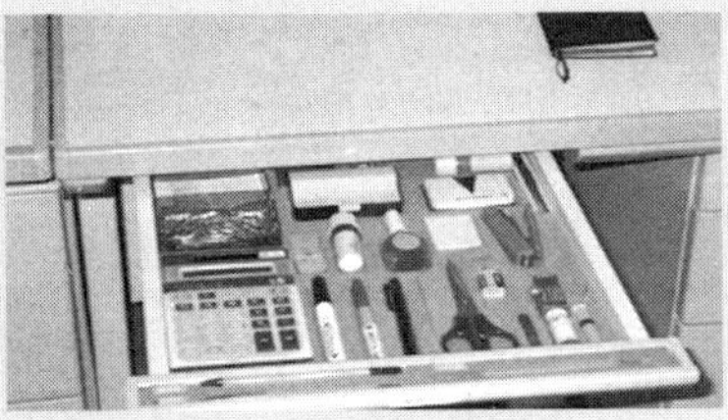	·使用范围：各办公桌的抽屉 ·使用规范：文具使用后放回原位置

【他山之石02】生产现场定置标准

生产现场定置标准

1.目的

为规范工厂生产现场的定置管理工作，使生产现场井然有序，特制定本标准。

2.适用范围

适用于生产现场的定置管理。

3.管理规定

3.1 通道标志

通道标志列表如下。

通道标志

类别	通道宽度	通道线			区域形成方式	转弯半径
		颜色	宽度	线型		
主通道	4～6米	黄色	10厘米	实线	以主大门中心线为轴线对称分布	400厘米
一般通道	2.8～4米	黄色	10厘米	实线	以通道最窄处中垂线为对称分布线	300厘米
人行道	1～2米	黄色	10厘米	实线		
道口、危险区	间隔等线宽	黄色	10厘米	斑马线		

3.2 区域划分

叉车、电瓶车等物流车辆，要划定停放区域线（线宽为5厘米的黄色实线区划），停放地应不妨碍交通和厂容观瞻。相关区域划分标志见下表。

相关区域划分标志

类别	区域线			标志牌	字体
	颜色	宽度	线型		
待检区	蓝色	5厘米	实线	蓝色	白色，黑体
待判区	白色	5厘米	实线	白色	黑色，黑体
良品区	绿色	5厘米	实线	绿色	白色，黑体
不良品区、返修区	黄色	5厘米	实线	黄色	白色，黑体
废品区	红色	5厘米	实线	红色	白色，黑体
工位器具定置点	黄色	5厘米	实线		
物品临时存放区	黄色	5厘米	虚线		"临时存放"字样

3.3 工位器具

3.3.1 工位器具按定置管理图的要求摆放，配备规格、数量符合要求。

3.3.2 塑料制品工位器具（如托盘等），颜色一律用蓝色；金属制品工位器具，颜色一律用灰白色。

3.4 工位上的物品

3.4.1 工位上的物品（工、刀、量、辅、模、夹具，计量仪器仪表）要定置摆放（用"形迹管理法"）并尽可能采用标志。

3.4.2 工具箱内的工、刀、量、辅具等物品定位放置（用"形迹管理法"），且只能放置与生产有关物品，箱门背面要有物品清单，清单一律贴在门的左上角。

3.4.3 工位上的各种图表、操作卡等文件规格统一，必须定置悬挂。

3.5 零件及制品

零件及在制品用规定的工位器具存放，并定量、定位整齐摆放，不落地，大型零件、总成按规定位置、标高、整齐摆放，达到过目知数。

3.6 库房

库房必须有定置管理图，有A、B、C重点管理清单，器具按零件配置并且定置摆放。零件及物品定箱、定量、定位存放，摆放整齐。

3.7 消防器具

现场消防器具按要求定点摆放，定期检查，保持清洁、状态完好（如可采用"防呆措施"等）。

3.8 垃圾存放与处理

3.8.1 生产现场划分：工业垃圾与生活垃圾。工业垃圾用黄色料箱（桶）摆放，生活垃圾用蓝色或红色料箱（桶）摆放。

3.8.2 厂区和办公区划分：不可回收和可回收。不可回收用黄色料箱（桶）摆放，可回收用绿色料箱（桶）摆放。

3.8.3 垃圾要分类、定点存放，定时清运，不得外溢和积压。

3.9 现场维修

现场维修时拆卸的零件要摆放整齐，完工后及时清理场地，达到工完料净，场地清，保持现场原貌。

3.10 标志牌

标志牌的要求如下表所示。

标志牌的要求

区域	标牌标准
生产线名称	（1）垂直于主通道吊设灯箱 （2）规格 120厘米×60厘米×20厘米 （3）版面内容 上半部为公司标志（字体：红色）和车间、班组代号（字体：黑体）；下半部为生产线名称（中、英文），红底白字（字体：黑体），双面显示；上、下部比例2∶3

续表

区域		标牌标准	
检验区	待检区	蓝色标示牌	（1）规格 30厘米×21厘米×1.5毫米 （2）版面 涂漆成相应颜色，落地放置，标志牌上字体一律用白色（待判区除外，用黑色） （3）字体 黑体
	待判区	白色标示牌	
	良品区	绿色标示牌	
	不良品区、返修区	黄色标示牌	
	废品区	红色标示牌	
工序（工位）标志牌			（1）规格 40厘米×18厘米 （2）材料 金属或塑料 （3）版面 蓝底白字，悬挂放置
设备状态标志牌			（1）规格 20厘米×15厘米 （2）材料 铝塑或泡沫 （3）版面内容 上半部为"设备状态标志"名称（蓝底白字），下半部为圆，直径13厘米，内容为正常运行（绿色）、停机保养（蓝色）、故障维修（红色）、停用设备（黄色）、封存设备（橙色），指针为铝质材料
消防器材目视板			（1）规格 30厘米×18厘米 （2）材料 铝塑或泡沫 （3）版面内容 上半部为公司标志、消防器材目视板、编号字样，下半部有型号、数量、责任人、检查人字样和14厘米×10厘米透明有机板
关键工序			（1）规格 40厘米×30厘米 （2）材料 铝塑或泡沫 （3）版面内容 上部为关键工序名称字样，中部为关键工序编号字样，下部为"关键工序"字样，黄底蓝字 （4）字体 黑体
警示牌	小心叉车（在通道拐弯处）、限高、禁止攀越等警示牌		（1）规格 60厘米×30厘米 （2）材料 金属或塑料 （3）版面 白底蓝字、蓝图案，悬挂放置
	出口、安全出口标志牌		（1）规格 60厘米×30厘米 （2）材料 白塑料板 （3）版面 白底绿字、绿图案，悬挂放置
	广角镜（广视镜）		在通道转弯处，悬吊不锈钢半球，球面半径为150厘米
穿戴劳保用品、防护用具等标志牌			（1）规格 30厘米×30厘米 （2）材料 铁板 （3）版面 白底蓝图案，悬挂放置

续表

区域	标牌标准
立柱标志	字符标高4米，四面涂刷，上部字母高30厘米，下面数字高30厘米，蓝色，字体黑体
办公室及库房标志	（1）规格　30厘米×8厘米 （2）材料　金属或铝塑 （3）版面　上部为公司标志和部门名称，下部为科室或库房名称，悬挂放置于门的右上侧

3.11　工作角

3.11.1　工作角构成。长方形桌规格：120厘米×60厘米×80厘米或180厘米×60厘米×80厘米；圆形凳（两连体或三连体）、工具柜、急救箱、目视板。

3.11.2　构成物颜色。长方形桌桌面铺绿色或灰白色橡胶板；工具柜、急救箱、目视板为灰白色；圆形凳为蓝色。

图解精益管理之目视化

10.1 什么是目视管理法

目视管理是指用直观的方法揭示管理状况和作业方法，让全体员工能够用眼睛看出工作的进展状况是否正常，并迅速地判断和做出对策的方法。

10.2 目视管理的要求

（1）无论谁都能判断好坏（或异常与否）。

（2）能迅速判断，精度高。

（3）判断结果不因人而异。

10.3 目视管理的三种水平

目视管理的三种水平，如图10-1所示。

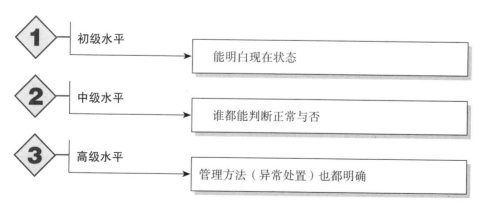

图 10-1　目视管理的三种水平

以下是以图示的形式来说明这三种水平，如表10-1所示。

表 10-1　目视管理三种水平图示

水准	目视管理内容	参考例（液体数量管理）
I	管理范围及现状明了	·通过安装透明管，液体数量一目了然 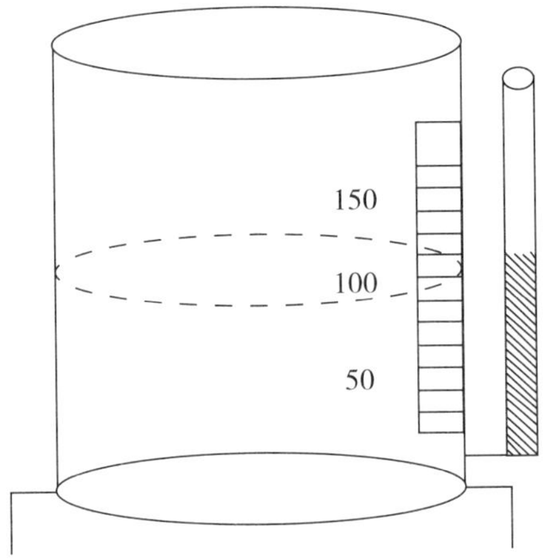 150 100 50
II	·管理范围及现状明了 ·管理范围及现在的状况一目了然	·明确上限、下限、投入范围、管理范围，现在正常与否一目了然 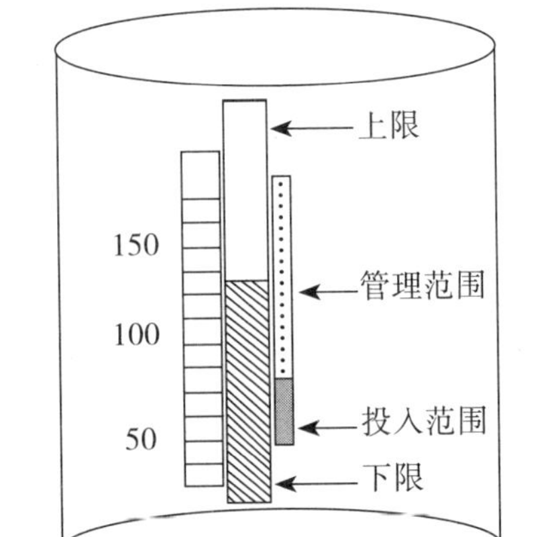 上限 管理范围 投入范围 下限 150 100 50

续表

水准	目视管理内容	参考例（液体数量管理）
Ⅲ	·管理范围及现状明了 ·管理范围及现在的状况一目了然 ·异常处置方法明确，异常管理装置化	·异常处置方法、点检方法、清扫方法明确，异常管理装置化

10.4　目视管理的主要工具

10.4.1　红牌

红牌，适宜于5S中的整理，是改善的基础起点，用来区分日常生产活动中非必需品，挂红牌的活动又称为红牌作战。

10.4.2　看板

看板用在5S的看板管理中，是使用物品放置场所等基本状况的表示板，表示物品的具体位置在哪里、数量多少、谁负责、谁来管理等重要的信息，让人一看就明白。它强调的是透明化、公开化，因为目视管理有一个先决条件，就是消除黑箱作业。

10.4.3　信号灯或者异常信号灯

在生产现场的管理人员必须随时知道作业员或机器是否在正常地运行，是否在正常作业。信号灯是工序内发生异常时，用于通知管理人员的工具。信号灯的种类如表10-2所示。

表10-2　信号灯的种类

序号	种类	具体说明
1	发音信号灯	适用于物料请求通知。当工序内物料用完时，或者该工序的信号灯亮时，扩音器马上会通知搬送人员及时地供应物料，几乎所有的工厂主管都知道，必须让信号灯随时亮，信号灯也是看板管理中的一个重要项目
2	异常信号灯	（1）用于产品质量不良及作业异常等异常发生场合，通常安装在大型工厂的较长的生产、装配流水线 （2）一般设置红或黄这样两种信号灯，由员工来控制。当发生零部件用完、出现不良产品及机器故障等异常时，员工马上按下红灯的按钮，红灯一亮，生产管理人员和厂长都要停下手中的工作，马上前往现场，予以调查处理，异常被排除以后，管理人员就可以把这个信号灯关掉，然后继续维持作业和生产
3	运转指示灯	显示设备状态的运转、机器开动、转换或停止的状况。设备停止时还显示它的停止原因
4	进度灯	它是比较常见的，安在组装生产线，在手动或半自动生产线，它的每一道工序间隔大概是1～2分钟，用于组装节拍的控制，以保证产量。但是节拍时间间隔有几分钟的长度时，它用于显示作业进度。就作业员本身，可以把握自己的进度，防止作业的迟缓
5	警示灯	警示灯就是用灯光色彩表示某种状态的发光器具，常用的有信号灯、指示灯、报警灯等，主要用途是将现场的异常情况通知给管理者或监视人员。警示灯通常用不同颜色的灯光表示特定的意思 （1）红灯　表示情况危急或停止状态 （2）绿灯　表示情况允许或正常稳态 （3）黄灯　表示有异常情况，需要引起注意或尽快采取措施 （4）白灯　一般表示检验状态，较少用 （5）蓝灯　表示特殊控制状态，一般专门使用 （6）灯灭　表示警示系统停止工作或故障

10.4.4　操作流程图

操作流程图是描述工序重点和作业顺序的简明指示书，也称为步骤图，用于指导生产作业。在一般的车间内，特别是工序比较复杂的车间，在看板管理上一定要有操作流程图。原材料进来后，第一个流程可能是签收，第二个工序可能是点数，第三个工序可能是转换，或者转制，这就叫操作流程图。

10.4.5 反面教材

反面教材是结合现物和柏拉图的表示，让现场的作业人员明白知道该操作的不良现象及后果。一般是放在人多的显著位置，让人一看就明白，提示作业人员这些操作不能使用，或不能违规操作。

10.4.6 提醒板

提醒板主要用于防止遗漏。健忘是人的本性，不可能杜绝，只有通过一些自主管理的方法来最大限度地减少遗漏或遗忘。比如有的车间内的进出口处，有一块看板，上面写着：今天有多少产品要在何时送到何处，或者什么产品一定要在何时生产完毕，下午两点钟有一个什么检查，或是哪些领导来视察。这些都统称为提醒板。一般来说，提醒板用纵轴表示时间，横轴表示日期，纵轴的时间间隔通常为1小时，一天用8小时来区分，每一小时就是一个时间段，记录正常、不良或者是次品的情况，让作业者自己记录。

10.4.7 区域线

区域线就是对半成品放置的场所或通道等区域，画出线条示意这是哪一个区域，主要用于整理与整顿工作中。

10.4.8 警示线

黄色的警示线通常用来表示某种特定区域或提示该处所异常、有危险，要求工作人员要提高警惕，要谨慎作业。

（1）生产运作警示区　表示该区域不能擅自进入。

（2）物料放置区域界限　提醒工作人员摆放物品时不要越界。

（3）安全警示线　提示进入该区域的工作人员要特别注意安全。

10.4.9 红色禁止

红色通常用来表示禁止，即工作人员的活动、行为或生产中的某种状态等到此为止，不能再继续下去了。常用的表示类别有以下几种。

（1）不符合要求的任何物品或状态。

（2）最大（小）极限标志，如高度、重量、长度等极限量。

（3）封锁或禁止使用的区域、物品。

（4）被隔离的区域。

（5）存在危险的区域。

10.4.10 告示板

告示板是一种及时管理的道具，也就是公告，或是登录一种让大家都知道的消息。比方说今天下午两点钟开会，告示板就是书写这些内容。

10.4.11 生产管理板

生产管理板是揭示生产线的生产状况、进度的表示板，记录生产实际、设备开动率、异常原因（停线、故障）等信息，用于看板管理。现场按照产生质量问题的原因以及发生频数，可以做成不良品柏拉图。如果数据过多，现场人员不能立即了解，也可以使用现有的不良品，展示不良品柏拉图。

下面是某企业的车间目视管理规定和目视管理标准，仅供读者参考。

【他山之石01】车间目视管理规定

车间目视管理规定

1.目的

为方便生产车间的管理，使管理人员和服务人员通过眼睛可观察车间操作人员的需求与状况，并及时进行处理和留意，同时让车间的所有人员通过直观的目视了解车间、组别的管理要求及生产目标和状态，特制定本规定。

2.适用范围

本规定适用于生产现场的目视管理。

3.职责

3.1 行政部：负责制作车间目视管理卡、标识等，制定相应的管理规定并监督其执行。

3.2 生产部门：负责现场目视管理规定的应用，迅速快捷传递信息。

4.管理规定

4.1 规章制度与工作标准的公开化

4.1.1 为了维护统一的组织和严格的纪律，实现安全生产和文明生产，凡是与现场工人密切相关的规章制度、标准、定额等，都需要在车间公告栏上公布于众。

4.1.2 与岗位操作人员直接有关的，应分别定位展示在岗位上，如操作程序图、工艺卡片等，需在车位的固定位置上设置，并要始终保持完整、正确和洁净。

4.2 生产任务与完成情况的表格化

凡是需要大家共同完成的任务都应公布于众，计划指标列表张贴在宣传板上；实际完成情况也要相应地按期公布，让大家看出各项计划指标完成中出现的问题和发展的趋

势，以促使集体和个人都能按质、按量、按期地完成各自的任务。

4.3　物品定置管理，实现视觉显示信息的标准化

在定置管理中，为了消除物品混放和误置，必须有完善而准确的信息显示，包括标识线、标识牌。采用清晰的、标准化的信息显示符号，将生产各工序物品放置区域、消防通道运用标准颜色或固定标识予以区分。如待检产品区、合格产品放置区、不合格产品放置区、分线区等。

4.4　生产作业现场控制手段的形象直观与使用方便化

4.4.1　各生产小组配备目视管理牌，分为红、绿、黄、蓝牌，在生产现场设立方便实用的信息传导信号。

4.4.2　具体目视管理牌使用分类和规定如下。

（1）红牌　指机器设备出现故障，需维修。

（2）绿牌　指岗位缺料，需补充原料。

（3）黄牌　指岗位操作人员曾多次出现工作质量问题，需重点关注。

（4）蓝牌　指因事（上洗手间等）暂时离开工作岗位。

4.4.3　目视管理牌各车间、各组根据实际的需要到行政部进行申领。原则上每组每种色各配置2张，合计8张，由各组收发员负责保管、日常收发、更换。

4.4.4　各车间的一线生产人员有上述（4.4.2条）规定的情况时使用；黄牌由各组别管理人员使用。

4.4.5　对于不按上述规定使用的人员，将根据《公司奖惩规定》予以处理。

4.5　车间员工着装的统一化

车间员工着装统一，为了便于识别，以领子的颜色来区分各工种，具体按《公司工服管理规定》。

（1）红领　代表生产部门经理、计划人员、车间主管、指导工、助理指导工、组长等管理人员。

（2）黄领　代表公司质量控制（QC）人员。

（3）蓝领　代表机修、维修、电工人员。

（4）白领　代表生产系统普通员工。

4.6　生产车间目视管理运用的执行规定

4.6.1　生产车间的主管负责车间现场目视管理具体应用的推行和监督工作。根据本规定具体内容的要求在本车间各组推行目视管理，方便车间日常的生产管理工作。

4.6.2　生产车间的主管负有车间目视管理实施的监督责任，以保证车间目视管理的持续实施，并有责任对不按规定执行的人员进行处理。

4.6.3 车间现场目视管理的具体应用由生产部经理负责，不仅负责具体部门推行的规划工作，同时安排部门具体的落实、实施、监督和异常的处理，以保证本规定的正常、逐步地推行。

4.6.4 行政部负责监督生产部门车间现场目视管理的具体推行的进展和落实状况，不定期进行检查和处理，对于不按规定执行的人员，将根据《公司奖惩规定》予以处理。

【他山之石02】××公司目视管理标准

××公司目视管理标准

一、保护指令性标识

目的	在必须穿戴保护用品的地方悬挂相应的指令性标牌，提示使用保护性用具，防止发生意外
对象	有化学用品、有毒物品的地点，有放射源、有危险作业的地点等危险场所
标准	（1）制作长方形标识牌，明确保护性指令内容及图案（如下图所示） （2）在必须穿着或设置保护用品的地方悬挂相应的指令性标牌 （3）指令性标牌应悬挂在显眼的地方 （4）规格：300毫米×250毫米 （5）材料：PVC或铝材，单面蓝色印刷（具体要求参照国家标准） （6）保护指令事项包括下列各类，各单位根据具体需求选用：必须戴安全帽、必须穿防护鞋、必须戴防尘口罩、必须戴防毒面具、必须戴防护帽、必须戴防护眼镜、必须系安全带
效果展示	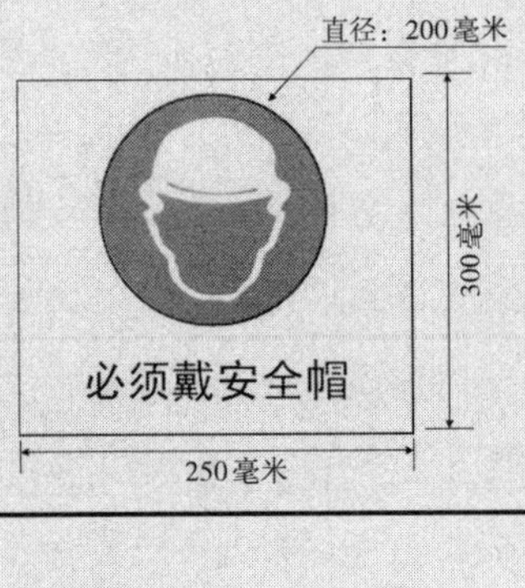

二、警示性标识

目的	为确保安全，在特殊的地方悬挂警示性标识牌，杜绝不安全行为的发生
对象	存在危险隐患、需要绝对禁止某种行为的地方
标准	（1）制作长方形标识牌，明确警示性指令内容及图案（如下图所示） （2）指令性标牌应悬挂在显眼的地方 （3）规格：300毫米×250毫米 （4）材料：PVC或铝材，底色颜色为黄色，边框为黑色三角形 （5）警示事项包括下列各类，各单位根据具体需求选用：注意安全、当心坠落、当心高湿表面、当心超压、当心触电、当心铁屑伤人、当心吊物、当心机械伤人、当心坑洞、当心落水、当心落物、当心碰头、当心烫伤
效果展示	

三、禁止性标识

目的	为确保安全，在特殊的地方悬挂禁止性标识牌，杜绝不安全行为的发生
对象	存在危险隐患、需要绝对禁止某种行为的地方
标准	（1）制作长方形标识牌，明确警示性指令内容及图案 （2）指令性标牌应悬挂在显眼的地方 （3）规格：300毫米×250毫米 （4）材料：PVC或铝材，单面印刷，外围（边框）和斜杠为红色，底色为白色，外围线宽20毫米 （5）详细禁止事项包括下列各类，各单位根据具体需求选用：严禁烟火、限速行驶、修理时禁止转动、未经许可闲人莫入、禁止摄影、禁止酒后上岗、禁止戴手套
效果展示	

四、安全隔离的设置方法

目的	存在危险的设备或地方设置安全防护围栏，提供检查通道和平台，保护人身安全
对象	特殊设备的底下入口、生产线的附近、登高平台、坑洞周围
标准	（1）根据区域或设备情况设置合适规格的安全防护围栏 （2）围栏材料：25毫米或30毫米的圆钢管 （3）围栏颜色：黄色或黄黑老虎线色 （4）围栏高度：当平台、通道及作业场所距基准面高度<2米时，防护栏杆高度应不小于900毫米；在距基准面高度≥2米并小于20米的平台、通道及作业场所的防护栏高度应不低于1050毫米；在距基准面高度不小于20米的平台、通道及作业场所的防护栏高度应不低于1200毫米 （5）具体围栏包括：平台防护栏、坑口防护栏杆、高压区域禁入隔栏
效果展示	 平台防护栏　坑口防护栏杆　高压区域禁入隔栏

五、立柱防撞警示标识

目的	通过画黄黑老虎线，起警告、警示作用
对象	易碰撞处，如：门两侧、柱子等
标准	（1）黄黑老虎线总长、总宽以实际突起物的长宽为参考尺寸确定 （2）黄黑老虎线起落走向由左至右，倾斜角度45度，线宽120毫米 （3）黄黑老虎线的黄黑条纹要对应，不能交错 （4）如柱子或门处于交通要道且容易被车辆碰撞，可用铁皮将柱子或门角包住
效果展示	 方形钢柱子　方形混凝土柱子

六、坑洞口警示标识

目的	通过画黄黑老虎线，起警告、警示作用
对象	有坑洞处，如：设备基坑坑口、锅炉上料出渣坑口、强酸强碱池坑口、糟液池坑口
标准	（1）方形坑口黄黑老虎线起落走向由左至右，倾斜角度45度，线宽100毫米，圆形坑口黄黑老虎线根据坑口大小等分，线宽＝外径－内径＝100毫米 （2）黄黑老虎线的黄黑条纹要对应，不能交错
效果展示	 方形坑口老虎线　　　圆形坑口老虎线

七、厂区道路路沿的标示

目的	在道路边沿标示，提示路面障碍及宽度，防止车辆靠近损坏路沿，保护基础设施完好
对象	厂区主干道或辅助道路两侧的路沿
标准	（1）有标准石头路沿的情况 ①间隔一块石头路沿刷黄色油漆（普通反光油漆） ②间隔一块石头路沿刷黑色油漆（普通反光油漆） （2）无标准石头路沿的情况 ①间隔500毫米刷黄色油漆（普通反光油漆） ②间隔500毫米刷黑色油漆（普通反光油漆）
效果展示	

八、厂区道路的画线方法

目的	通过对厂区道路油漆（热熔涂料）作业，区分行进方向，改善厂区交通状况
对象	宽度大于双向车道的厂区道路
标准	（1）按照公路施工标准，对厂区内道路进行油漆作业 （2）道路两边颜色为白色，路中间为黄色 （3）线宽100毫米或200毫米 （详细标准参照 GB 5768.3—2009《道路交通标志和标线》相关内容）
效果展示	

九、厂区、车间注意事项的标示方法

目的	提示访客进入车间应遵循的基本要求
对象	车间、厂区或办公楼等工作区域
标准	（1）制作各种提示牌若干，数量由厂区、车间内需注意事项的多少决定 （2）参考规格：250毫米×300毫米 （3）板材：亚克力 （4）悬挂位置：以人员观看视角为准，位置在水平视角略上
效果展示	

十、通道及通道线的颜色管理

目的	对生产作业区画上通道线，表明用于运送物或行人的通道，在通道上不可停留或存放任何物品
对象	车间、仓库内的作业通道及参观通道
标准	（1）规划通道线的颜色，黄色通道路面有颜色要求时，用艳绿色 （2）材料：用黄色油漆、黄色胶带或瓷砖 （3）通道线颜色宽度 ①主通道：10厘米 ②次通道：5～7厘米 （4）通道的其他要求 ①尽量避免弯角，考虑搬运物品的方式采取最短距离 ②通道的交叉处尽量使用直角 ③通道左右视线不佳的地方，交叉处尽量予以避免 ④在通道上不可停留或存放任何物品 ⑤要时常保持通道地面干净，有油污时应立即清除 ⑥根据通道需要，可画设指向箭头，箭头颜色为黄色，并可在箭头前方辅以文字说明 ⑦安全出口必须通畅，不可堵塞，并且要有"安全出口"标示
效果展示	

十一、区域线、定位线的颜色管理

目的	对生产现场实行颜色管理，使其规范化
对象	生产车间、仓库内的所有场所

标准	（1）按管理要求在相应的地方刷上不同颜色的油漆 （2）现场线条、颜色标准				

序号	项目	宽度规格/毫米	基准颜色	操作方法
1	车间、仓库主通道线	100	黄色	车间地面刷油漆，办公室地面贴胶带，如果车间地面为环氧树脂地面则贴胶带 （1）地面上沿直线贴透明胶带，两胶带间距参照宽度规格，在胶带间隔区内刷油漆，油漆干后去除胶带 （2）沿直线贴透明胶带，胶带间距参照宽度规格即可
2	室内一般通道线	50	黄	
3	仓库区域线	50	黄	
4	辅助通道线	50	黄	
5	可移动物定位线	50	黄	
6	小物品定位线	50	黄	
7	闲置物定位线	50	黄	
8	原材料	50	黄	
9	合格品（含半成品）	50	黄	
10	办公室物品定位线	10	黄	
11	桌面物品定位线	10	黄	
12	不合格品	50	大红	
13	危险化学品	50	大红	
14	警示告示	50	黄黑老虎线	采用油漆和贴胶带两种方式，办公室和环氧树脂地面的车间用胶带，其他用油漆 黄黑老虎线刷油漆方法：先涂黄色油漆，表面间隔50毫米贴胶带，然后再刷黑色油漆，角度为45度
15	坑道坑口	100	黄黑老虎线	
16	安全通道		艳绿色	

效果展示	

十二、区域线、定位线的绘制方法

目的	让所有人员熟悉物品摆放的区域线体颜色、规格，使现场物品类别清晰
对象	所有物品
标准	（1）一般物品的摆放区域使用黄色区域线，单件放置的采用四角定位框，多件批量放置的采用虚线定位框，线宽50毫米 （2）不合格品、化学品、危险品采用红色实线定位框，线宽50毫米 （3）各区域线框的大小视摆放物品的大小或多少而定，物品摆放的位置与区域线的距离为：30毫米≤距离≤400毫米
效果展示	

十三、物品定位标识颜色管理

目的	充分利用可视化管理，使物品状态达到"一目了然"，取用方便快捷，预防事故及差错发生，提高工作效率
对象	工厂内所有物品
标准	（1）标识牌涂刷成深蓝色，字采用白色 （2）定位框线上标识，采用白底黑字 （3）各区域线框的大小视摆放物品的大小或多少而定，物品摆放的位置与区域线的距离为：30毫米≤距离≤400毫米
效果展示	

十四、电器箱及柜的标识

目的	明确责任人及日常管理规定，防止因长期不检修而造成事故，或因不及时关闭而造成浪费
对象	工作场所所有电器箱及柜
标准	（1）确定责任人，标明管理办法 （2）参考规格：100毫米×60毫米 （3）制作标识并塑封 （4）将制作完毕的标识用双面胶或海绵胶附着在电器箱及柜上部的中间部位
效果展示	各单位根据各自情况，可考虑是否采用照片 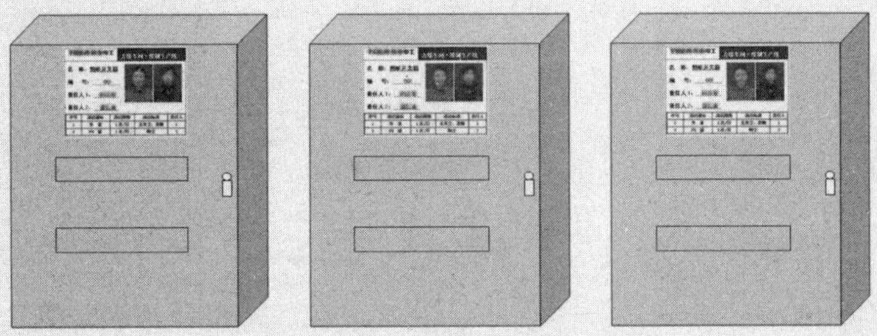

十五、工具箱的标识方法

目的	通过贴标识，使工具箱责任人、内部物品及管理办法目视化，便于工具箱的日常管理
对象	工作现场所有工具箱
标准	（1）确定责任人，标明管理办法 （2）工具箱内部分层、分格，明确所放物品 （3）参考规格：120毫米×90毫米 （4）制作标识并塑封 （5）将制作完毕的标识用双面胶或海绵胶附着在工具箱的左上角或右上角中间部位（10毫米×10毫米，距角边定位张贴，如下图所示）
效果展示	图样（各单位根据各自情况，可考虑是否采用照片） 

续表

效果展示	┌─────────────────────────────┐ │ ××公司　　　机电车间·工具箱 │ │ 管理图结构　　　　　管理责任人 │ │ 第一层：工艺资料、量具 │ │ 第二层：工具及其他工作有关用具 │ │ 管理规定　　　　　　┌────┐ │ │ ·工具箱内外要保持清洁，清扫周│ │ 　期1次/天　　　　　│ 照片 │ │ │ ·工具箱内物品归类放置整齐│ │ ·工具箱外观完好无损　└────┘ │ │ ·工具箱标识明确　　责任人：××× │ └─────────────────────────────┘

十六、设备管理的标识方法

目的	通过贴标识，使设备责任人及日常管理规定目视化
对象	工作现场所有主要设备
标准	（1）确定设备编号、责任人、监督人（监督人即上级检查人），标明管理办法 （2）制作管理规定标识并塑封 （3）参考规格：120毫米×90毫米 （4）将制作完毕的标识用双面胶或海绵胶附着在设备醒目位置
效果展示	各单位根据各自情况，可考虑是否采用照片 ┌─────────────────────────────┐ │ ××公司　　酒精车间　设备管理标识 │ │ 空气压缩机（编号：A01-×××） │ │ 管理规定　　　　　　┌────┐ │ │ ·每班工作后擦拭一次（外表、│ │ 　加油部位和电源线），要求露│ 照片 │ │ │ 　出本色　　　　　　└────┘ │ │ 　　　　　　　　　责任人：××× │ │ ·每日检查油路、气路，定期加│ │ 　油和保养，按规定更换滤油│ 照片 │ │ │ 　　　　　　　　　责任人：××× │ └─────────────────────────────┘

十七、管道颜色标识方法

目的	管道内流体可视化，可预知管道危险性，预防事故发生，提高管道维护的效率
对象	公司所有管道，包括气体和液体管道
标准	（1）根据管道的类别，用油漆涂刷成相应颜色 （2）如管道已油漆，在管道显眼部位以颜色环的方式代替整体油漆，并加以箭头、管道内介质说明，箭头标于介质说明前、表明介质流向 （3）材料：普通油漆或防锈油漆
效果展示	

管道颜色标准

项目	颜色名称	项目	颜色名称
地下水、冷却水、纯净水管道	绿色	柴油供油管道	黄色
消防水管	红色	氢气管道	粉红色
料管（淀粉乳、酒精、酒精糟液）	黄色	电力、照明、通信、信号等	白色
蒸汽管	乳白色	氮气管道	棕色
废水、污水管	黑色	干燥空气、真空管道	白色
压缩空气管道	天蓝色	风管	铝色
烟道	黑色	二氧化碳管道	银灰色
强酸、碱液管	深灰色	其他管道	参照国家标准

十八、设备设施颜色标识方法

目的	规范工厂设备设施的基本色，使工厂形象整体划一
对象	公司内设备设施
标准	（1）根据设备的类别，用油漆涂刷成相应颜色 （2）材料：普通油漆或防锈油漆 （3）具体颜色，参见附表《设备设施颜色标准》
效果 展示	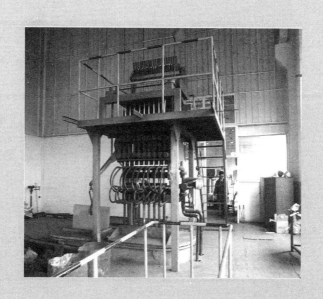

附：设备设施颜色标准

项目	颜色名称	项目	颜色名称
锅炉本体	银灰色	暖器	银灰色
配电柜	浅黄色	空压机、压力容器	灰色
变压器	浅蓝色	纯水阴床、阳床过滤器	深绿色
消防设备	红色	设备支架	浅蓝色
消防器材	红色	隔栏	黄色
水泵及电机	绿色	安全围栏、扶手	黄黑老虎线

十九、厂房建筑物颜色标识方法

目的	规范工厂厂房、墙壁、地面的基本色，使工厂形象整体划一
对象	公司内厂房建筑物
标准	（1）按照建筑规范要求，统一规划设计，厂房、建筑物内外涂刷成相应的颜色 （2）材料：建筑涂料、瓷砖或油漆 （3）具体颜色，可根据实际情况参考选用
效果展示	

厂房建筑物颜色标准

项目	颜色名称	项目	颜色名称
厂房围墙	米黄色	厂房踢脚线	白色
围墙栅栏	黑色	内墙	白色
厂房内墙	乳白色	楼梯扶手	白色
厂房外墙	米黄色	门	浅青绿
厂房通道（地面）	绿色	踢脚线	淡绿色
厂房分隔线	白色	楼梯踢脚线	淡绿色
厂房墙裙	白色	楼梯地面	淡绿色

二十、管道流向标识方法

目的	使排管的流体、方向、压力等可视化，提高管道维护的效率
对象	公司所有管道，包括气体和液体管道
标准	（1）制作防水不干胶标签，标签上箭头的颜色为液体的标准色样 （2）箭头颜色分为黄色和红色，黄色张贴在消防管道上，红色张贴在其他管道上 （3）规格：150毫米×25毫米 （4）依据管道大小选择使用 （5）箭头前方字样表示管道内的流体，制作防水不干胶标识，字体使用宋体80号
效果展示	

二十一、配电柜、消防设施警示线

目的	画线区域内为重要安全设施，禁止堆放物品
对象	配电柜、消火栓、灭火器
标准	（1）配电柜、消火栓等区域线使用老虎线绘制，线宽100毫米 （2）各区域线的大小以摆放物品大小而定，物品摆放与区域线距离为：30毫米＜距离＜50毫米
效果展示	

二十二、凸起物警示线

目的	对可能造成安全事故的凸起物、墙上配电盒进行警示
对象	墙上配电盒、凸起物
标准	（1）对于墙上固定的凸出配电盒，可在配电柜两端绘制老虎线，线宽100毫米 （2）对于车间内地面或墙上的凸起物，可在周围绘制老虎线：30毫米≤距离≤50毫米
效果展示	

二十三、对于工字柱的警示方法

目的	对不靠墙的柱子进行警示
对象	危险部位
标准	（1）危险部位、危险区域用老虎线来标明 （2）工字柱上黄黑老虎线间隔150毫米 （3）老虎线可以45度倾斜，也可以与柱子垂直
效果展示	

二十四、圆形柱子警示标识

目的	对不靠墙的柱子进行警示
对象	危险部位
标准	（1）危险部位、危险区域用老虎线来标明 （2）柱子上黄黑老虎线间隔150毫米 （3）老虎线与柱子垂直
效果展示	

二十五、爬梯警示线标识

目的	爬梯处进行危险警示
对象	爬梯
标准	扶梯上刷老虎线，使得老虎线在横向爬梯上交错，距离间隔30毫米左右
效果展示	

二十六、车间建筑物护栏

目的	防止建筑物被撞击，并保持表面清洁
对象	现场与通道相邻的建筑物
标准	（1）材料：立柱选用10毫米×10毫米×10毫米钢材，护栏选用直径为6厘米的管材 （2）立柱为黄色，护栏为黄黑老虎线，间隔25厘米 （3）间距：护栏与建筑物之间留有4厘米的间距
效果展示	

二十七、平推门轨迹警示线

目的	左右平推门以开门轨迹老虎线警示，防止开闭门时发生危险
对象	经常开闭的左右平推门，自动门除外
标准	（1）黄黑老虎线宽200毫米，从门外沿向外延伸 （2）黄黑线倾角为45度 （3）黄黑条纹宽度为100毫米
效果展示	

二十八、一般物品定位线

目的	让所有人员熟悉物品摆放的区域线体颜色、规格，使现场物品类别清晰
对象	一般物品的摆放
标准	（1）一般物品区域使用黄色区域线，线宽50毫米 （2）可移动物品使用方框定位，不可移动物品采用四角定位，如车床、工作台 （3）各区域线的大小视摆放物品大小而定，物品摆放与区域线距离为：30毫米≤距离≤50毫米 （4）区域线四角可以为直角过渡
效果展示	

二十九、特殊物品定位线

目的	让所有人员熟悉物品摆放的区域线体颜色、规格，使现场物品类别清晰
对象	废品、危险品、清洁用品
标准	（1）生产中的废品、化学品、危险品的摆放使用红色区域线，线宽50毫米 （2）卫生用品存放区域线使用白色线，线宽50毫米 （3）各区域线的大小视摆放物品大小而定，物品摆放与区域线距离为：30毫米≤距离≤50毫米 （4）区域线四角可以为直角过渡
效果展示	

三十、运料车辆定位线

目的	让所有人员熟悉车辆的区域线体颜色、规格
对象	运料小车
标准	（1）四周边框按一般区域线的画制原则来画，小车出入端需画箭头表示方向，箭头长150毫米，宽100毫米 （2）区域线四角可以为直角过渡
效果展示	

三十一、开门线的绘制标准

目的	通过标识转轴门开时的转动轨迹，以保证门开关顺畅，明确门开关的范围
对象	办公室、仓库、车间、各控制室的转轴门
标准	（1）以门口的门轴为中心画半圆，半径为一扇门的宽度 （2）半圆的边为虚线 （3）虚线的实体线为100毫米×50毫米，每段间隙为50毫米 （4）虚线的颜色为黄色
效果展示	

三十二、物料进出方向标识

目的	标明物料加工状态及进出方向
对象	所有放置托盘或成批物料的定位区
标准	（1）物料为未加工状态，画进料箭头，并标明"进料" （2）物料为已加工状态，画出料箭头，并标明"出料" （3）箭头：长150毫米，宽100毫米；颜色：黄色 （4）"进料""出料"字体高度为100毫米
效果展示	

三十三、消火栓标识方法

目的	通过贴标识、目视化消火栓责任人、使用方法及消防设施点检项目，便于日常管理
对象	工作现场所有消火栓
标准	（1）确定责任人 （2）标明管理办法 （3）将使用方法标识塑封，规格：300毫米×150毫米 （4）内部每个消防栓都挂有点检卡标明点检项目、点检要求，背面附有异常记录表，规格：90毫米×150毫米 （5）将制作完毕的标识用双面胶或海绵胶附着在消火栓玻璃面板上
效果展示	

三十四、消防疏散图标识方法

目的	提醒员工牢记安全逃生路线，以免发生火灾或紧急情况时产生混乱而造成不必要的损失
对象	一般通道，主要出入门
标准	（1）制作消防紧急疏散平面图，可以统一印刷 （2）张贴在一般通道和主要出入门口显眼的地方 （3）规格：由部门统一制定 （4）消防疏散图要标明现在所处的位置和疏散出口的箭头
效果展示	

三十五、电器控制开关标识方法

目的	通过贴标识，确定开关控制什么电器（如电扇、灯、设备等）
对象	工作现场所有小电器盒
标准	电器盒内控制开关标识 （1）确定各标识控制什么 （2）量好开关区域大小，根据区域确定标识大小，将标识塑封 （3）将制作完毕的标识用双面胶或海绵胶附着在控制开关下方 （4）必要时增加平面控制区域图
效果展示	

三十六、车间主要门标识方法

目的	便于定位，方便查找
对象	厂房主门及侧门
标准	（1）在各建筑物的入口处张贴标识，编码规则由所在厂房名称和入口在该厂房顺序号组成，如A-01、B-02等 （2）规格：宋体，字高400毫米，白底红圈红字 （3）将制作完毕的标识悬挂（张贴）在厂房各入口的上方
效果展示	

三十七、车间平面布局图标识方法

目的	通过平面布局图，使车间平面布局目视化
对象	所有车间
标准	（1）确定好各车间平面布局 （2）制作好看板，参考规格：200毫米×120毫米 （3）将制作完毕的平面布局图看板放置于车间大门适当位置
效果展示	

三十八、加工区域牌标识

目的	通过标识牌，使区域规划目视化
对象	加工区、生产线体等
标准	（1）左上角为公司LOGO （2）LOGO右侧为公司方针、使命 （3）配色、字体根据公司形象设计方案采用 （4）参考规格：60毫米×50毫米 （5）将制作好的标识牌悬挂于加工区域、生产线上方的醒目位置
效果展示	

三十九、危险化学品标识

目的	让所有员工都能熟悉掌握危险化学品警示标识的制作规格，使危险化学品的警示标准化
对象	所有危险化学品区域
标准	（1）标识名称：危险化学品警示标识 （2）标识颜色规格：同A4复印纸规格大小 ①主体背景颜色：白色 ②文字颜色及规格：标识主体图案为危险化学品警示图案，图案正下方为警示标语，再下方标明责任人及监督人。警示标语如"危险化学品""酒精属易燃品"为红色85号宋体字，图案为危险化学品警示图案；"责任人、监督人"字体为黑色50号字
效果展示	

第11章

图解精益管理之看板管理

11.1 什么是看板管理

看板管理是将希望管理的项目（信息）通过各类管理板揭示出来，使管理状况众人皆知的管理方法。如：在流水线头的显示屏上，随时显示生产信息（计划台数、实际生产台数、差异数），使各级管理者随时都能掌握生产状况。

11.2 看板的形式

在生产管理中使用的看板形式很多，常见的有塑料夹内装着的卡片或类似的标志牌，运送零件小车、工位器具或存件箱上的标签，指示部件吊运场所的标签，流水生产线上标着各种颜色的小球或信号灯、电视图像等。

11.3 不同管理层次使用的管理看板

不同管理层次使用的管理看板不同，如表11-1所示。

表 11-1 不同管理层次使用的管理看板

区分	公司管理看板	部门车间管理看板	班组管理看板
责任主管	高层领导	中层管理干部	基层班组长
常用形式	·各种ERP系统 ·大型标语、镜框、匾、现况板	标语、现况板、移动看板、图表、电子屏	现况板、移动看板、活动日志、活动板、图表
项目内容	·企业愿景或口号 ·企业经营方针或战略 ·质量和环境方针 ·核心目标指标 ·目标分解体系图 ·部门竞赛评比 ·企业名人榜 ·企业成长历史 ·员工才艺表演 ·总经理日程表 ·生产销售计划	·部门车间口号 ·公司分解目标指标 ·费用分解体系图 ·PQCDSM月别指标 ·改善提案活性化 ·班组评比 ·目标考核管理 ·部门优秀员工 ·进度管理广告牌 ·部门生产计划 ·部门日程表	·区域分摊图或清扫责任表 ·小组活动现况板 ·设备日常检查表 ·定期更换板 ·工艺条件确认表 ·作业指导书或基准 ·个人目标考核管理 ·个人生产计划 ·物品状况表

11.4 不同管理内容的管理看板

管理广告牌是将希望管理的项目（信息）通过各类管理板揭示出来，使管理状况众人皆知。不同管理内容的管理看板不同，如表11-2所示。

表11-2　不同管理内容的管理看板

序号	管理项目	看板	使用目的
1	工序管理	进度管理板	显示是否遵守计划进程
		工作安排管理板（作业管理板）	在各个时间段显示哪台设备由何人操作及工作顺序
		负荷管理板	一目了然地表示出哪些部分的负荷情况如何
		进货时间管理板	明确进货时间
2	现货管理	仓库告示板	按不同品种和放置场所分别表示
		库存显示板	不同型号、数量的显示
		使用中显示板	明确区分使用状态
		长期在库显示板	明确是哪种物品，明确标示是长期库存
3	作业管理	考勤管理板	每个人对全员状况一目了然，以相互调整维持各人所具有能力的平衡
		作业顺序板	在推动作业基础上明确标示必要的顺序、作业要点，以确保质量安全等
		人员配置板	各岗位的人员配置情况显示
		治具交换管理板	在各机器上标示下次治具交换的预定时间
4	设备管理	动力配置图	明确显示动力的配置状态部分
		设备保全日历	明确设备的计划保全日期安排
		使用中显示板	记录下异常，将故障内容制作成一览表
5	质量管理	管理项目管理基准显示板	将由作业标准转记的管理项目、管理标准显示面板贴在醒目的位置
		故障管理板	发生故障时的联络方法及故障的暂时处理规定
		不良揭示板	不良再次发生及重大不良实物的展示
6	事务管理	日历箱（交货期管理箱）	清楚明了交货期
		去向显示板	将成员的去向、联络方法标明
		心情天气图	出勤状况和"心情天气"一目了然，大家可给予相互照顾
		车辆使用管理板	车辆的去向、返回时间等使用状况一目了然

续表

序号	管理项目	看板	使用目的
7	士气管理	小团队活动推进板	小团队制成各种不同题目的状态表
		工序熟练程度提示板	对成员的技能清楚显示
		娱乐介绍板	制造开心一刻的氛围
		新职员介绍角	新伙伴的介绍

11.5 看板的编制设计要点

编制看板是实施看板管理的首要环节，看板设计编制的好坏直接影响看板管理的顺利实施。一般来说，编制看板要注意图11-1所示的几个要点。

容易识别

看板是"目视管理"的工具，所编制的看板按产品、用途、种类、存放场所的区别，用不同的颜色或标志，使正反面都能容易看出，易于识别

容易制作

实施看板管理，看板用量大，编制看板时要充分注意到制作的有关问题，要使其易于制作

容易处理

所编制的看板在应用看板管理的过程中，应该方便保管和管理，同时便于问题的处理

同实物相适应

在实施看板管理中，看板要随零部件实物一起传送，因而编制的看板应采用插入或悬挂等形式，容易与实物相适应，方便运行

坚固耐用

看板在整个运行过程中，要与实物一起随现场传递运送，因而所编制的看板应该耐油污、耐磨损，尤其是循环使用的看板，更要坚固耐用

图 11-1　看板的编制设计要点

11.6 看板的整理、整顿

11.6.1 看板的整理

看板的整理是指对现场的各类看板进行一次大盘点，确认哪些是必要的，哪些是不必要的，彻底清除那些不必要的。特别是那些随意张贴的看板，诸如违者罚款、闲人免进、不得入内等看板要坚决清除。

11.6.2 看板的整顿

整顿的内容包括看板自身大小等的标准化工作，要根据看板的使用场所、位置、高度等决定。如有些看板粘贴不牢固，容易掉落，这就需要进行整顿。

11.6.3 看板的清扫、清洁

看板的清扫、清洁工作有两个方面的内容。

一方面，要制定出公司统一的关于看板的制作和展示的标准，以便各部门长期坚持。看板还要符合公司 CIS（Corporate Identity System，企业形象）的有关要求。

另一方面，明确看板的管理责任人，由责任人对看板的内容、状态等进行维护，保证看板展现出良好的状态，发挥其积极的作用。看板管理状态比较如表 11-3 所示。

表 11-3 看板管理状态比较

看板内容	公司统一	部门内统一
方针、标语等		
组织结构图		
海报、新闻		
评价表		
活动计划等		
月度管理		
现场实施计划		
清扫分担表		

企业在制定看板标准时，可以按看板特点决定管理的权限。

下面提供几份看板管理的范本，仅供读者参考。

【他山之石01】看板设计示例

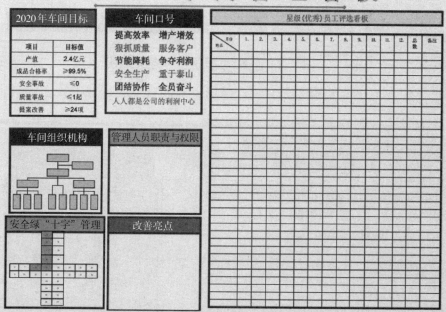

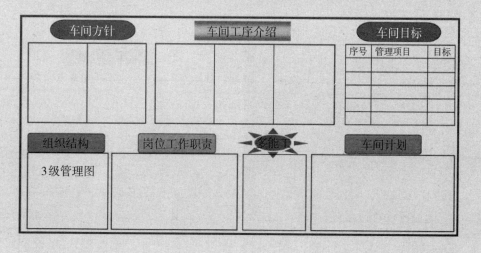

车间目标实施状况

一次交检合格率	返工返修问题	下工序反馈问题	设备故障率	生产计划完成率

换机种准备时间	加班时间	安全事故	质量事故	关于标准遵守率

（　　）月份改善提案现状

班组	提案名称	采用	实施	综合率	备注
A					
B					
C					
D					
E					

本月最佳改善

姓　　名：
职　　务：　　　　相片
提案内容

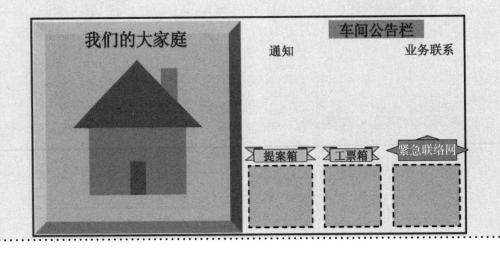

我们的大家庭

车间公告栏

通知　　　　　　业务联系

提案箱　　工票箱　　紧急联络网

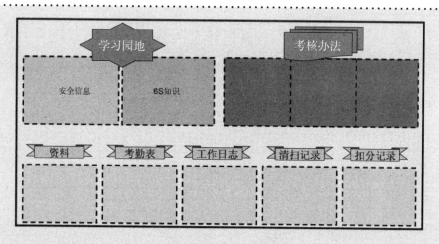

2.部门管理看板

＊＊＊部门管理看板

部门方针	部门目标	工作计划		公告栏
		年度	月度	

组织结构	岗位职责	进度管理					
3级管理图		序号	项目名称	负责人	完成期限	进度	备注

联系方式	人员去向		
	姓名	地点	时间

会议室管理看板

日期：＿＿＿＿＿＿＿＿＿

序号	会议名称	一	二	三	四	五	六	日	备注

培训室管理看板

日期：_____

序号	培训名称	一	二	三	四	五	六	日	备注

【他山之石02】管理看板管理规定

管理看板管理规定

1.目的

为深入开展目视化管理，使管理看板在传递信息、揭示生产经营状况和现场管理情况，强化员工责任感方面发挥宣传、动员、监督的作用，并使绩效考核达到透明、公正、公平，从而提高公司管理水平，树立良好的企业形象，特制定本规定。

2.适用范围

本规定适用于公司生产、办公管理看板的管理。

3.职责与权限

3.1 各生产厂、职能部门按照本规定负责设立管理看板，并负责日常维护和及时更新内容。

3.2 现场管理办公室组织相关部门检查管理看板的建设情况和组织评比，并按照现场管理检查考核办法进行考核。

4.管理办法

4.1 管理看板基本要求

4.1.1 本着谁使用谁管理的原则，管理看板由各使用单位负责日常维护，保持完好和清洁。

4.1.2 看板版面设计要做到版面整洁、美观大方、布局合理，主题突出，内容积极、生动，图文并茂，吸引员工阅览，富有创造性。

4.1.3 看板内容每月更换一期，更换时间为每月第一周，遇有重大事件、重要活动时，看板内容应及时更换。

4.1.4 看板内容更新由各单位现场管理员或宣传员负责组织，看板内容公布前应经本单位现场管理小组组长审批，并以电子版形式报现场管理办公室。

4.1.5 因生产、工作需要，需要暂时移动管理看板，使用单位应提前通知现场管理办公室。工作结束后，使用单位负责将看板恢复安装在原位置，时间不得超过两天。看板发生破损，由使用单位负责立即原样修复，不能原样修复的，由使用单位照价赔偿。

4.2　管理看板的内容

看板内容应围绕本单位生产、质量、安全、设备管理等经营和现场管理工作为主题，既与公司的企业文化保持一致，又符合公司的实际情况和看板所在部门的实际情况。内容包括以下方面。

4.2.1　合同、订单交货期的信息。

4.2.2　生产计划和生产完成进度、产量方面的信息。

4.2.3　质量的信息：产品质量情况、不合格品数值和质量否决考核结果以及改善目标。

4.2.4　现场管理责任区划分、现场管理的5S活动工作、检查标准。

4.2.5　现场管理的5S活动分析、总结，现场管理检查情况和考核方面的信息。

4.2.6　设备清扫点检情况、设备运行状况、设备完好率、设备运转率和检查、考核方面的信息。

4.2.7　安全生产情况分析、安全管理检查和考核方面的信息。

4.2.8　劳动纪律执行情况。

4.2.9　成本费用、利润等信息。

4.2.10　各种先进事迹和员工奖惩信息。

4.2.11　其他与本单位主要工作相关的情况和信息。

4.2.12　公司及本单位与生产和员工相关的文件、公告、通知等。

4.2.13　员工合理化建议及落实情况等。

4.3　检查和评比办法

4.3.1　管理看板检查工作由现场管理办公室负责组织和实施，并依据公司现场管理工作标准纳入对各单位现场管理考核。

4.3.2　管理看板评比时间为每月的第二周周二。

4.3.3　管理看板评比满分100分，分为以下不同权重的四个层面进行打分。

4.3.3.1　及时性（满分20分）：在规定的时间内按要求完成。

4.3.3.2　合理性（满分30分）：看板内各版块内容符合要求，完整，且布局合理。

4.3.3.3　视觉创意性（满分30分）：看板图文并茂，美观大方，内容生动，吸引员工阅览，富有创造性。

4.3.3.4　整洁完好性（满分20分）：看板整洁、干净、完好。

4.3.3.5　不按时间要求更换视为0分。

4.3.4　每次管理看板检查和评比，依据检查结果评选出一等奖、二等奖、三等奖和纪念奖若干名并予以物质奖励，对得分在60分以下的单位提出警告、批评和处罚，并限期整改。

第12章

图解精益管理之改善活动

12.1　改善是全员参与的事

改善是一种提高人的品质的有效途径，它要求每一个员工必须立足现地、现物、现实（时）和坚持原理、原则，将自己融入整个团队当中。

在企业中，改善不是技术部或者工程部一两个部门的事，而是一种理念一种态度，企业中的每一个人都要共同参与改善。

在这样一种理念中，改善既不是大变革，也不只是技术创新，它是从小问题做起，对本工序、本班组不完善的项目提出改善建议，从作业动作、作业场地、夹具、工具、搬运、搬运工具、机械设备、材料、工作环境等方面入手，开展全方位的改善活动，题目大小、范围不限，不仅仅是品质方面，也不必有显著的效果，只要是能够比现况提高一步即可，哪怕是只能节约一分钱、缩短一秒钟的作业时间都是现场改善的目的。

提高效率（少用人员和工时）、保证和提高质量（减少不良）、改善工作环境（5S、安全）、降低成本（减少场地、经费、节约能源、提高材料利用率）等多方面都是改善的内容。

许多企业已经建立了这样一个概念：本职工作＝日常工作＋改善。

12.2　改善的目的——解决问题

12.2.1　什么是问题

问题是"非解决不可的事项"。所谓问题，就如图12-1所示，指"应有的状态"和"现状"之间的差距。

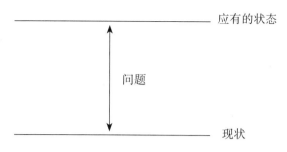

图 12-1　问题即应有的状态与现状之间的差距

应有状态的内容是计划、指令、标准、法令、想法等，其具体内容如表12-1所示。

表12-1　应有状态的内容

应有状态	问题举例说明
计划	工作的结果未达到计划的目标时，或实际的费用超过预算时，其差距就成为"问题"
指令	在上司指定时间内未完成工作，其延迟就是"问题"
标准	不具备规格所规定的性能时，就是"问题"
法令	依据道路交通法，禁止饮酒驾驶。一旦饮酒后驾驶，就是"问题"
想法	认为OA完全系统化为理想，但目前仍是各自引进个人电脑、文字处理机，这也是"问题"

如图12-2所示，应有的状态与现状一致时，就没有问题。但是，在这种状态下，如果提升到如B所示的应有状态时，将产生新的C问题，这是创造问题。也即依主管的某种想法，把"C应有的状态"提升，就是创造问题。战略领域问题多数是属于这种类型的问题。

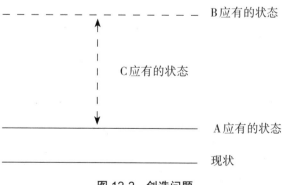

图 12-2　创造问题

12.2.2 工作场所中都是问题

现在乍看是平稳而无特别问题的工作场所，如果仔细观察实况就会明白，其实隐藏了以下各种问题，见表12-2。

观察表12-2的分析就会发现，工作场所中，到处都是问题。而且最大的问题是，部门主管对这种问题的认识到底有多少。

表12-2　工作场所中隐藏的各种问题

类别	说明	举例
未解决的问题	（1）虽然已经着手解决，却尚未完全解决 （2）问题已经发生，但尚未着手解决	（1）倾全力制造延迟交货期的产品，但尚未交给顾客 （2）交货量未达到接单量，但尚未着手解决未达成部分的制造
半解决的问题	因为某种情况，在尚未完全解决的状态下，停止解决问题继续作业	不符合规格、性能的产品，以折扣价解决的情形等
隐藏的问题	实际上已经发生问题，却未察觉问题的存在而放置未处理	承办人挪用公款，但周围的人尚未发现
今后创造的问题	把应有的状态提升来创造问题	事故率维持现状，就没有什么特别问题。但把事故率降为现状的一半时，该如何处理等

12.2.3 各式各样的问题

12.2.3.1 业务层次的问题

例如，计算错误、联络错误等都属于业务类型的问题。如果依据手册或规程正确工作，应该不会发生问题。但是，这种类型的问题却发生了，这表示承办人未依照手册或规程工作。其真正原因是，部门主管对下属没有正确教导手册或没有了解下属的工作状况等。

因此，这种问题的解决方法是，彻底执行手册或规程的条款规定，同时正确管理下属的工作状况。

12.2.3.2 管理层次的问题

对下属业务的分配不适当，或未进行对手册改订部分的指导等所发生的问题，都属于管理层次的问题。承办人的责任当然小，而大部分的责任却归咎于部门主管。

为了解决这种问题，必须进行正式的改善作业。

12.2.3.3 战略层次的问题

引进电脑控制的完全自动化加工装置、工厂的重建、在今后3年进行某产品的开发与生产等，都是属于战略层次的问题。这种问题，大致可分为经营战略层次问题与部门战略层次问题。经营战略层次的问题，以部门主管的权限通常不能解决。但是，不能因此而置之不理。部门主管必须经常对其表示关注，积极给战略制定部门提供有用的信息或意见。因为受经营战略影响的是部门主管本身，而工作第一线的信息，对制定战略极为重要。此外，部门战略的问题，就是部门主管如何处理今后承办部门的问题。这个问题，才是考验部门主管本身的真正价值。

12.3 改善的手法——IE工业工程

IE（Industrial Engineering，工业工程）是通过对人员、材料、机器设备组成的系统设计和改进，从而提高生产率并降低成本的技术。

IE手法有五五法、动作改善法、工作抽样法、人-机配合分析法、时间分析法、工程分析法、防呆法、生产线平衡、双手操作法等。

IE手法并不难运用，在日本及一些发达国家和地区，IE手法在工厂中的应用就像"QC工具"一样被普遍运用，在工作场所的改善活动方面，充分地发挥着管理作用。

12.4 改善的操作步骤

12.4.1 找出问题点

员工对于工作场所的改善，应随时抱着积极的态度以及强烈的欲望，这有赖于平时就存有如下的观念：任何一件事永远无法达到完善的境界，且必定有加以改善的余地。

只要时时有这种想法与态度，员工就不难发现问题存在哪里。员工如果抱有已经完全改善或者问题多如牛毛，不知从何处着手才好的想法，那么，可能就与进步这两个字绝缘。

员工想要找出问题点，往往需有如下的态度。

（1）必须存着到处都有问题的念头。

（2）时时要保持着疑问，想想是否能一直维持现状。

（3）坦诚地观察一切问题。

（4）不要只做已规定的事情，还必须具有自主性、积极性。

（5）仔细观察，再凭资料判断。

对于提高效率方面，只要能够把握自己工程的效率（包括：作业时间、等待时间……），对于效率指标的变化关心重视的话，问题点就很容易显现出来。如果加工程序时常改变，物量或者单位时间的效率很难把握的话，则可以凭实际时间、标准时间或者预算时间的指标来评估。

12.4.1.1 问题点的所在

每一生产现场都有不少问题，不过，并非都是显而易见的。一般来说，随着工作场所的性质不同，发现问题的方式也不同，如表12–3所示。

表12-3　问题点的所在一览表

场合的不同	问题点的所在
初级	在自己的工作场所中，以及工作中 （1）感到工作劳累时 （2）对工作的做法感到困惑时 （3）感到浪费、勉强，以及不均衡时 （4）工作失败时 （5）在工作中受伤时 （6）做很艰难的工作时 （7）从事危险的作业时
中级	（1）放眼看自己的工作场所、工作以及制品 ① 设备的故障 ② 重新书写的作业记录 ③ 故障报告书 ④ 不良产品报告书 ⑤ 产品检查记录 （2）制造工序的瓶颈 （3）作业工序表、生产计划表、作业标准书
上级	（1）其他部门、其他各种场合 ① 前后工序的要求 ② 抱怨 ③ 消费者的抱怨 ④ 承包 ⑤ 供应商所发生的问题 ⑥ 间接部门的要求 ⑦ 其他 （2）部门、车间方面的重要问题点，部门、车间的目标，部门、车间的方针 （3）部门、车间、工作场所的慢性问题（不良……） （4）长期的问题 （5）年度生产，中期计划，新产品计划

12.4.1.2 找出问题的着眼点

基于各工作场所的性质不同，读者可根据表12-4所示的内容找出问题的着眼点。

表12-4 找出问题的着眼点

场合的不同	着眼点
初级	（1）大家的交谈 （2）人员的提案 （3）发牢骚以及抱怨的话 （4）各种资料：员工、上司的意见和指示 （5）其他的活动事例 ① QC部门大会 ② 交流会 ③ 论文发表、FQC杂志
中级	（1）上司的方针及目标 （2）各种资料 （3）听取前后工序的意见 （4）领导人员的会议 （5）其他的活动事例 ① QC部门大会 ② 交流会 ③ 论文发表 ④ FQC杂志 （6）人员的提案、交谈 （7）询问员工、上司
上级	（1）部门的方针 （2）管理项目 （3）各种资料的分析 （4）初级、次级的项目

12.4.1.3 运用检查表找出问题点

在此所介绍的方法，都是以检查表来找出问题点的方法。建议读者参考以下的样本，来开发配合工作场所实况的检查表加以活用。

（1）三不法 以不浪费、不均衡、不过度等观点检查工作场所的状况，发现问题。具体可运用下面表12-5所示"三不检查表"来进行。

表12-5 三不检查表（关于过度、浪费以及不均衡的检查表）

	作业人员	机械、设备	材料
过度	（1）作业人员是否太少 （2）人员的配置是否适当 （3）能否工作得更舒服一点 （4）能否更为清闲一点 （5）姿势 （6）处理方面是否有勉强的地方	（1）机械的能力是否良好 （2）机械的精度是否良好 （3）量测器的精度是否良好	（1）材质、强度是否有勉强的地方 （2）是否有难以加工的地方 （3）交货期是否有勉强的地方
浪费	（1）是否有等待的现象 （2）作业余暇是否太多 （3）是否有浪费的移动 （4）工作的程序是否良好 （5）人员的配置是否适当	（1）机械的转动状态如何 （2）钻模是否妥善地被活用 （3）机械的加工能力（大小、精度）是否有浪费之处 （4）有否进行自动化、省力化 （5）平均的转动率是否恰当	（1）废弃物是否能加以利用 （2）材料是否剩余很多 （3）修正的程度如何 （4）是否有再度涂饰
不均衡	（1）忙与闲的不均情形如何 （2）工作量的不均情形如何 （3）个人差异是否很大 （4）动作的联系是否顺利，是否有相互等待的情形	（1）工程的负荷是否均衡，是否有等待的时间、空闲的时间 （2）生产线是否平衡，是否有不均衡的情形	（1）材质是否有不均的现象 （2）是否有发生歪曲的现象 （3）材料是否能充分供应 （4）尺寸、精度的误差是否在允许的范围之内

（2）5W1H法　从5W1H法（Who，What，When，Why，Where，How）的观点，检查工作场所的状况。How可分成How to（方法）或How much（费用）来使用。5W2H检查表如表12-6所示。

表12-6 5W2H检查表

5W2H	具体意义	区分
What	做什么？有必要吗	何事
Why	为什么要做？目的是什么	何为
Where	在哪里做？一定要在那里做吗	何地
When	什么时候做？有必要在那时做吗	何时
Who	由谁做？其他人做可以吗	何人
How to	怎样做？有比这更好的手段吗	方法
How much	进行改进会付出什么样的代价	费用

（3）4M法　所谓4M法即是Man（从业人员）、Machine（设备、工具）、Material（原料、材料）、Method（方法）四大生产要素。从这四种主要领域检查工作场所的状况。4M检

查表如表12-7所示。

表12-7 4M检查表

项目	检查的重点		
	项目一	项目二	项目三
人员（Man）	（1）技术是否良好 （2）工作年限是否足够 （3）教育训练是否良好 （4）是否与作业人员的特性相适应 （5）是否遵守作业标准 （6）是否遵守规定 （7）详知作业标准是否分类 （8）对技术方面是否了解 （9）每个作业人员之间是否有差异 （10）从事同一作业的各工作班组之间是否有差异	（1）作业方面是否有失误 （2）作业方面是否有不均的现象 （3）操作姿势是否良好 （4）熟悉上司及工厂的方针吗 （5）督导者的指示是否彻底执行 （6）熟悉自己职位与权责的关系吗 （7）健康状态是否良好 （8）工作态度是否良好 （9）出勤率是否良好 （10）具有高尚的道德观吗 （11）品质是否良好	（1）是否有干劲 （2）对于作业是否不满 （3）是否有协调性 （4）能坦诚地沟通吗 （5）人际关系是否有问题 （6）是否有适当的自我启发以充实自己 （7）时常举行部门内的会议吗 （8）对于协同作业是否有问题
	项目一	项目二	项目三
设备（Machine）	（1）机械的能力是否具备 （2）特性值（尺寸、重量等）情况是否良好 （3）数量是否适当 （4）每一部机械是否有显著的差别 （5）机械的性能是否良好 （6）是否时常发生故障 （7）是否能很快发现故障发生的地方 （8）故障的处理是否到位	（1）机械的停止及故障是否会影响品质 （2）日常的检验是否良好 （3）开始作业时的检核是否良好 （4）润滑情况是否良好 （5）磨损情况如何 （6）是否有破损 （7）是否不必交换操作	（1）有无废除的必要 （2）有无预备零件 （3）有无危险 （4）有无杂音 （5）防尘设备良好吗 （6）整理整顿的工作是否完善 （7）跟作业人员之间的关系是否良好 （8）人体工程学方面的考虑是否周到 （9）钻模等的工具情况如何

项目	检查的重点		
	项目一	项目二	项目三
材料（Material）	（1）是否了解影响品质特性的因素 （2）材质是否良好 （3）商标是否正确 （4）材料的等级及分类是否适合 （5）品质是否良好 （6）材料的数量是否合适 （7）是否混入了异材 （8）额外的工作是否很多	（1）对于不良材料的处置是否妥当 （2）剩余材料的处理方式是否妥当 （3）材料的检查是否有问题 （4）材料是否因批发商不同而有所不同 （5）处理的情形是否良好 （6）材料的保管是否良好 （7）储藏环境是否有问题，有无变化	（1）储藏场所是否良好 （2）搬运是否良好 （3）包装是否良好 （4）单位数量是否均一 （5）是否因与前一工程部门的制造条件不同而有所差别
	项目一	项目二	项目三
方法（Method）	（1）调整的方式良好吗 （2）作业的程序良好吗 （3）是否存在不顺利的工作 （4）搬运作业良好吗 （5）工作的程序良好吗 （6）作业现场的布置良好吗 （7）温差适当吗 （8）湿度适当吗 （9）通风情形良好吗 （10）噪声是否很大 （11）照明是否太暗	（1）有无振动 （2）有无浓烈的气味 （3）整理、整顿的情形良好吗 （4）钻模等工具良好吗 （5）作业方式是否有完善的管理 （6）作业上的动作方式恰到好处吗 （7）作业标准是否已经制定 （8）作业标准是否有不完备之处 （9）作业标准未制定的原因是什么 （10）有没有燃气外泄	（1）作业标准是否正确 （2）作业标准制度是否很周详 （3）作业标准是否确实遵守 （4）作业标准未被遵守的原因是什么 （5）作业标准是否修订过 （6）作业标准的修订方法是否条例化 （7）作业条件是否有差异 （8）保证的信用如何

（4）五大任务法　所谓工作场所的五大任务，就是品质、成本、生产量、安全性、人性等，就这五大任务检查工作场所的状况如图12-3所示。

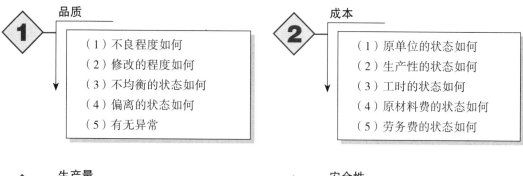

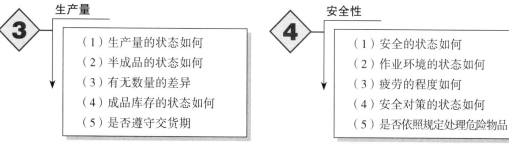

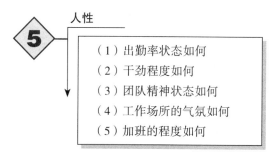

图 12-3　检查工作场所的五大任务状况

（5）PQCDSM法　所谓PQCDSM法是指从P（Productivity，生产力）、Q（Quality，品质）、C（Cost，成本）、D（Delivery，交货期）、S（Safety，安全）、M（Morale，士气）六个方面来检查工作场所的状况。PQCDSM的检查表如表12-8所示。

表 12-8　PQCDSM检查表

检查项目	检查的重点
生产力（Productivity）	最近生产力是否下降
品质（Quality）	（1）品质是否降低 （2）不良制品率是否增大 （3）消费者的抱怨是否太多
成本（Cost）	（1）成本是否增高 （2）机械生产力、动力、劳动率的基准量是否降低 （3）管理人员是否太多

检查项目	检查的重点
交货期（Delivery）	交货期是否拖延
安全（Safety）	（1）安全方面是否有问题 （2）灾害事故多不多 （3）是否有不安全作业
士气（Morale）	（1）员工士气是否旺盛 （2）人际关系方面有没有问题 （3）作业人员的配置是否适当

单独使用以上各方法虽好，但是组合起来使用，效果会更好。以下说明"三不法"与"5W2H法"组合使用的情形。

如表12-9所示，是制作"三不法"与"5W2H法"组合的图表。具体使用时不必拘泥于上述5W1H法，只要配合工作场所的特性来修正检查项目即可。

表12-9 "三不法"与"5W2H法"表

	不浪费	不均衡	不过度
What（何事）		到月底的前3天全体人员加班到22时	
Who（何人）			
When（何时）			
Why（为何）			
Where（何地）			办公室的工作空间平均每人仅×平方米
How to（方法）			
How much（费用）			
其他			
摘要			

首先，使用本表检查每一方格的工作场所状况。例如，What（工作）是否不浪费、不均衡、不过度等。如果工作在月底的3天内特别繁忙，在这3天内，全体员工加班到22时，就如表12-9所示，在What与不均衡的交点方格中，记录其状态。如此，填写本表的几个方格。

其次，把方格内所列举的问题，分为在部门主管权限内能解决，或不能解决的问题。把部门主管在权限内能解决的问题，从重要性、紧急性等观点来检讨、确定顺序，进行解决。

在自己权限内不能解决的问题，不要置之不理，应该思考改善方案，并向具有解决该问题权力的上级提出解决方案。

12.4.2 建立改善目标

当问题点（主题）确定后，接下来就要设定改善目标。目标的设计要坚持SMART原则，具体如图12-4所示。

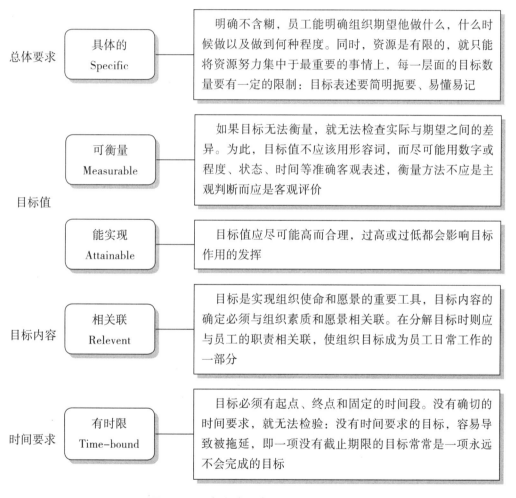

总体要求	具体的 Specific	明确不含糊，员工能明确组织期望他做什么，什么时候做以及做到何种程度。同时，资源是有限的，就只能将资源努力集中于最重要的事情上，每一层面的目标数量要有一定的限制：目标表述要简明扼要、易懂易记
目标值	可衡量 Measurable	如果目标无法衡量，就无法检查实际与期望之间的差异。为此，目标值不应该用形容词，而尽可能用数字或程度、状态、时间等准确客观表述，衡量方法不应是主观判断而应是客观评价
	能实现 Attainable	目标值应尽可能高而合理，过高或过低都会影响目标作用的发挥
目标内容	相关联 Relevent	目标是实现组织使命和愿景的重要工具，目标内容的确定必须与组织素质和愿景相关联。在分解目标时则应与员工的职责相关联，使组织目标成为员工日常工作的一部分
时间要求	有时限 Time-bound	目标必须有起点、终点和固定的时间段。没有确切的时间要求，就无法检验；没有时间要求的目标，容易导致被拖延，即一项没有截止期限的目标常常是一项永远不会完成的目标

图 12-4　目标制定要求——SMART 原则

12.4.3 制订实施计划

一旦改善目标确定，接下来就要制订计划。计划的必要条件如下。

12.4.3.1 决定目标

决定执行人员、何时做完（期限）、做多少（目标）。

12.4.3.2 分担目标

由谁来做、如何做。

必要条件一旦整理好，计划就变成较具体的工作，并可书写成改善计划书。

12.4.4 详细调查现状

改善计划一旦完成，便可开始进行现状调查。根据计划彻底地调查工作场所，然后将所分析的问题具体地加以量化、明确化。

这种观察、记录以及分析，是针对实际的活动。同时，在寻求改善的途径上，它也是一种重要的程序。

12.4.5 考虑改善方案

分析现状的结果，具体地找出问题点以后，就可着手解决问题。这些问题中，有些是相当容易即可拟出对策加以解决的，但是也有一些问题比较麻烦，非得有相当的创意不可。

产生创意的来源，包括现场经验、技术性知识，以及其他现场的作业精华，还可以从工作以外的游乐中获得启示（如图12-5所示）。

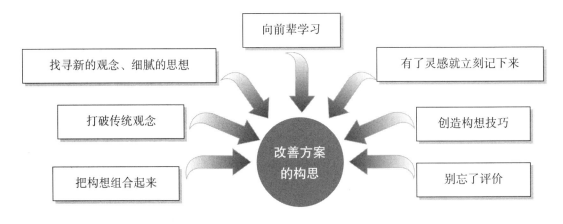

对于工作的热情，具有不输给任何人的职业精神

图 12-5 改善方案的构思

虽是如此，然而，为能产生绝妙的构想，员工仍需学习构想技巧，然后再有效地加以活用。改善人员在进行构想时，应坚持ECRS的原则以及3S原则，具体说明如表12-10、表12-11所示。

表12-10 ECRS原则说明

项目	自问	适用例
排除 （Eliminate）	把这些排除之后会怎样（指零件、作业、运输、传票等）	（1）熟人车站：车长回收及出售车票 （2）一人服务：司机兼任车长的工作车
结合 （Combine）	结合在一起、配合在一起之后会怎样（指零件、加工、材料）	（1）自动脱谷：从收割、脱谷到除谷壳都一手包办 （2）拖车：连接台车工作 （3）装箱 （4）装袋 （5）搬运台
交换 （Rearrange）	改变顺序或者更换之后会怎样（指改变或更换工程材质、形状、加工方法）	（1）附属零件：能更换油压铲子的戽斗，以便进行打洞等的作业 （2）拖车：空车与满载车更换 （3）工作母机：不必移动物体，利用可移动的工具加工 （4）机械中心：可一方面自动更换工具，一方面以另一台机械从事复杂的加工
简化 （Simplify）	单纯化、简单化，或者减少数量之后会怎样（指零件、工程、库存形状而言）	（1）金属制品：可以省略繁杂的包装容器 （2）送货箱：使捆包与拆解简单化地搬运箱子

表12-11 3S原则说明

项目	自问	适用例
单纯化 （Simplification）	（1）使构造单纯 （2）使方法简单 （3）使数（量）减少	（1）减少零件的件数 （2）使位置的决定单纯化 （3）自动化，加工方式
标准化 （Standardization）	（1）将方法、手续统一化 （2）将材质、形状的范围缩小 （3）将规格、尺寸标准化	（1）规格的统一 （2）传票的统一 （3）作业标准的制定 （4）搜集配送时间的定时化
专门化 （Specialization）	（1）将机种、品种专业化 （2）将职类、工作专门化	（1）有盖车、无盖车、家畜车、冷冻车 （2）设备及钻模等的专业化 （3）职务的专门化（装配、搬运、检查……）

若认真地面对改善的问题，改善方案自然就会很快地构思出来。不过立即实行改善方案的话，未免太冒险了。因为所提的改善并不一定会产生效果，或者效果虽然很不错，但是实施起来成本却非常大，甚至构想极好，但欲付诸实施时，技术方面可能困难重重，

这种例子屡见不鲜。

另外，随着改善的执行，总会带来一些改变，此时对产品的品质是否有恶劣的影响？是否有引起灾害或事故的可能？这些都得详细地探讨。尤其是关于产品的品质及安全方面，必须在获得专业人员的确认之后，才能够实施。

改善方案的评价步骤（如图12-6所示），评价时不仅仅检查是否采纳实施方案，而且还要提出改善的构想，借此使改善方案更加完善，使之更为可行。评价时切勿一味地指责缺点，把已萌芽的改善方案抛弃掉。

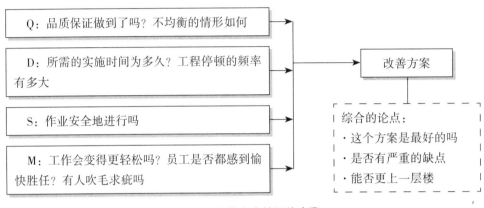

图 12-6　改善方案的评价步骤

12.4.6　改善方案的实施

改善方案经过评价以后，就应该付诸实施。不管多好的改善方案，不付诸实施的话，根本就不会产生任何效果。

如果是简单的改善方案，不妨立刻试行构想，以确定能否实施，这样也可以发现是否有不妥之处。但是，对于钻模制作等大型改善的方案，制作期间又长的方案，则必须好好地从长计议。例如，对日期、成本、责任等在实施以前就需好好计划，然后再按规定实行。以下是在改善实施前应该留意的事项。

12.4.6.1　对关系人充分地说明

因为实施改善方案要变更已经习惯的工作，因此，每一个关系人都或多或少会有不安与焦虑的情绪。尤其是改善方案显然有很大规模的变动时，往往会使人感觉到与现状的差距太大，以致自尊心受到伤害，产生反抗的心理。而且，实施改善方案往往会使人认为，这样做是否能提高效率，能否强化作业？

在这种意识之下进行改善的话，就很难获得合作，所以最好在讨论阶段就邀请关系人参加，一起参与讨论，这样才能够获得充分的理解。

12.4.6.2　改定作业标准

到了改善的阶段，工作的进行方法或者检验要领往往会改变。有时甚至安全上的留意事项、保守的检验内容等也会变更，因此，最好妥善地估计，以改正不合适的内容。

尽管事前已经仔细地估计与检讨，改善方案在实施时很可能会发生的新问题甚至更明显化，管理者要能及时采取预防措施。

12.4.6.3　试行一段时间

在计划阶段十全十美的构想，实施起来不见得就会令人满意。因此改善方案需要有一段试行的时间。也就是说，通过试行来观察其效果，以便了解成效及副作用，进而除掉不妥的地方，以保证方案更加完美。

12.4.7　确定改善的成果

管理者就实行改善的结果，必须针对是否能产生预期的成果、是否有产生不妥之处、作业员是否不满等，进行彻底的调查。如果发现有不妥之处，那就得加以消除，假如那些不妥之处涉及改善方案本质问题的话，那就得重新回到前几个步骤，再度重新检讨。

管理者在确认成果时，必须根据图12-7改善成果确认的重点所示，对QCDSM进行评价。

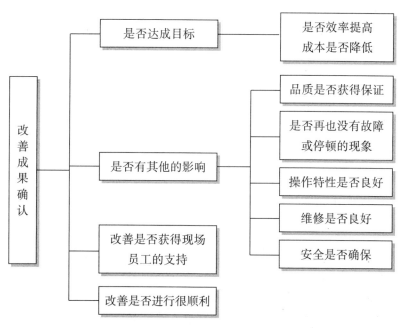

图 12-7　改善成果确认的重点

12.4.8　改善结束——成果标准化

成果一旦被确认，那就非结束不可了。就像手推车在坡路上停下时，为了防止它滑下坡路，必须在车轮前放置桄子一般。

当然，结束并不是说停滞不前了，而是要将成果标准化。标准化是改善活动推行的进一步深化，应用范围比较广泛，可以应用到生产、管理、开发设计等方面。标准化的步骤如下。

（1）制定标准（或者修订）。

（2）在标准的制定上，必须注明修正的理由，以及注意事项。

（3）为能遵守标准起见，必须事先进行有效的指导、训练。

（4）为确定是否遵守标准，必须建立良好的管理制度。

下面提供几份改善提案所需的相关范本，仅供读者参考。

【他山之石01】××有限公司改善提案制度

××有限公司改善提案制度

1.目的

为激励全体员工积极参与改善活动，明确改善活动的运行方式，以达到全员参与持续改善、不断创新的目的，特制定本制度。

2.适用范围

本制度适用于所有部门的员工提出的改善提案。

3.职责与权责

3.1 提案评审委员长：改善提案的最终确认及奖励结果的最终裁决。

3.2 提案评审小组成员：负责对各部门所提出的改善提案进行最终评审及效果确认。

3.3 提案推进小组成员：负责对提案在推进过程中的品质控制、数据搜集、作业流畅性进行评估与执行结果汇总并形成书面报告。当提案评审合格后，推进小组则需不定时对各单位稽查结果给予不定时检查，并要求其遵照执行。

4.改善提案定义

通过对系统运作流程、现行的办事手续、作业手法、工模夹具、设备等的不断改进与创新，从而以提升产品一次合格率、减少作业工时、降低品质成本、提升产品品质及工作效率为最终目的的一项改善活动。

5.改善提案评审委员会组成

5.1 提案评审委员长：各事业部负责人。

5.2 提案评审小组成员：生产部、品保部、研发部、工程部、设备部、人力资源部、财务部、采购部、客服部、PMC部、各部门负责人组成。

5.3 推进小组成员：由各部门主管、领班（PQE高级技术员、技术员）、工程师、设备人员、文员等共同确认及跟进。

6.改善提案具体内容

6.1 提案内容有效受理情况

6.1.1 管理方法、工作效率提升、成本及用品节约的改进事项。

6.1.2 制造技术、操作方法作业程序及机械的改进事项。

6.1.3 工模、夹具、治具、设备的创新与改善。

6.1.4 新产品的开发及制品与包装的外观改进事项。

6.1.5 原物料的节省、废料的利用及其他成本降低的事项。

6.1.6 工厂安全整理、整顿及机器工具保养事项。

6.1.7 其他有利于本公司的变革事项。

6.2 提案内容如下情况不给予受理

6.2.1 无具体内容且其可操作性差的项目。

6.2.2 已被采用过或之前就已有提案报告且正在进行改善的项目。

6.2.3 业务上被指令改善者或已由上级指示他人进行改善而提出者。

6.2.4 经试行一个月后从而提出者（但其效果显著确有重大贡献者除外）。

6.2.5 投入成本较高且其最终受益成本低于或等于投入成本时。

6.2.6 属本部门本职工作而提出者。

6.3 改善提案实施细则

6.3.1 提案在发出时必须使用规定的提案申请表。

6.3.2 提案申请表必须填写以下内容。

（1）改善提案的主题。

（2）改善提案具体内容包括：实施过程所需人力、投入成本金额、所需协助部门等。

（3）所属单位、姓名、提案日期。

（4）提案拟定后先送各部门推进小组初步评审，合格后上交提案评审小组评审立案。

（5）改善提案立案后，由评审委员对其进行汇总、登记、编号后转发提请部门进行改善，若不合格则给予退还并注明不合格原因，由提请部门再次拟定或取消提案。

6.3.3 提案立案后推进小组必须每日跟进如下事项。

（1）改善前与改善后所占用空间是否有减少，多余空间是否有利用价值。

（2）改善前与改善后的作业工时是否有减少。

（3）改变作业流程后其物流是否顺畅，是否有过多的不能产生价值的搬运动作。

（4）改善前与改善后的操作方法有何区别，生产效率由原来的多少提升到现在的多少。

（5）改善前与改善后的品质状况如何，不良率由原来的多少降至现在的多少。

（6）在全面推广过程中有何（正面、负面）影响，应注意些什么问题。

（7）在实施过程中公司需投入多大成本？可获得的收益是多少。

（8）提案实施过程中，推进小组必须密切跟进问题的真实情况、数据真实准确性、事实描述可行性，并对问题的现状做深入了解，并有详细的原因分析及记录（品质状况、生产效率、所需工时……），不能以模糊的概念或猜测来撰写提案的最终结果。

（9）改善提案需搜集数据≥15天，此15天的原始数据需保存，备查阅使用，在提供原始数据及改善后的数据时，必须要有改善提案推进小组（PQE技术员及PQE高级技术员）签名确认其数据真实性，再交改善提案评审委员会评审。

（10）提案评审小组将最终决定提案结果的有效性及可行性，并初步判定（立即采用、不采用、保留）改善提案的等级。

6.3.4 改善提案性质分类如下。

（1）开发性改善提案（新产品的开发、产品的品质提升及新设计，除本职工作外）。

（2）一般性改善提案（作业流程改善、机械小零件的增加与改良、工模夹具的改善、工作效率提升、成本及用品节约的改进等）。

（3）技术性改善提案（经过特别研究设计而产生的提案、需经多次试验后才可成功的提案）。

（4）合理化建议（员工福利改善、管理制度改善等）。

6.3.5 改善提案奖励办法如下。

（1）凡提案经过正式受理者以下列标准给予奖励。

① 评分依据

项目	分数	评价尺度：以一月为一个周期					
成本控制	50分	节约金额	1000元以下	1000～5000元	5000～1万元	1万～2万元	2万元以上
		评分明细	1～10分	10～20分	20～30分	30～40分	40～50分
品质提升	25分	提升比率	0.1%～0.5%	0.6%～2.0%	2.1%～5.0%	5.1%～10.0%	10.1%以上
		评分明细	1～5分	6～10分	11～15分	16～20分	21～25分
效率提升	25分	提升比率	1.0%～5.0%	5.1%～10.0%	10.1%～15.0%	15.1%～20.0%	20.1%以上
		评分明细	1～5分	6～10分	11～15分	16～20分	21～25分

② 评审等级及奖励依据

等级与奖金关系表			
等级	分数	奖金	评奖部门
鼓励奖	10～25分	30元	评审委员会及评审委员长
三等奖	26～40分	50～100元	评审委员会及评审委员长
二等奖	41～55分	100～300元	评审委员会及评审委员长
一等奖	56～80分	300～500元	评审委员会及评审委员长
特别奖	80分以上	500元以上	评审委员会及评审委员长

（2）合理化建议及保留提案奖励制度如下。

① 对各部门提出的被采用了的合理化建议将给予奖励，每1件合理化建议被采用后将给予适当奖励。

② 对暂时没有采用价值（由于此设备没有办法进行改装），但有保留价值的提案同样给予奖励，每件保留提案给予一定的礼品奖励。

6.3.6 改善提案实施流程如下图所示。

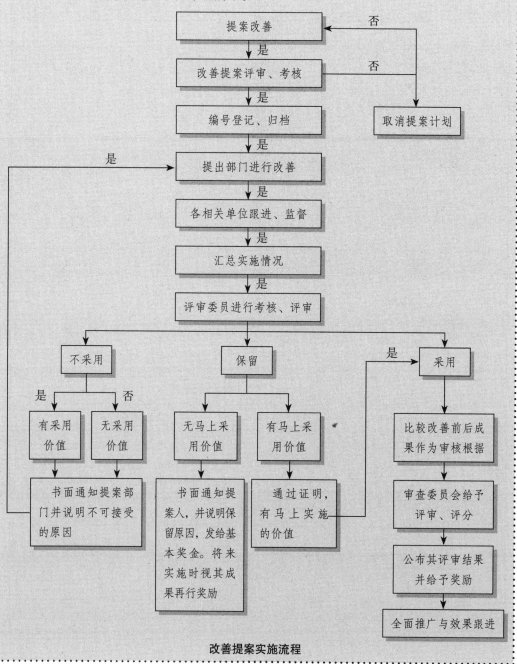

改善提案实施流程

【他山之石 02】改善提案申请表

改善提案申请表

提案编号：

提案人单位		部门		班组	
提案人姓名		调度		联系方式	
提案主题				提案日期	

现状描述与分析	改善措施及方法建议

预期改善后效果描述：

分厂（部门）内部评审					
承办部门		承办人		计划完成时间	

承办部门意见：

□采纳　　□不采纳

总厂改善小组复审				
审核结果			附意见	
□采纳	□不采纳	□保留		

签字：

【他山之石03】改善提案效果评价报告书

改善提案效果评价报告书

提案名称			编号	
提案人部门			提案人姓名	
承办部门及人员			日期	
改善前的情况	简述改善前方法、效率及关键数据			
怎样改善	简述改善过程、方法及费用开支情况			
改善效果 （改善后的情况）	简述改善成效（附证明等资料）			
评估组意见	签字：			
领导小组组长 审批	签字：			

HAPTER THREE

第3部分

图解制造业之过程控制

第13章

过程控制概述

13.1 什么是过程

过程是指通过使用资源和管理，将输入转化为输出的活动，如图13-1所示。一个过程的输入通常是其他过程的输出，企业中的过程只有在受控条件下策划和执行，才具有价值。

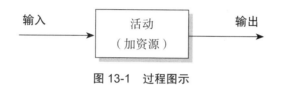

图 13-1 过程图示

（1）资源 资源主要是指活动运行中所需要的人员、设施、设备、材料、作业方法、环境等。

（2）管理 管理是指对活动中所使用的资源实施计划（Plan）、实施（Do）、检查（Check）、分析改进（Action）的循环控制。

（3）输入 输入是指活动运行前应该收到的活动指令、要求。

（4）输出 输出是指活动实施后的结果、收获等。

13.2 过程的分类

过程主要分为管理过程、顾客导向过程、支持过程，如图13-2所示。

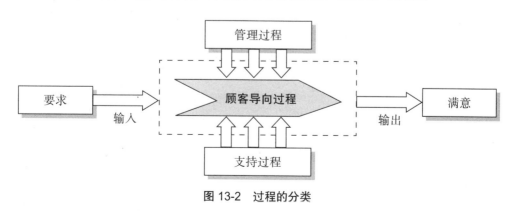

图 13-2 过程的分类

13.2.1 客户导向流程

13.2.1.1 客户导向过程

客户导向过程包括以下几个方面。

（1）任何与公司及其顾客的接口直接相关的过程，如业务行销、售后/客户反馈。

（2）实现顾客满意的过程。如交付、保证服务。

（3）以顾客要求作为输入至以满足顾客要求作为输出的过程。如市场调查、设计开发、生产制造、验证/确认等。

顾客导向过程及其基本模式，如图13-3和图13-4所示。

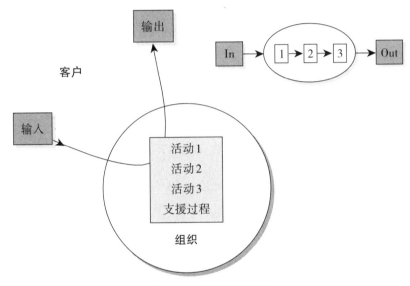

图 13-3　顾客导向过程

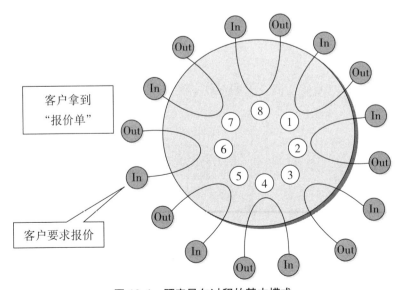

图 13-4　顾客导向过程的基本模式

13.2.1.2　客户导向过程清单

IATF（Information Assurance Technical Framework，信息保障技术框架）建议的顾客导向过程清单如下。

（1）市场调查。

（2）生产制造。

（3）投标。

（4）交付。

（5）业务行销。

（6）付款。

（7）设计开发。

（8）保证/服务。

（9）验证/确认。

（10）售后/客户反馈。

（11）其他。

13.2.2　支持过程

每个关键过程都会有一个或多个支持过程来补充，支持过程一般都有内部顾客和供方。支持过程一般有以下内容。

（1）培训过程。

（2）文件控制过程。

（3）记录控制过程。

（4）顾客满意度控制过程。

（5）内部审核过程。

（6）设备管理过程。

（7）采购过程。

13.2.3　管理过程

管理过程可以是支持过程，一般是对组织或其质量体系进行管理的过程。管理过程一般有以下内容。

（1）业务计划过程。

（2）质量策划过程。

（3）管理评审过程。

13.3　过程分析的工具——龟形图

对各单一过程的分析，IATF推荐的"龟形图"是最佳的分析工具，如图13-5所示。

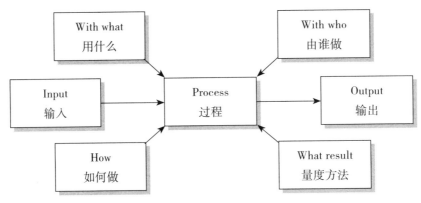

图 13-5　龟形图

龟形图填写要求如下。

（1）过程（Process）　填写过程的名字及主要活动。

（2）输入（Input）　填写过程前收到的信息、指令，如计划、文件、通知单、要求。

（3）输出（Output）　填写过程实施后获得的结果，如产品、报告、记录、信息等。

（4）由谁进行（With who）　填写活动的责任人，以及其能力、技能、培训要求。

（5）用什么（With what）　填写活动所需要的设备、材料、工装、设施、资金等。

（6）如何做（How）　填写活动所需要的方法，如过程及有关过程的程序文件、指引。

（7）量度方法（What result）　评价过程有效性的方法，如KPI指标、内审等。

现举例如图13-6所示。

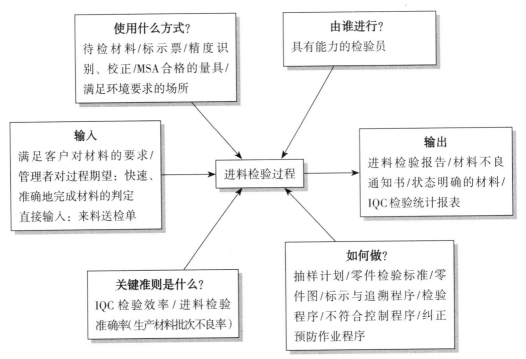

图 13-6　进料检验过程分析

在进行业务流程调查、确定及审核的工作中，可预先制定表格来进行，如表13-1所示。

表13-1　过程确定表

部门/区域：		日期：
制定人员：		审核：
简述过程，过程的活动或作业是什么？（过程的顺序） 过程： 主要活动：		流程图
过程的输入要求和内容：（什么时候开始？资源、信息、材料等）		
过程的支持性活动是什么？		
使用什么方式？（材料、设备）	如何做？（方法/程序/技术）	
谁进行？（能力/技能/培训）	使用关键准则是什么？（测量/评估）	
过程的输出要求是什么？（信息、产品、可交付的产品等）什么时候完成或结束？改进时机？		

13.4 过程识别的结果——流程图

对企业的各项业务过程识别的结果通常是以流程图的形式呈现。

流程图是用几何图形将一个过程的各步骤的逻辑关系展示出来的一种图示技术。只要有过程，就有流程。过程是将一组输入转化为输出的相互关联的活动，流程图就是描述这个活动的图解。

13.5 过程控制的方法——PDCA循环

过程控制是指使用一组实践方法、技术和工具来策划、控制和改进过程的效果、效率和适应性，包括过程策划、过程实施、过程监测（检查）和过程改进（处置）四个部分，即PDCA循环四阶段。PDCA（Plan-Do-Check-Act）循环又称为戴明循环，是质量管理大师戴明在休·哈特统计过程控制思想基础上提出的。如图13-7所示。

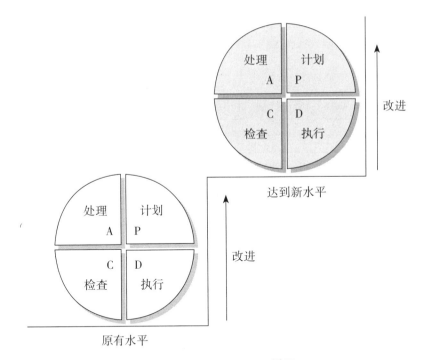

图 13-7 PDCA 循环

13.5.1 过程策划（P）

（1）从过程类别出发，识别企业的价值创造过程和支持过程，从中确定主要价值创造过程和关键支持过程，并明确过程输出的对象，即过程的顾客和其他相关方。

（2）确定过程顾客和其他相关方的要求，建立可测量的过程绩效目标（即过程质量要求）。

（3）基于过程要求，融合新技术和所获得的信息，进行过程设计或重新设计。

13.5.2 过程实施（D）

（1）使过程人员熟悉过程设计，并严格遵循设计要求来实施。

（2）根据内外部环境、因素的变化和来自顾客、供方等的信息，在过程设计的柔性范围内对过程进行及时调整。

（3）根据过程监测所得到的信息，对过程进行控制，例如：应用SPC（Statistical Process Control，统计过程控制）控制过程输出（服务）的关键特性，使过程稳定受控并具有足够的过程能力。

（4）根据过程改进的成果，实施改进后的过程。

13.5.3 过程监测（C）

过程监测包括过程实施中和实施后的监测，目的在检查过程实施是否遵循过程设计，达成过程的绩效目标。

13.5.4 过程改进（A）

过程改进分为两大类："突破性改进"是对现有过程的重大变更或用全新的过程来取代现有过程（即创新）；而"渐进性改进"是对现有过程进行的持续性改进，是集腋成裘式的改进。

产品研发与技术管理流程

14.1 产品立项审批流程

产品立项审批流程见图14-1。

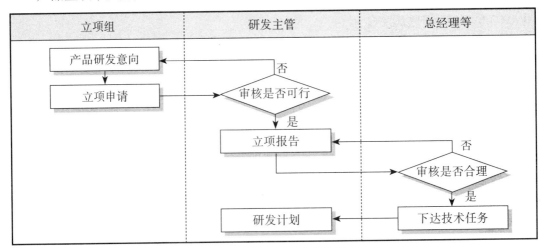

图 14-1 产品立项审批流程

14.2 产品研发计划流程

产品研发计划流程见图14-2。

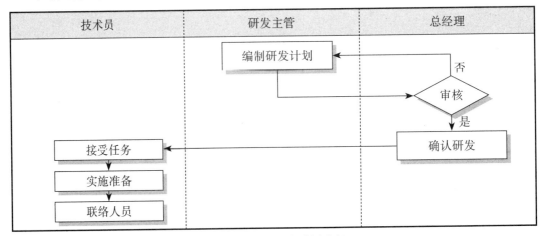

图 14-2 产品研发计划流程

14.3 产品试制作业流程

产品试制作业流程见图14-3。

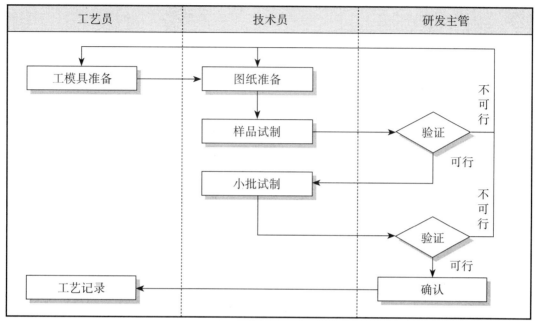

图 14-3 产品试制作业流程

14.4 产品样品验证流程

产品样品验证流程见图14-4。

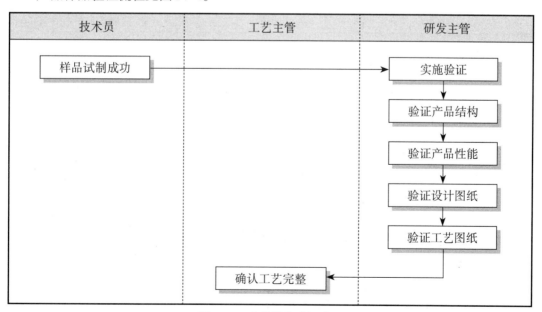

图 14-4 产品样品验证流程

14.5 产品图纸绘制流程

产品图纸绘制流程见图14-5。

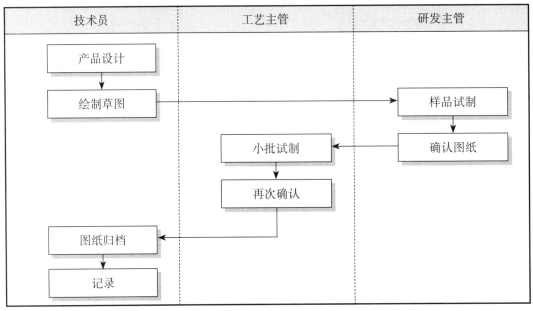

图 14-5 产品图纸绘制流程

14.6 生产工艺设计流程

生产工艺设计流程见图14-6。

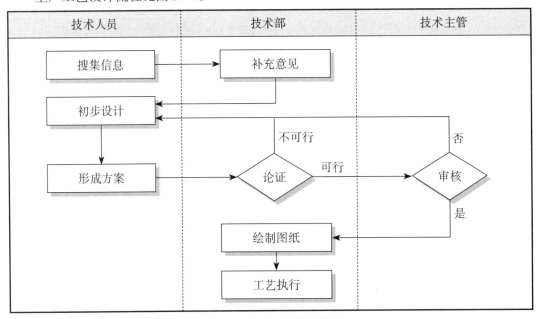

图 14-6 生产工艺设计流程

14.7 生产工艺更改流程

生产工艺更改流程见图14-7。

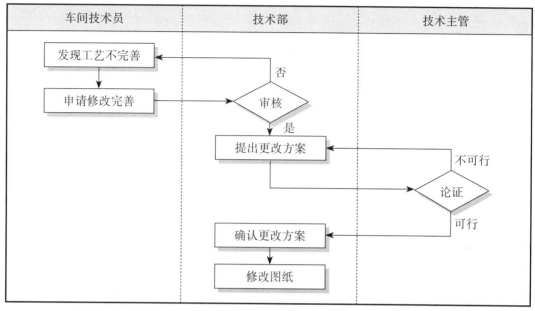

图 14-7 生产工艺更改流程

14.8 工艺方案评价流程

工艺方案评价流程见图14-8。

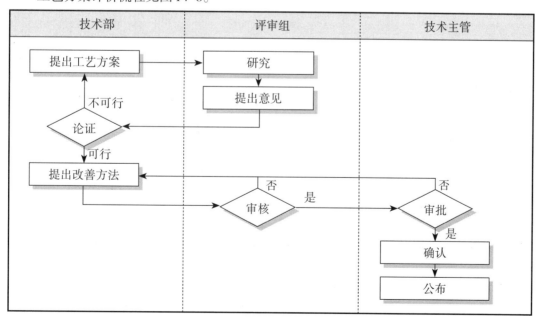

图 14-8 工艺方案评价流程

14.9　工艺文件发放流程

工艺文件发放流程见图14-9。

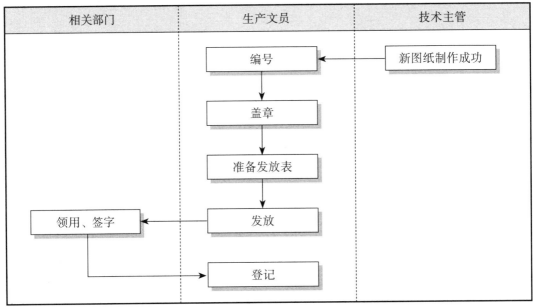

图 14-9　工艺文件发放流程

14.10　工艺图纸修改流程

工艺图纸修改流程见图14-10。

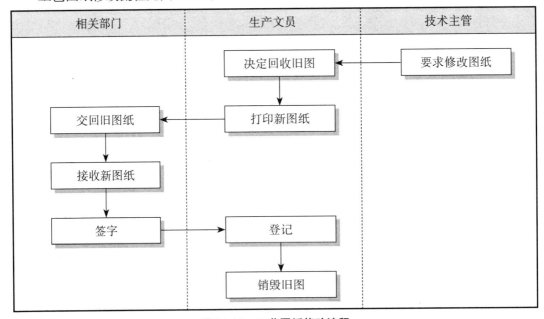

图 14-10　工艺图纸修改流程

市场营销管理流程

15.1 市场调研计划编制流程

市场调研计划编制流程见图15-1。

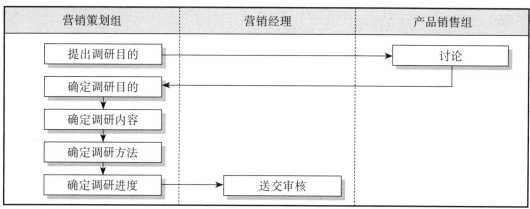

图 15-1 市场调研计划编制流程

15.2 调查问卷设计流程

调查问卷设计流程见图15-2。

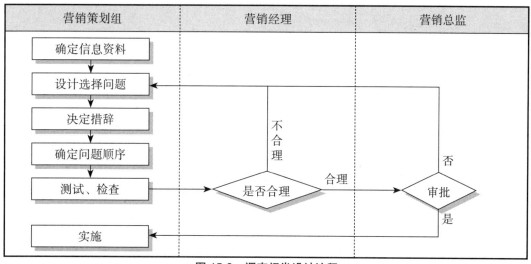

图 15-2 调查问卷设计流程

15.3　市场调研作业流程

市场调研作业流程见图15-3。

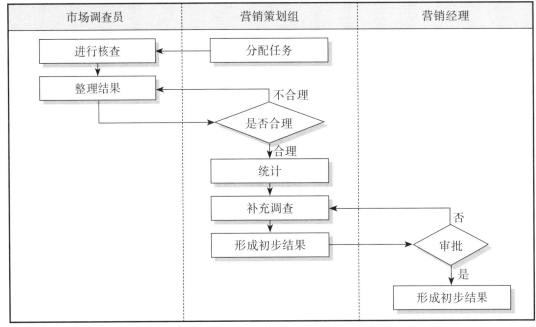

图 15-3　市场调研作业流程

15.4　市场调研数据整理

市场调研数据整理见图15-4。

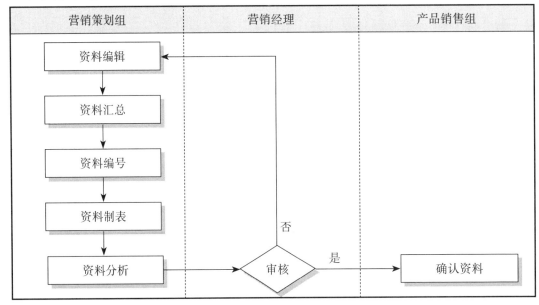

图 15-4　市场调研数据整理

15.5 市场调研报告编制流程

市场调研报告编制流程见图15-5。

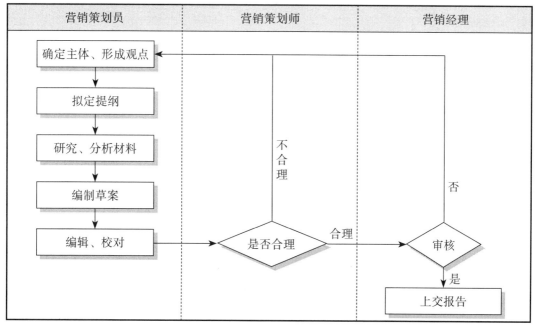

图 15-5 市场调研报告编制流程

15.6 产品定位流程

产品定位流程见图15-6。

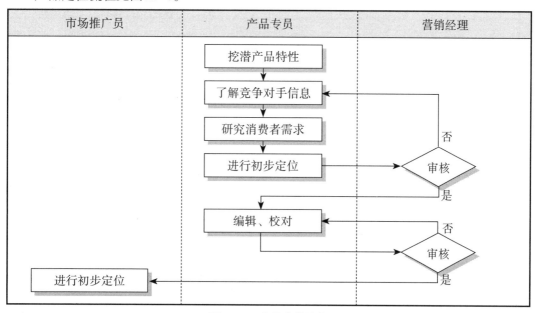

图 15-6 产品定位流程

15.7 产品定价流程

产品定价流程见图15-7。

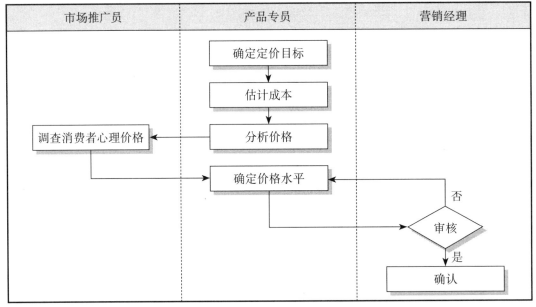

图 15-7 产品定价流程

15.8 产品市场推广流程

产品市场推广流程见图15-8。

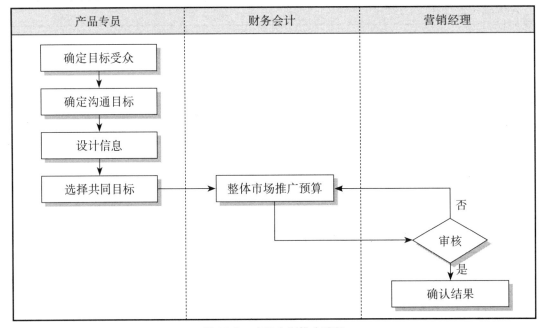

图 15-8 产品市场推广流程

15.9 产品开发流程

产品开发流程见图15-9。

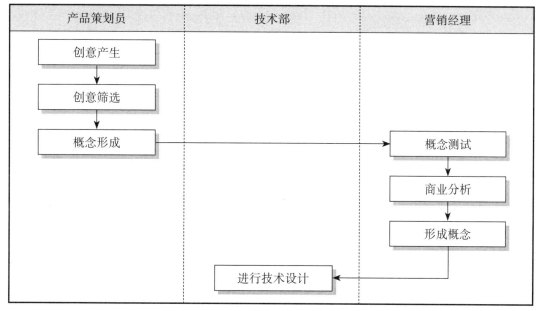

图 15-9 产品开发流程

15.10 产品上市流程

产品上市流程见图15-10。

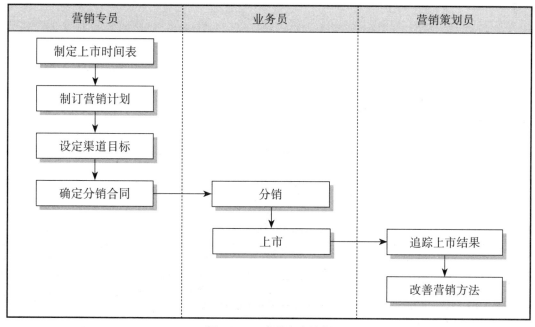

图 15-10 产品上市流程

15.11　促销策划准备流程

促销策划准备流程见图15-11。

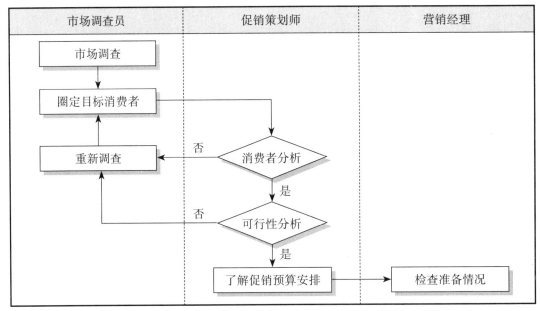

图 15-11　促销策划准备流程

15.12　促销策划作业流程

促销策划作业流程见图15-12。

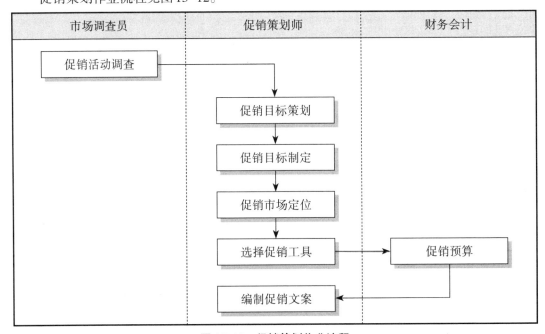

图 15-12　促销策划作业流程

15.13 促销预算作业流程

促销预算作业流程见图15-13。

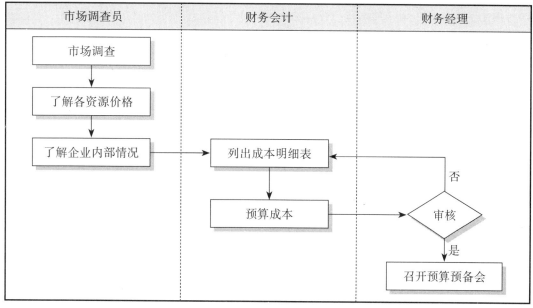

图 15-13 促销预算作业流程

15.14 促销实施前作业流程

促销实施前作业流程见图15-14。

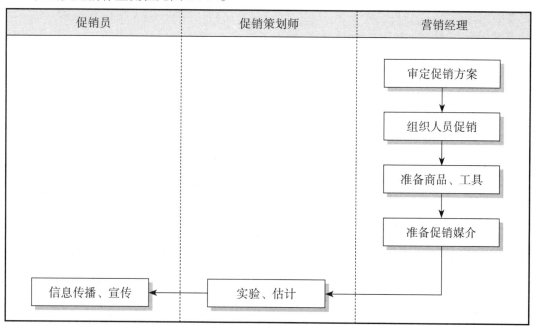

图 15-14 促销实施前作业流程

15.15 促销效果评估流程

促销效果评估流程见图15-15。

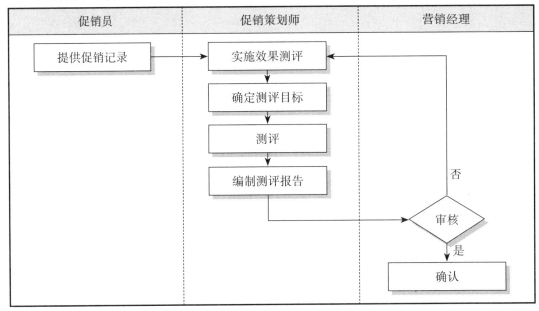

图 15-15 促销效果评估流程

15.16 广告媒体选择流程

广告媒体选择流程见图15-16。

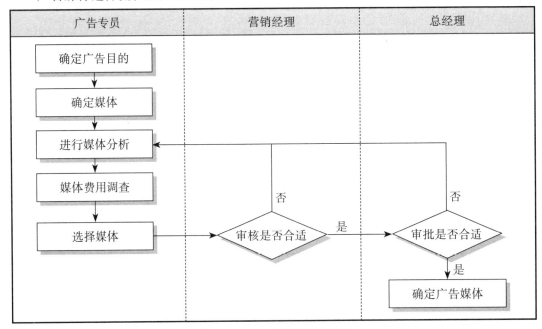

图 15-16 广告媒体选择流程

15.17 广告预算作业流程

广告预算作业流程见图15-17。

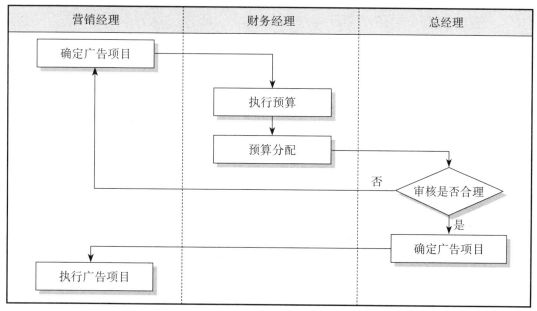

图 15-17 广告预算作业流程

15.18 广告公司选择流程

广告公司选择流程见图15-18。

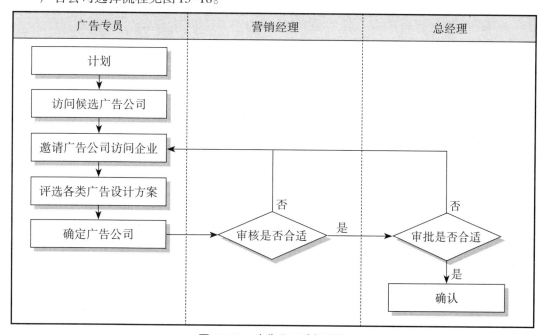

图 15-18 广告公司选择流程

15.19　广告策划书制定流程

广告策划书制定流程见图15-19。

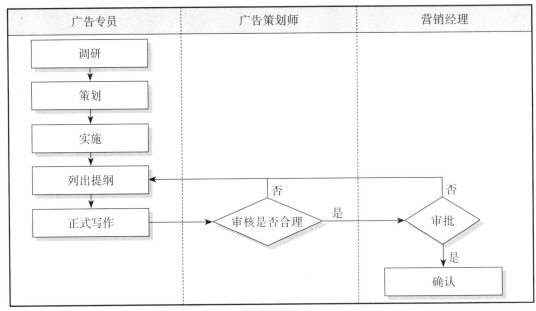

图 15-19　广告策划书制定流程

15.20　广告企划实施流程

广告企划实施流程见图15-20。

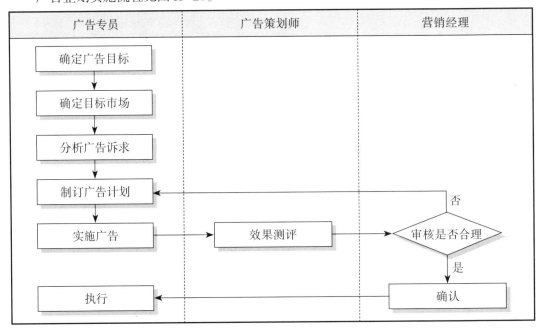

图 15-20　广告企划实施流程

15.21 经销商选择准备

经销商选择准备见图15-21。

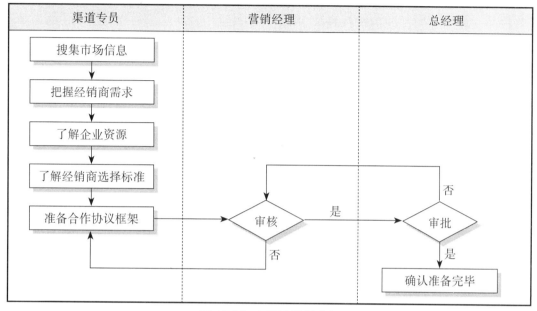

图 15-21 经销商选择准备

15.22 经销商实力认证流程

经销商实力认证流程见图15-22。

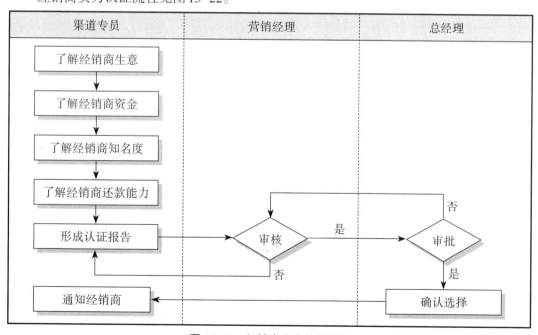

图 15-22 经销商实力认证流程

15.23　经销商选择作业流程

经销商选择作业流程见图15-23。

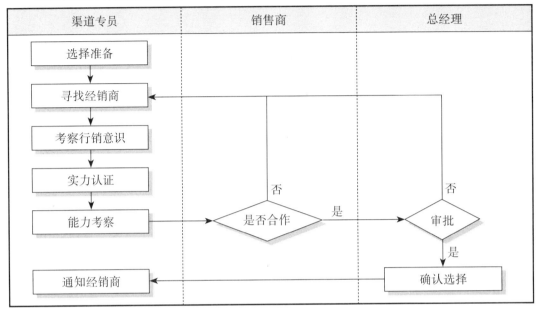

图 15-23　经销商选择作业流程

15.24　经销商拜访作业流程

经销商拜访作业流程见图15-24。

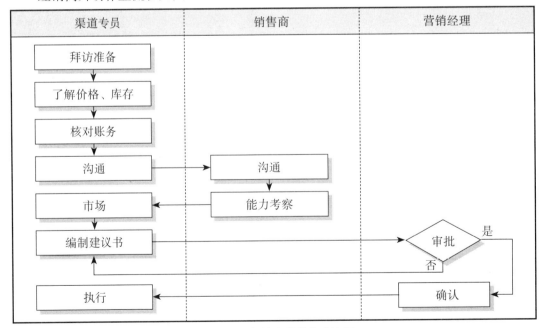

图 15-24　经销商拜访作业流程

15.25 经销模式设计流程

经销模式设计流程见图15-25。

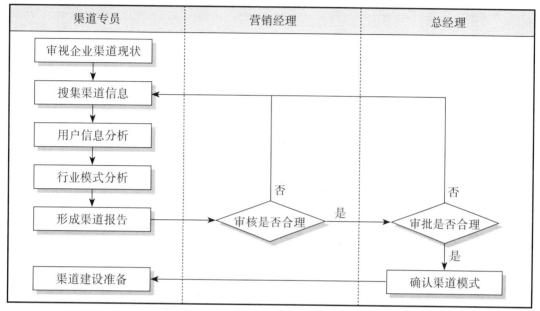

图 15-25 经销模式设计流程

15.26 销售工作计划作业流程

销售工作计划作业流程见图15-26。

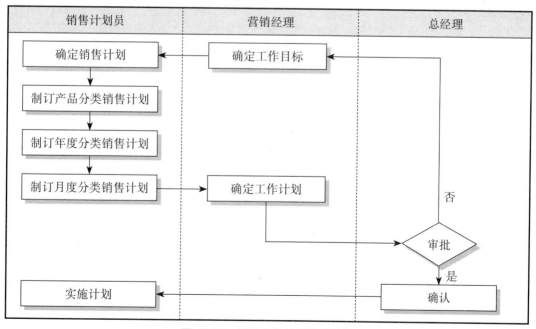

图 15-26 销售工作计划作业流程

15.27　年度销售总额计划的编制流程

年度销售总额计划的编制流程见图15-27。

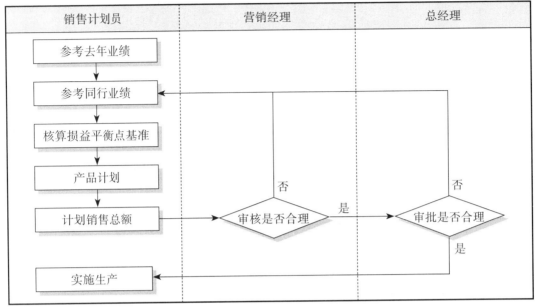

图 15-27　年度销售总额计划的编制流程

15.28　商品类销售额计划的编制流程

商品类销售额计划的编制流程见图15-28。

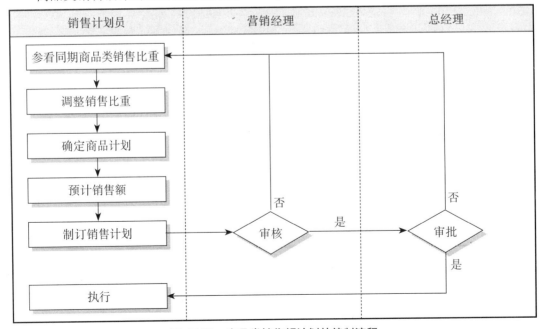

图 15-28　商品类销售额计划的编制流程

15.29　潜在客户寻找流程

潜在客户寻找流程见图15-29。

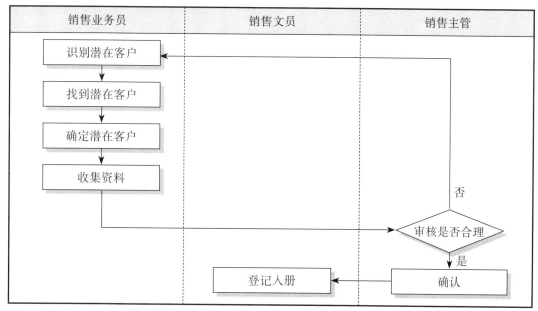

图 15-29　潜在客户寻找流程

15.30　客户评估分选流程

客户评估分选流程见图15-30。

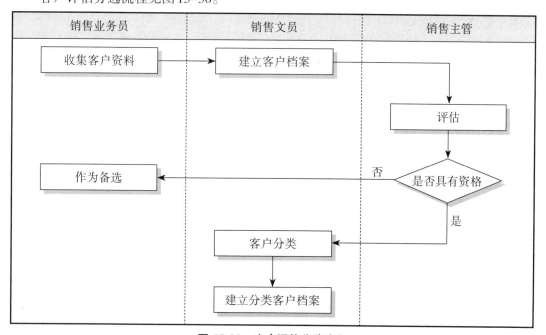

图 15-30　客户评估分选流程

15.31　客户预约准备流程

客户预约准备流程见图15-31。

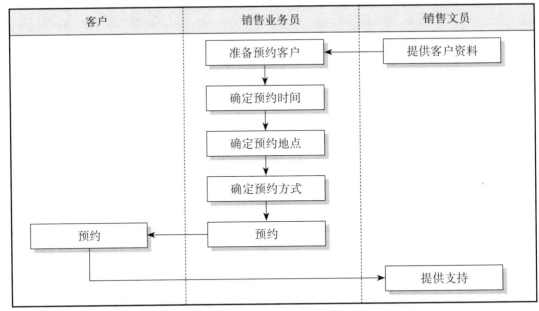

图 15-31　客户预约准备流程

15.32　电话预约作业流程

电话预约作业流程见图15-32。

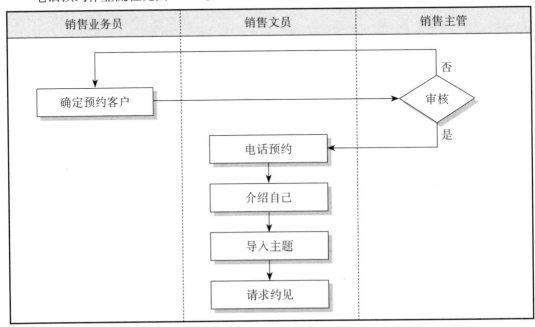

图 15-32　电话预约作业流程

15.33 预约拒绝处理流程

预约拒绝处理流程见图15-33。

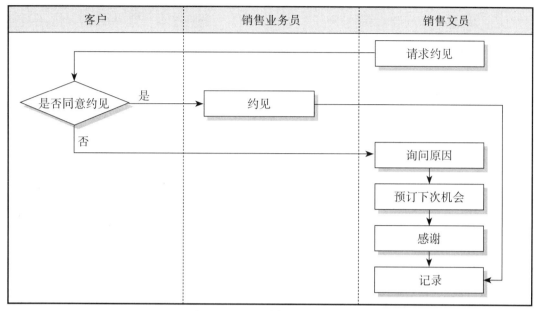

图 15-33 预约拒绝处理流程

15.34 客户拜访准备流程

客户拜访准备流程见图15-34。

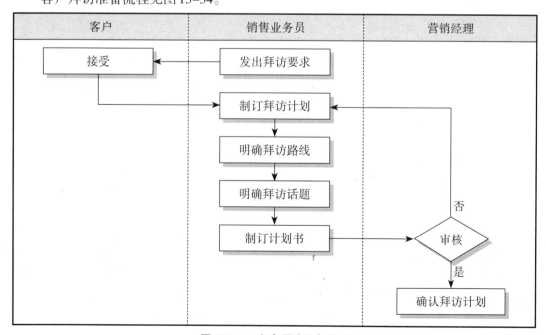

图 15-34 客户拜访准备流程

15.35 客户拜访流程

客户拜访流程见图15-35。

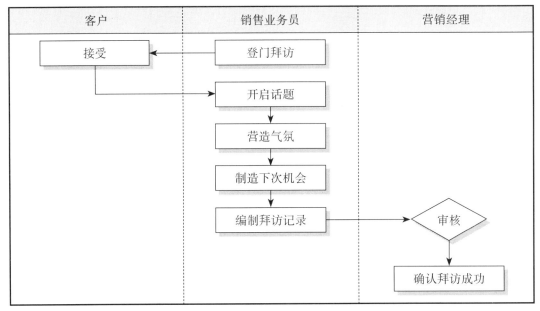

图 15-35 客户拜访流程

15.36 产品报价流程

产品报价流程见图15-36。

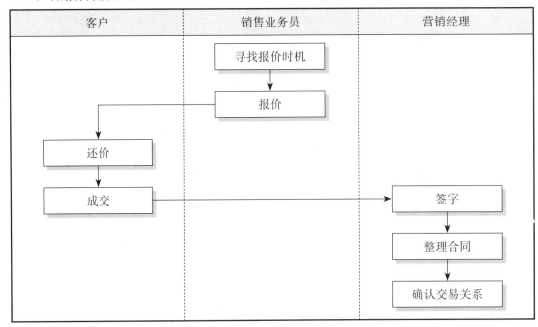

图 15-36 产品报价流程

15.37 客户建议书编制流程

客户建议书编制流程见图15–37。

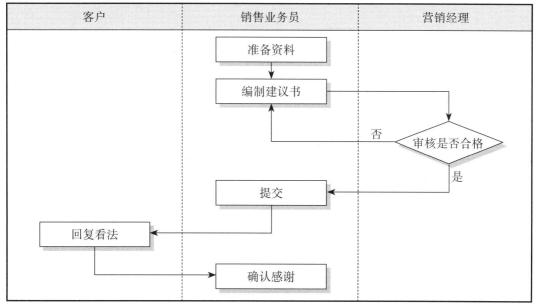

图 15-37 客户建议书编制流程

15.38 客户异议处理流程

客户异议处理流程见图15–38。

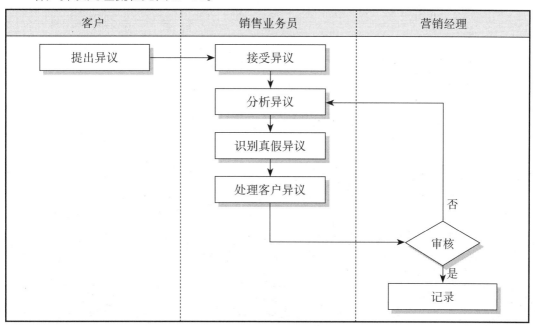

图 15-38 客户异议处理流程

15.39 签约促成管理流程

签约促成管理流程见图15-39。

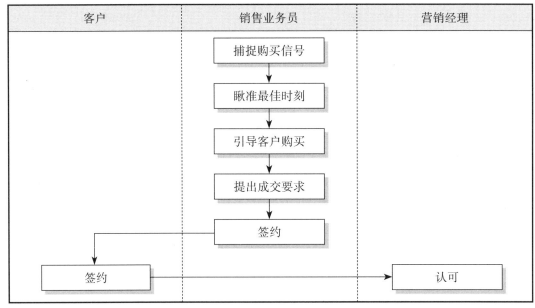

图 15-39　签约促成管理流程

15.40 销售合同签订流程

销售合同签订流程见图15-40。

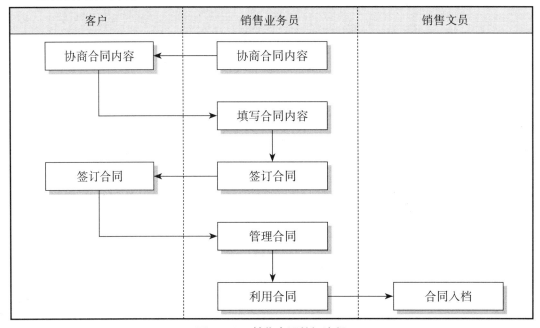

图 15-40　销售合同签订流程

15.41　客户告别作业流程

客户告别作业流程见图15-41。

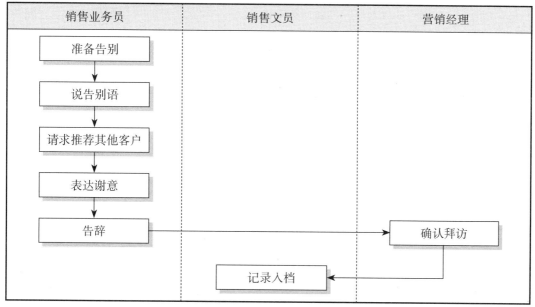

图 15-41　客户告别作业流程

15.42　销售合同管理流程

销售合同管理流程见图15-42。

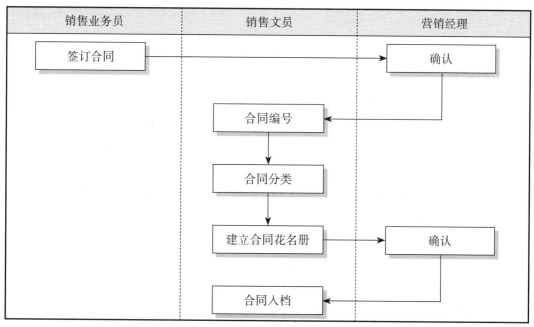

图 15-42　销售合同管理流程

15.43　销售合同变更流程

销售合同变更流程见图15-43。

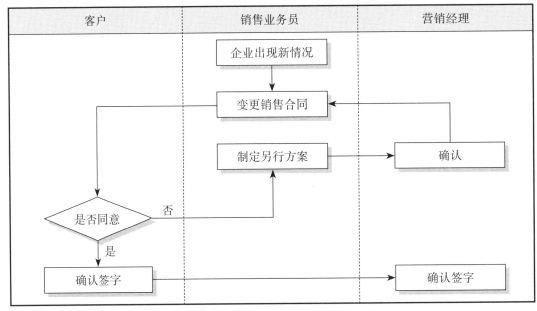

图 15-43　销售合同变更流程

15.44　销售接单作业流程

销售接单作业流程见图15-44。

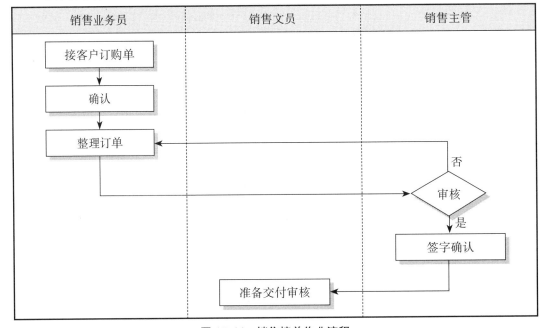

图 15-44　销售接单作业流程

15.45 订单评审作业流程

订单评审作业流程见图15-45。

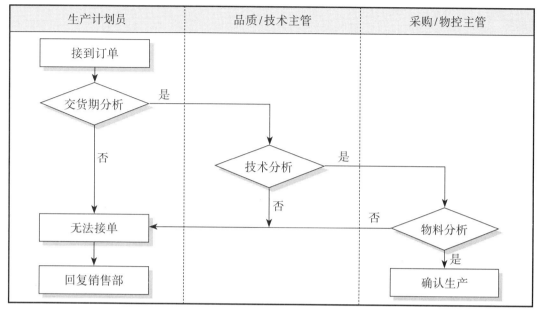

图 15-45 订单评审作业流程

15.46 订单变更流程

订单变更流程见图15-46。

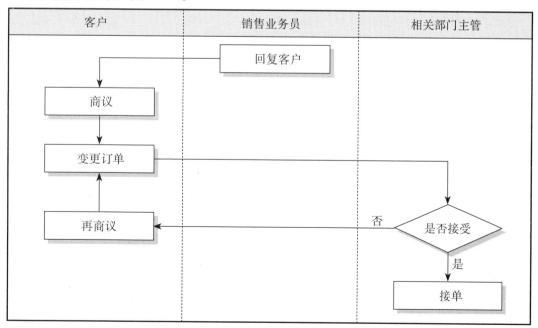

图 15-46 订单变更流程

15.47 交货期延误处理流程

交货期延误处理流程见图15-47。

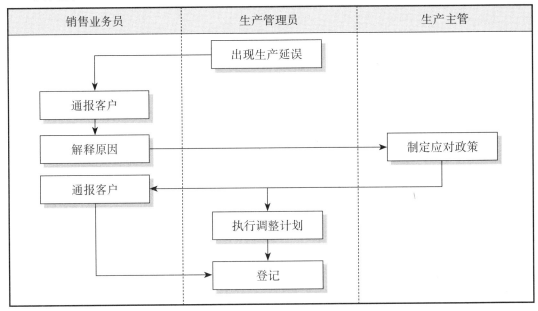

图 15-47 交货期延误处理流程

15.48 销售出货作业流程

销售出货作业流程见图15-48。

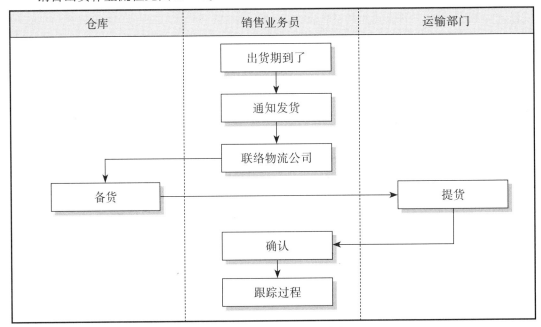

图 15-48 销售出货作业流程

15.49　客户资信调查流程

客户资信调查流程见图15–49。

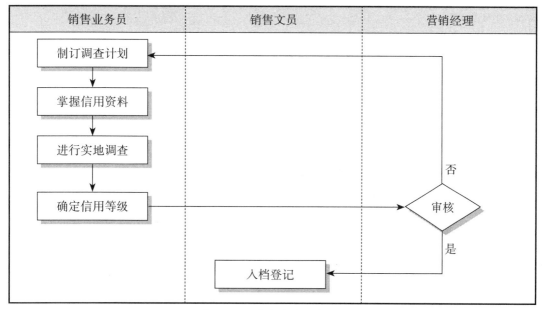

图 15-49　客户资信调查流程

15.50　收款作业实施流程

收款作业实施流程见图15–50。

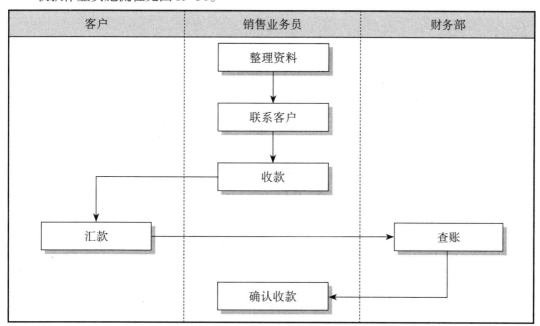

图 15-50　收款作业实施流程

15.51 欠款回收作业流程

欠款回收作业流程见图15-51。

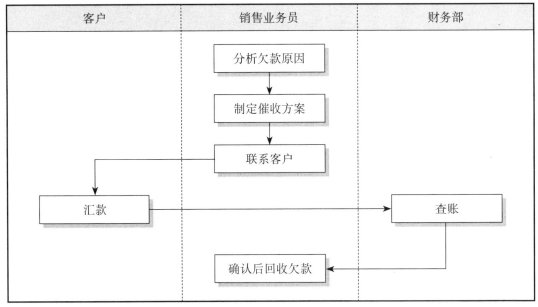

图 15-51　欠款回收作业流程

15.52 坏账处理作业流程

坏账处理作业流程见图15-52。

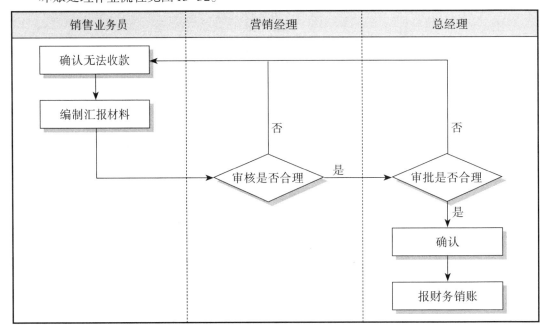

图 15-52　坏账处理作业流程

15.53 账款折扣申请流程

账款折扣申请流程见图15–53。

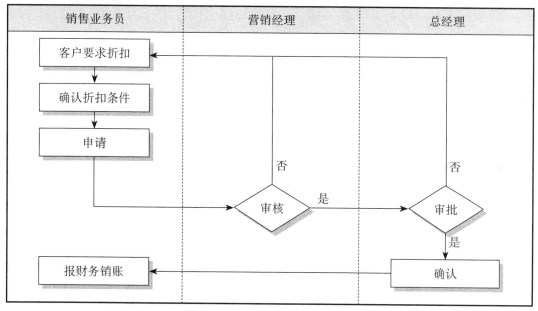

图 15-53　账款折扣申请流程

15.54 客户信息搜集作业流程

客户信息搜集作业流程见图15–54。

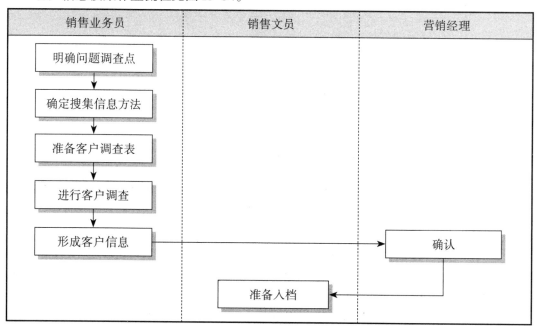

图 15-54　客户信息搜集作业流程

15.55　客户信息归档作业流程

客户信息归档作业流程见图15–55。

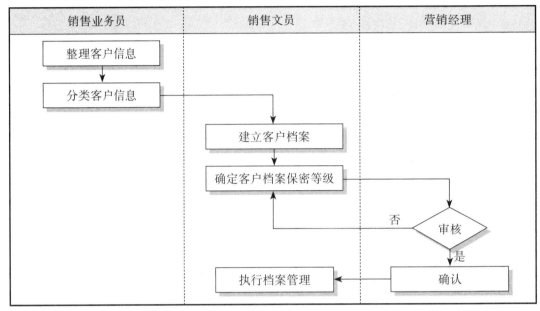

图 15-55　客户信息归档作业流程

15.56　客户信息借阅作业流程

客户信息借阅作业流程见图15–56。

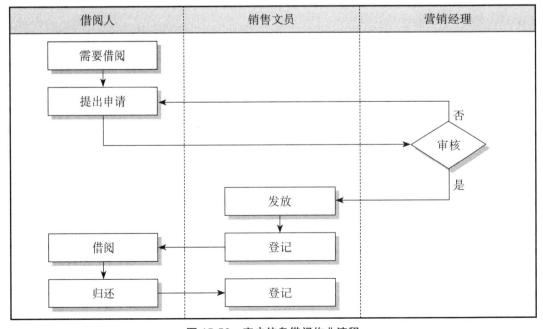

图 15-56　客户信息借阅作业流程

15.57　客户信息保密管理流程

客户信息保密管理流程见图15–57。

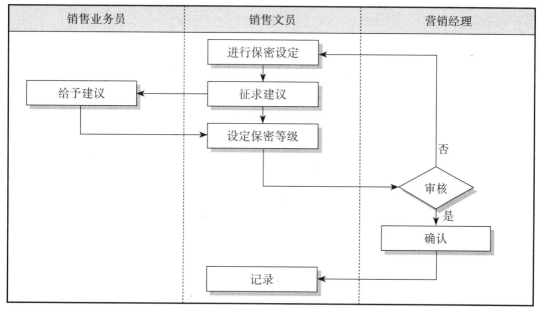

图 15-57　客户信息保密管理流程

15.58　客户信息销档作业流程

客户信息销档作业流程见图15–58。

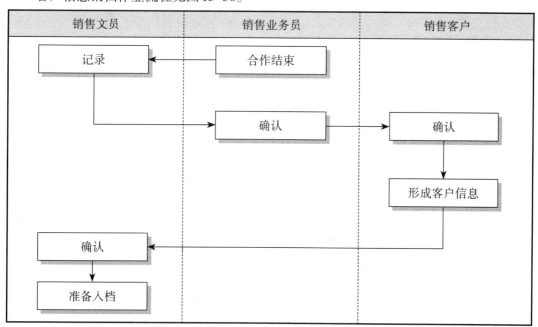

图 15-58　客户信息销档作业流程

第16章

采购管理流程

16.1 采购价格调查流程

采购价格调查流程见图16-1。

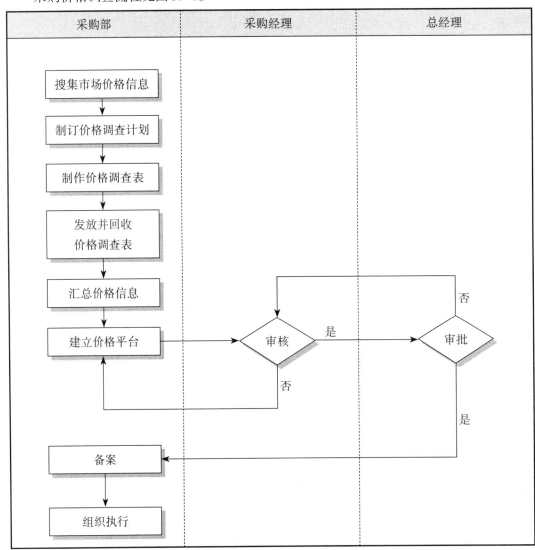

图 16-1 采购价格调查流程

16.2 采购询价流程

采购询价流程见图16-2。

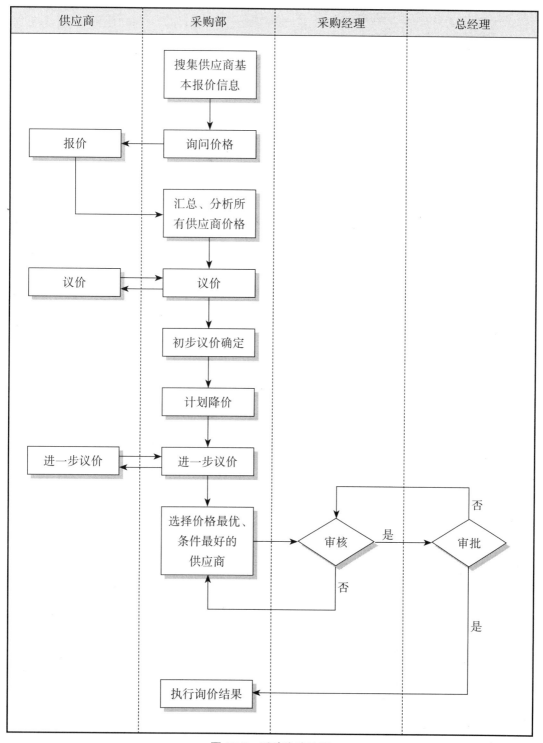

图 16-2 采购询价流程

16.3　采购议价流程

采购议价流程见图16-3。

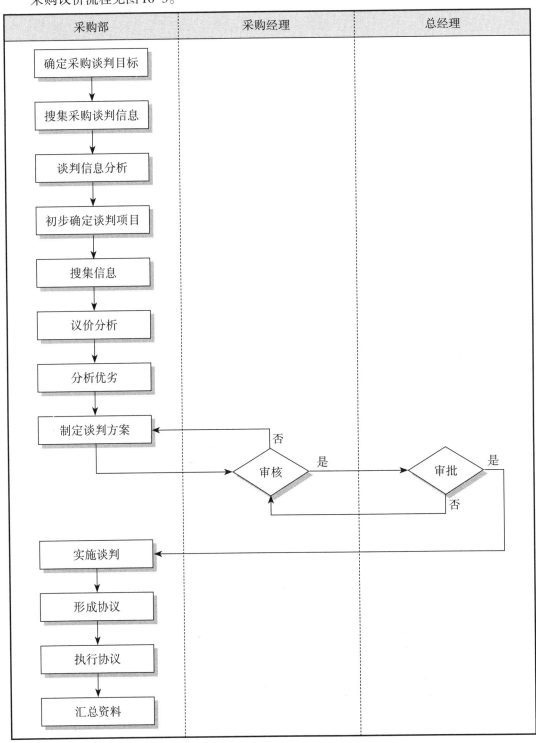

图 16-3　采购议价流程

16.4　采购申请与批准流程

采购申请与批准流程见图16-4。

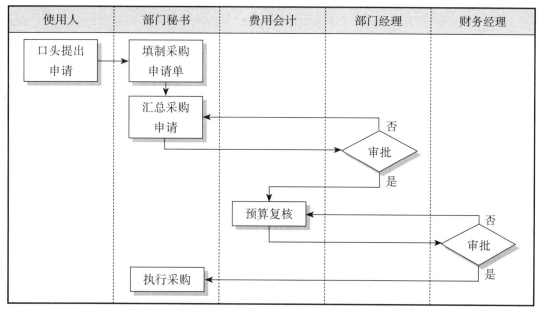

图 16-4　采购申请与批准流程

16.5　供应商选择流程

供应商选择流程见图16-5。

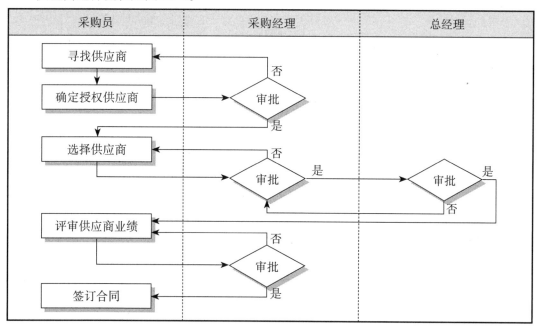

图 16-5　供应商选择流程

16.6 采购合同制定流程

采购合同制定流程见图16-6。

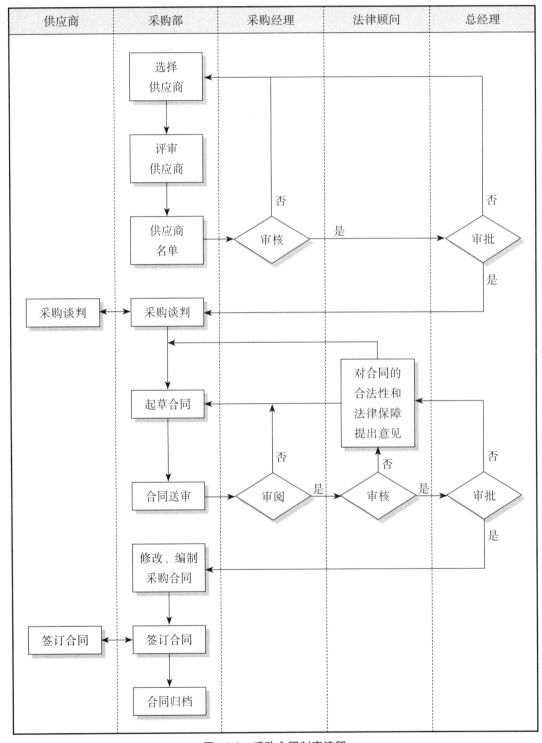

图 16-6　采购合同制定流程

16.7 采购合同审核流程

采购合同审核流程见图16-7。

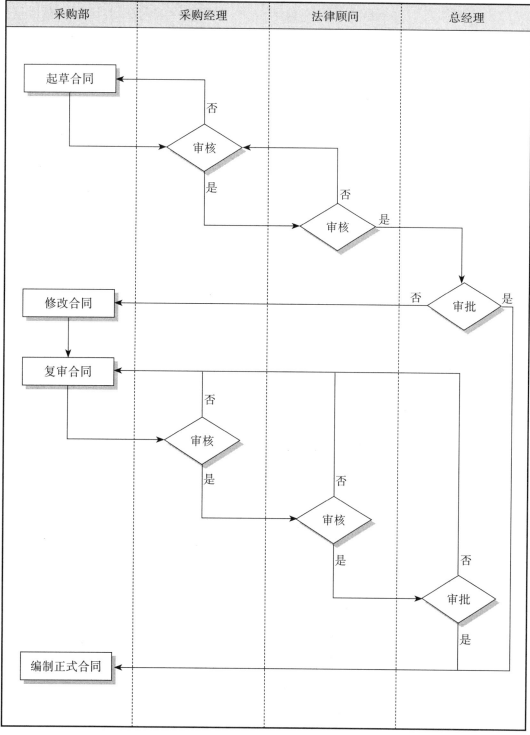

图 16-7 采购合同审核流程

16.8　采购合同变更流程

采购合同变更流程见图16-8。

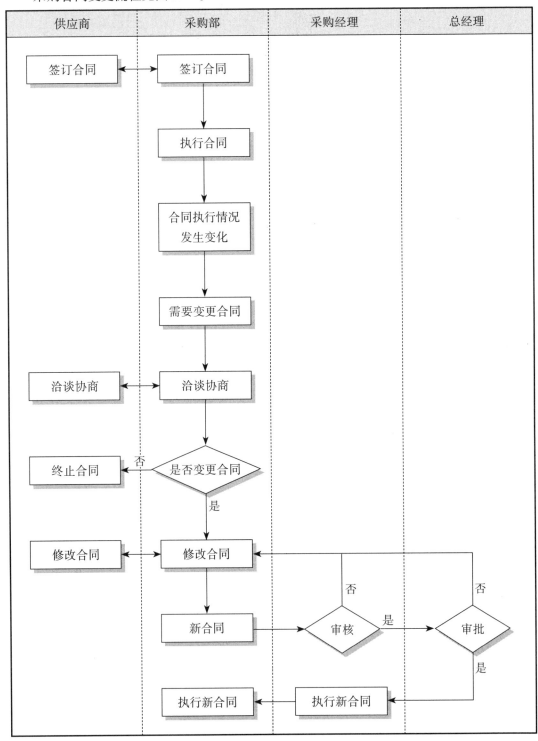

图 16-8　采购合同变更流程

16.9 采购订单管理流程

采购订单管理流程见图16-9。

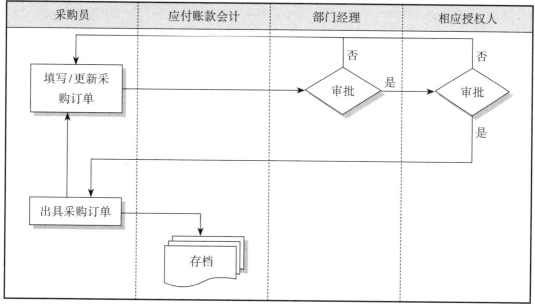

图 16-9 采购订单管理流程

16.10 采购异议处理流程

采购异议处理流程见图16-10。

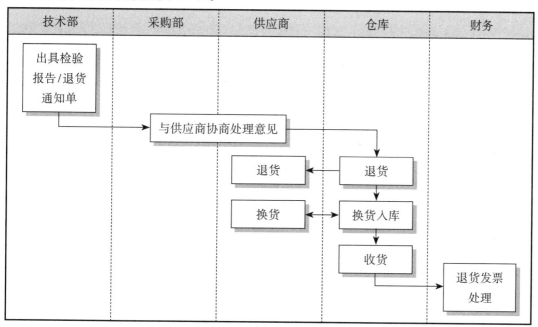

图 16-10 采购异议处理流程

16.11 采购成本分析流程

采购成本分析流程见图16-11。

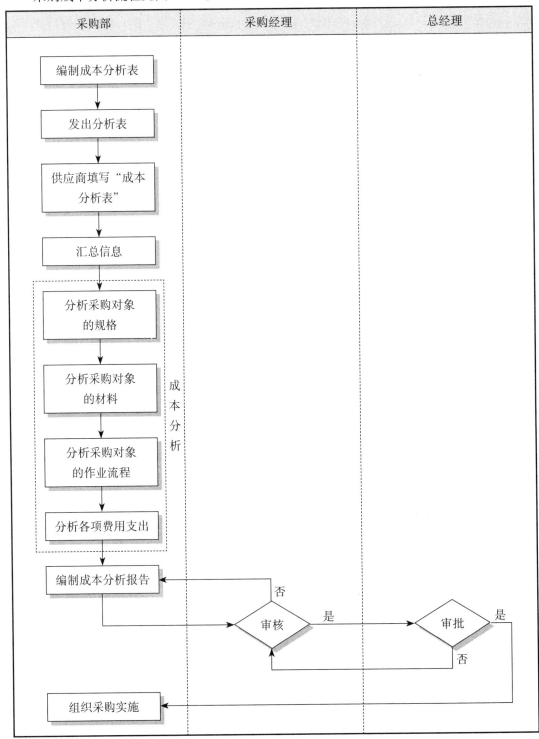

图 16-11 采购成本分析流程

第17章

生产计划调度管理流程

17.1 生产接单流程

生产接单流程见图17-1。

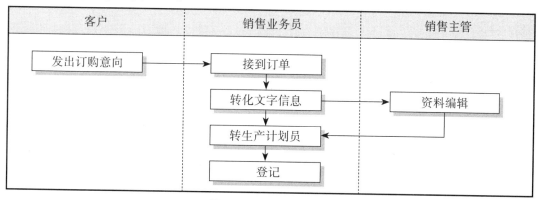

图 17-1 生产接单流程

17.2 订单审查流程

订单审查流程见图17-2。

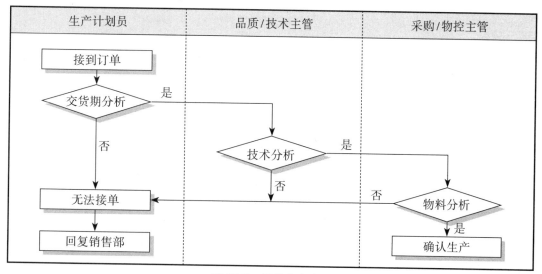

图 17-2 订单审查流程

17.3 急单审查流程

急单审查流程见图17-3。

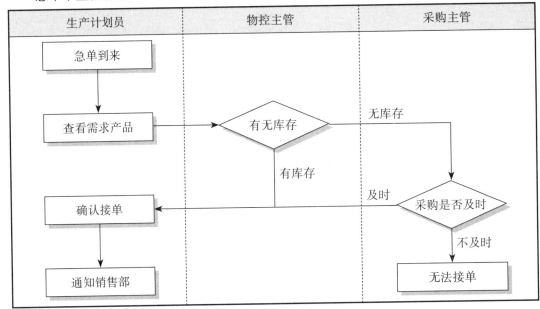

图 17-3　急单审查流程

17.4 订单变更流程

订单变更流程见图17-4。

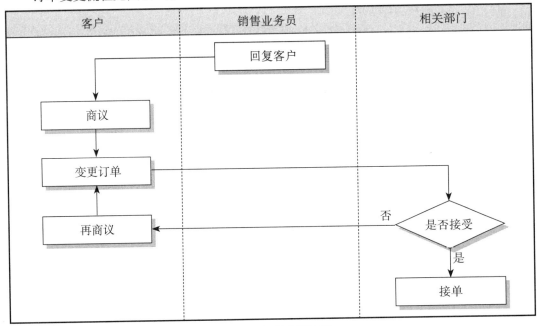

图 17-4　订单变更流程

17.5 订单分发流程

订单分发流程见图17-5。

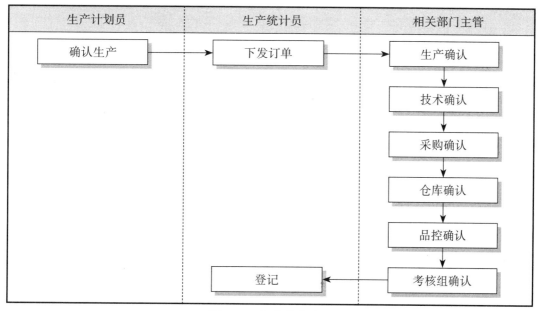

图 17-5 订单分发流程

17.6 产能负荷分析表编制流程

产能负荷分析表编制流程见图17-6。

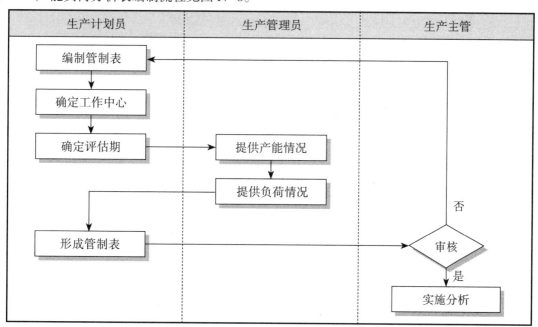

图 17-6 产能负荷分析表编制流程

17.7　设备产能预估分析流程

设备产能预估分析流程见图17-7。

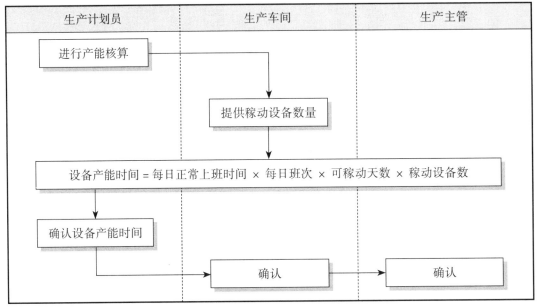

图 17-7　设备产能预估分析流程

17.8　人力产能预估分析流程

人力产能预估分析流程见图17-8。

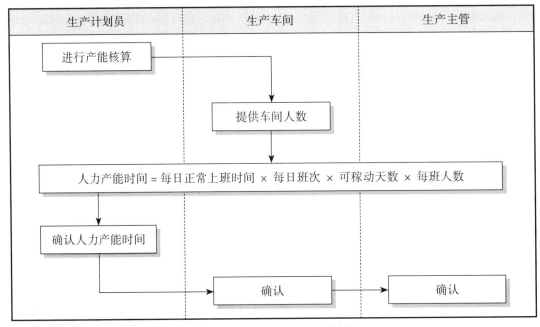

图 17-8　人力产能预估分析流程

17.9　负荷预估分析流程

负荷预估分析流程见图17-9。

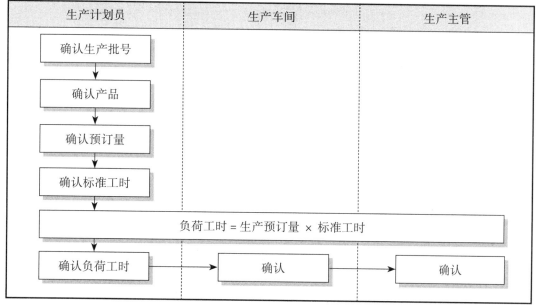

图 17-9　负荷预估分析流程

17.10　产能负荷失衡应对流程

产能负荷失衡应对流程见图17-10。

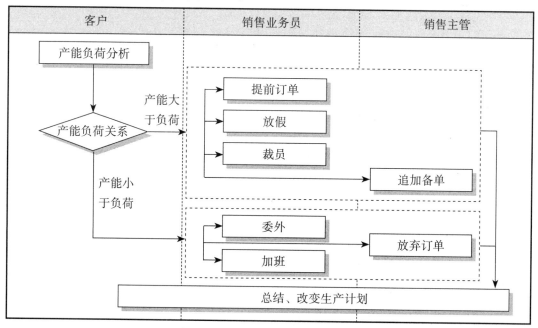

图 17-10　产能负荷失衡应对流程

17.11 出货排程计划流程

出货排程计划流程见图17-11。

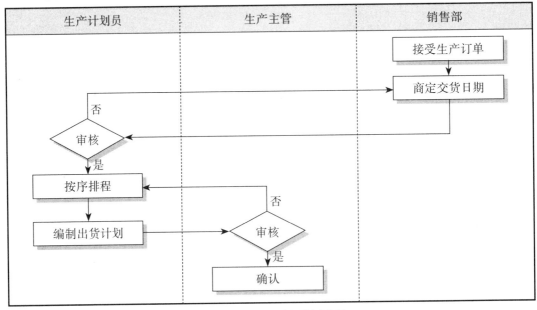

图 17-11　出货排程计划流程

17.12 生产日程计划流程

生产日程计划流程见图17-12。

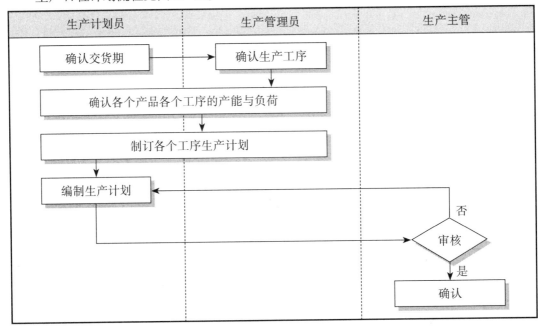

图 17-12　生产日程计划流程

17.13 车间生产计划流程

车间生产计划流程见图17-13。

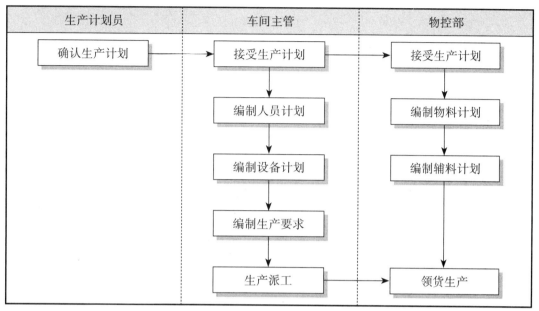

图 17-13 车间生产计划流程

17.14 生产计划变更流程

生产计划变更流程见图17-14。

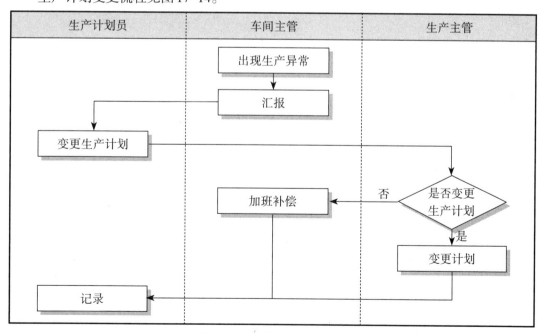

图 17-14 生产计划变更流程

17.15 生产计划下发流程

生产计划下发流程见图17-15。

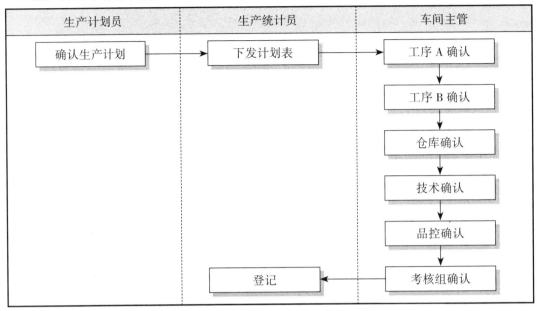

图 17-15 生产计划下发流程

17.16 生产指令发出流程

生产指令发出流程见图17-16。

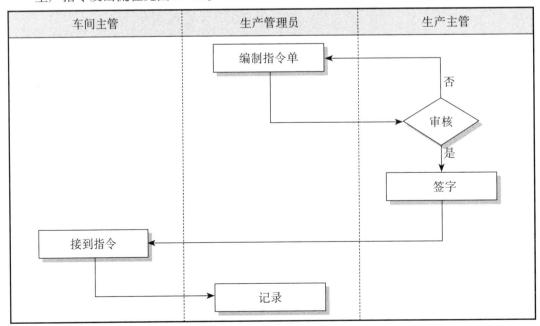

图 17-16 生产指令发出流程

17.17　生产进度控制流程

生产进度控制流程见图17-17。

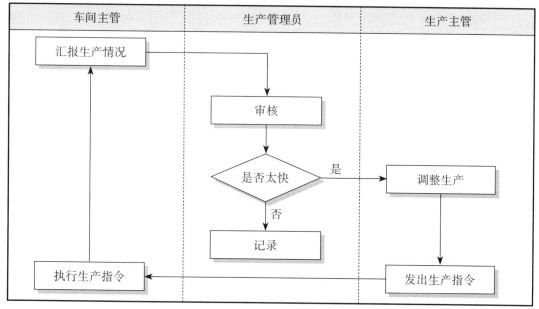

图 17-17　生产进度控制流程

17.18　生产异常处理流程

生产异常处理流程见图17-18。

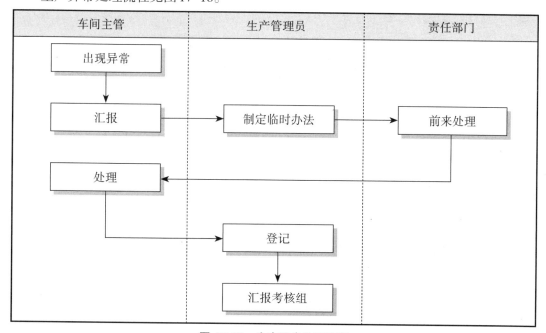

图 17-18　生产异常处理流程

17.19 生产情况统计流程

生产情况统计流程见图17-19。

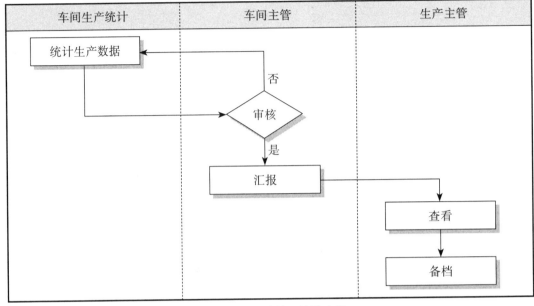

图 17-19 生产情况统计流程

17.20 交货期延误处理流程

交货期延误处理流程见图17-20。

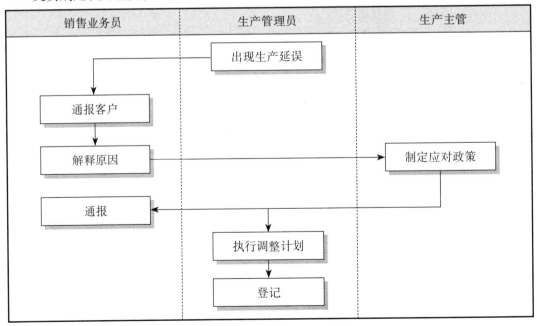

图 17-20 交货期延误处理流程

17.21 委外计划流程

委外计划流程见图17-21。

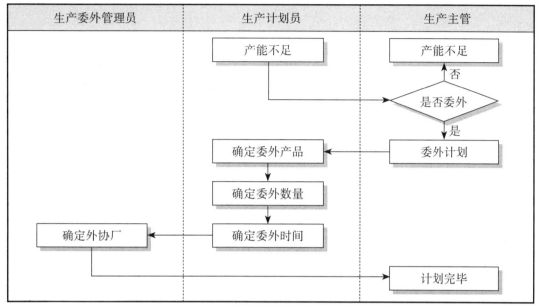

图 17-21 委外计划流程

17.22 外协厂选择流程

外协厂选择流程见图17-22。

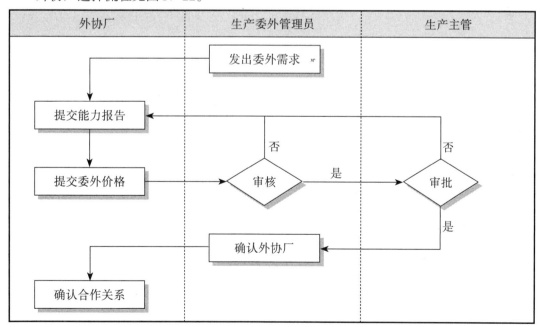

图 17-22 外协厂选择流程

17.23 外协厂评审流程

外协厂评审流程见图17-23。

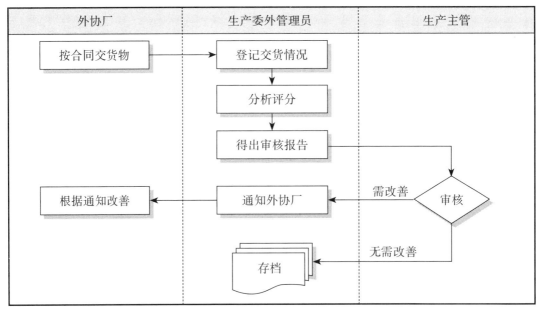

图 17-23　外协厂评审流程

17.24 委外跟踪流程

委外跟踪流程见图17-24。

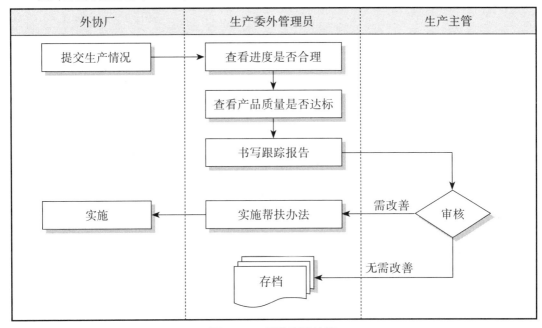

图 17-24　委外跟踪流程

17.25　外协收货流程

外协收货流程见图 17-25。

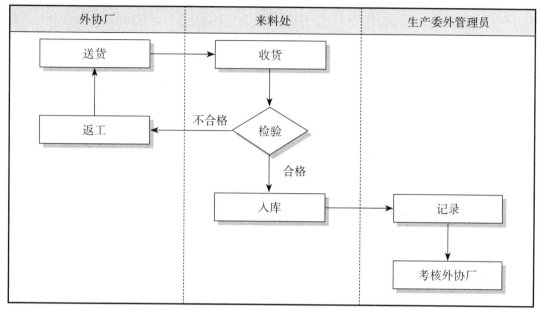

图 17-25　外协收货流程

第18章

物料控制流程

18.1 物料需求预测流程

物料需求预测流程见图18-1。

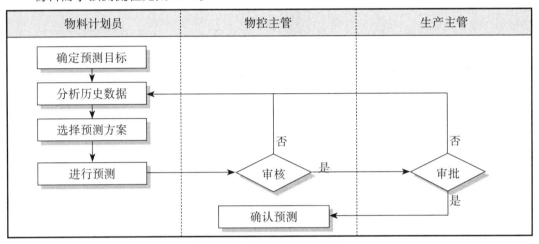

图 18-1　物料需求预测流程

18.2 物料需求计划制订流程

物料需求计划制订流程见图18-2。

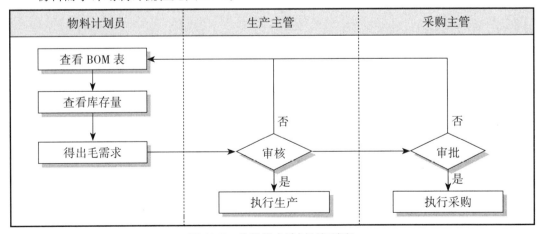

图 18-2　物料需求计划制订流程

18.3 辅料计划制订流程

辅料计划制订流程见图18-3。

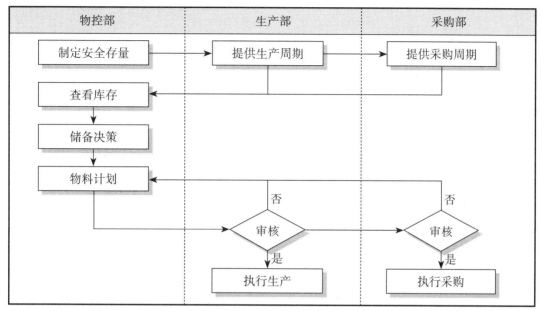

图 18-3 辅料计划制订流程

18.4 物料计划变更流程

物料计划变更流程见图18-4。

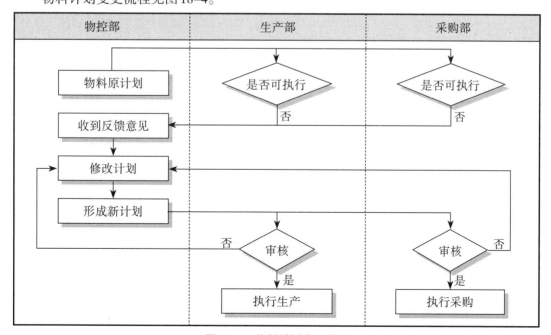

图 18-4 物料计划变更流程

18.5 物料计划监督实施流程

物料计划监督实施流程见图18-5。

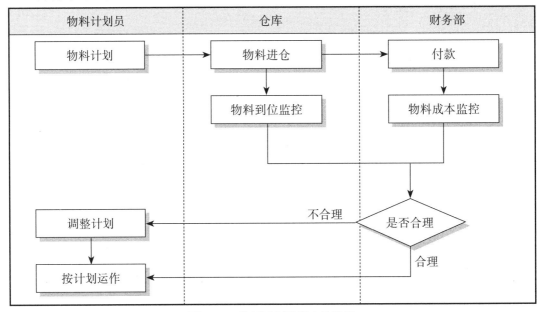

图 18-5　物料计划监督实施流程

18.6 生产主料请购流程

生产主料请购流程见图18-6。

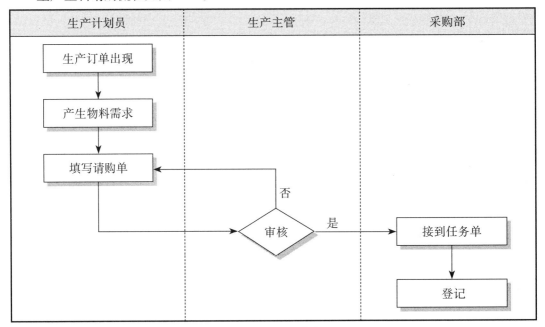

图 18-6　生产主料请购流程

18.7 物料采购计划流程

物料采购计划流程见图18-7。

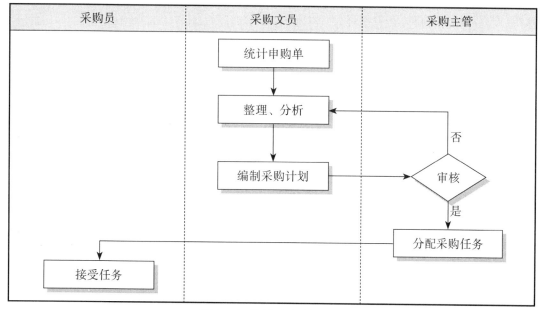

图 18-7 物料采购计划流程

18.8 物料订购审核流程

物料订购审核流程见图18-8。

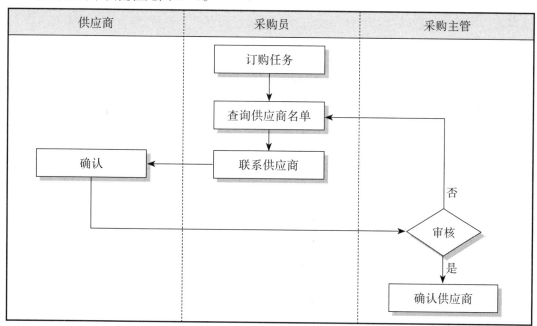

图 18-8 物料订购审核流程

18.9　物料采购跟催流程

物料采购跟催流程见图18-9。

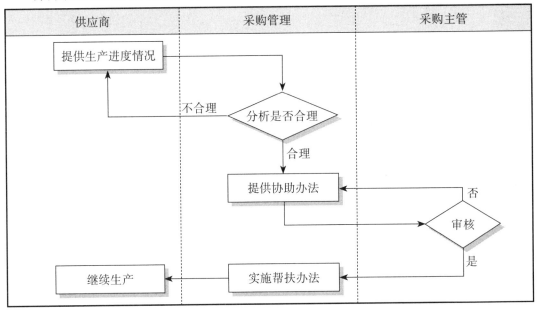

图 18-9　物料采购跟催流程

18.10　采购物料接收流程

采购物料接收流程见图18-10。

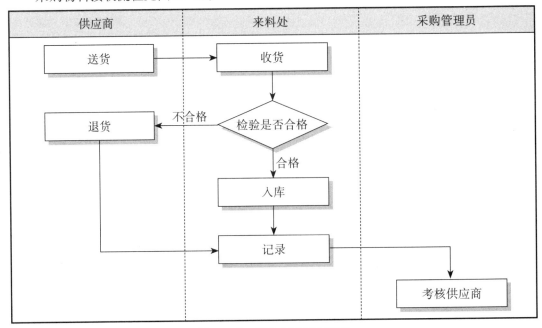

图 18-10　采购物料接收流程

18.11　来料收料流程

来料收料流程见图18-11。

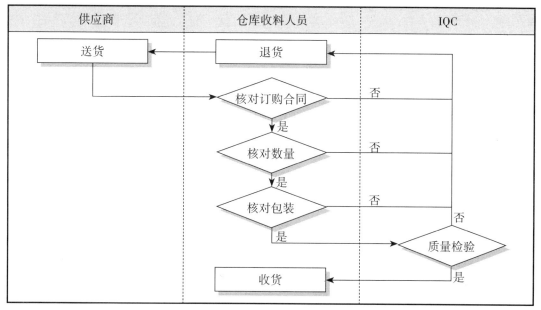

图 18-11　来料收料流程

18.12　收料点数流程

收料点数流程见图18-12。

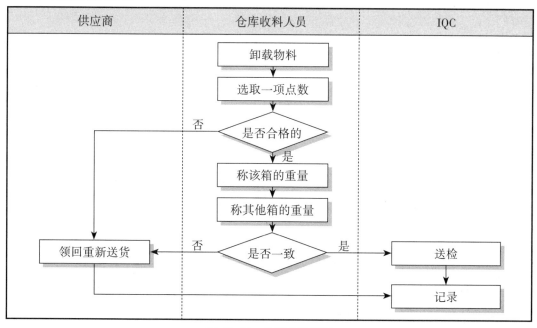

图 18-12　收料点数流程

18.13 收料质量检验流程

收料质量检验流程见图18-13。

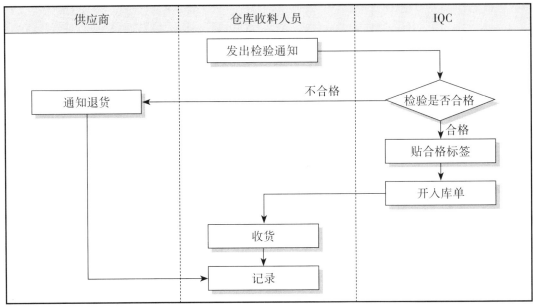

图 18-13 收料质量检验流程

18.14 车间半成品/成品入库流程

车间半成品/成品入库流程见图18-14。

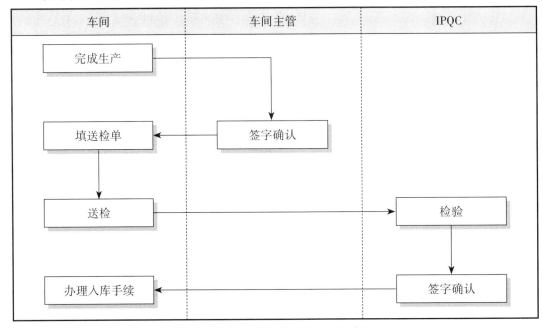

图 18-14 车间半成品／成品入库流程

18.15 车间不良品处理流程

车间不良品处理流程见图18-15。

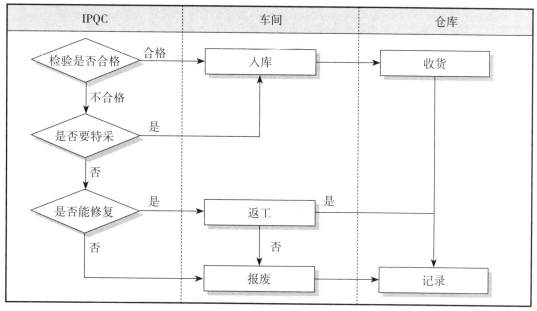

图 18-15 车间不良品处理流程

18.16 物料备料流程

物料备料流程见图18-16。

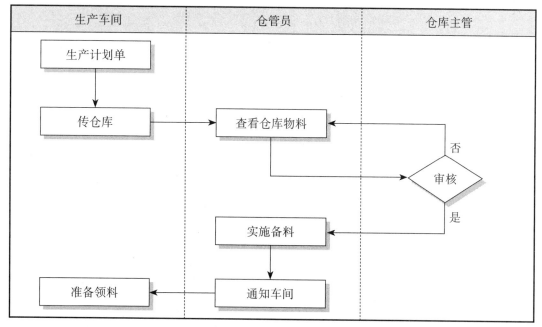

图 18-16 物料备料流程

18.17 车间领料流程

车间领料流程见图18-17。

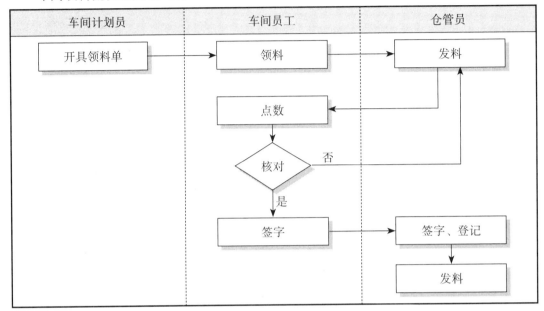

图 18-17 车间领货流程

18.18 车间换料流程

车间换料流程见图18-18。

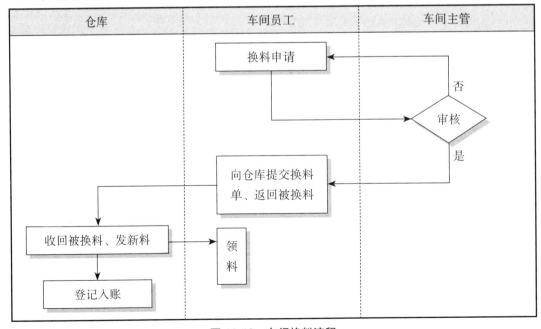

图 18-18 车间换料流程

18.19 追加物料申请流程

追加物料申请流程见图18-19。

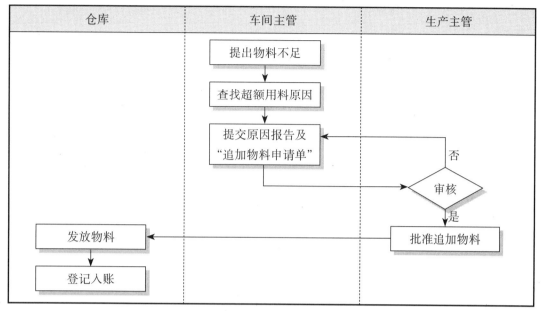

图 18-19 追加物料申请流程

18.20 成品出货流程

成品出货流程见图18-20。

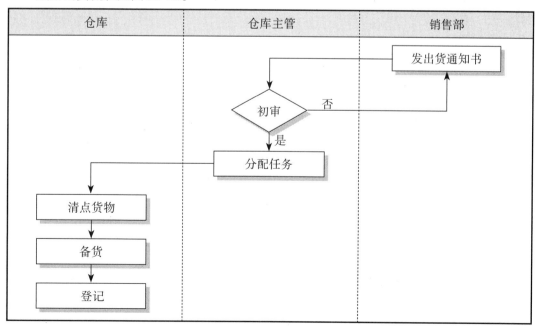

图 18-20 成品出货流程

18.21 成品发货流程

成品发货流程见图18-21。

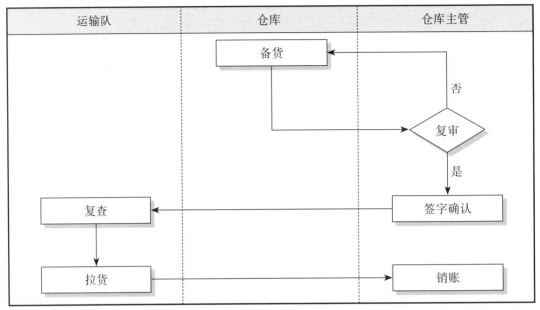

图 18-21 成品发货流程

18.22 物料堆码流程

物料堆码流程见图18-22。

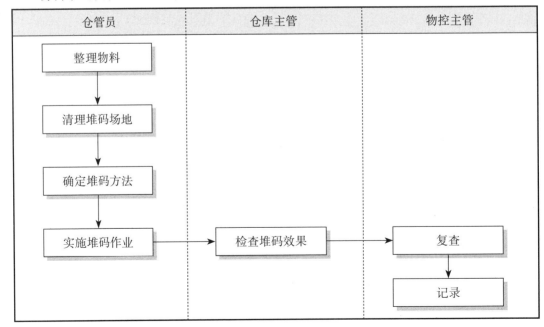

图 18-22 物料堆码流程

18.23 库存物料定期检验流程

库存物料定期检验流程见图18-23。

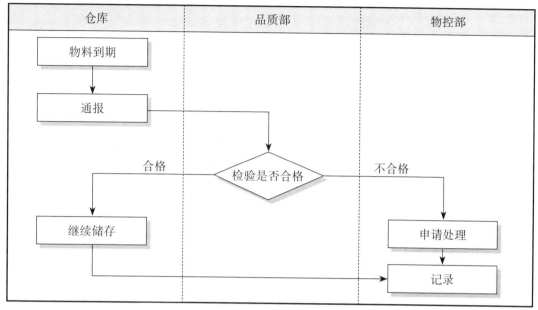

图 18-23 库存物料定期检验流程

18.24 物料盘点流程

物料盘点流程见图18-24。

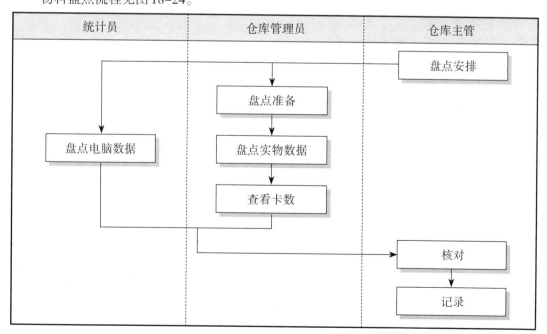

图 18-24 物料盘点流程

18.25　盘点差错分析流程

盘点差错分析流程见图18-25。

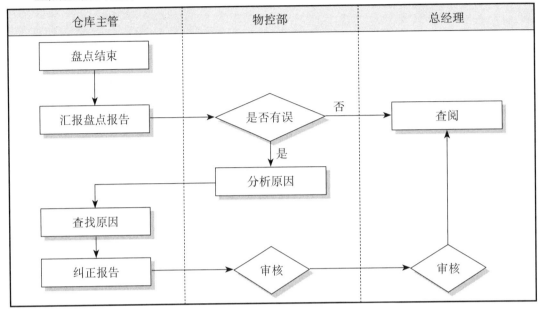

图 18-25　盘点差错分析流程

18.26　呆滞料处理流程

呆滞料处理流程见图18-26。

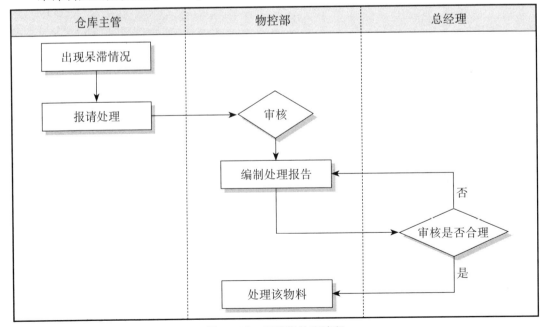

图 18-26　呆滞料处理流程

18.27 存量控制流程

存量控制流程见图18-27。

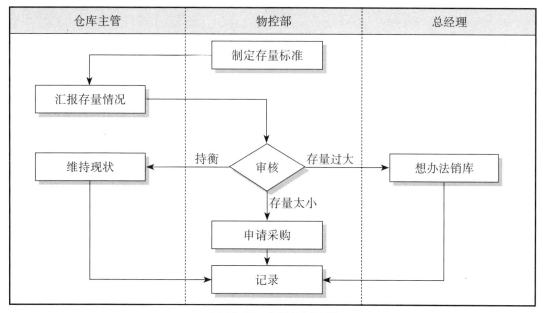

图 18-27 存量控制流程

第19章

生产车间管理流程

19.1 车间生产计划流程

车间生产计划流程见图19-1。

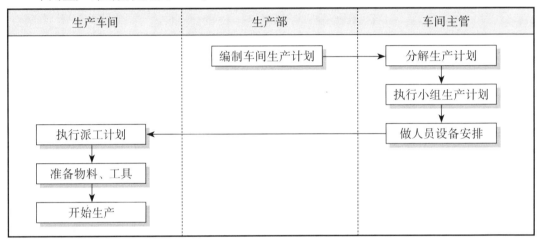

图 19-1 车间生产计划流程

19.2 小组生产作业流程

小组生产作业流程见图19-2。

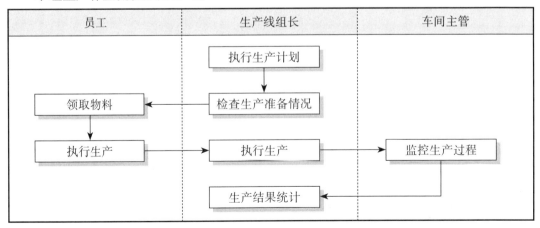

图 19-2 小组生产作业流程

19.3 车间生产准备流程

车间生产准备流程见图19-3。

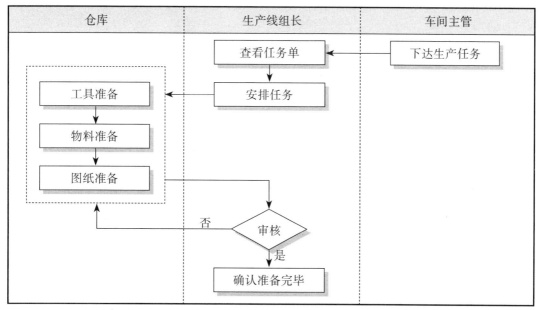

图 19-3 车间生产准备流程

19.4 车间生产统计流程

车间生产统计流程见图19-4。

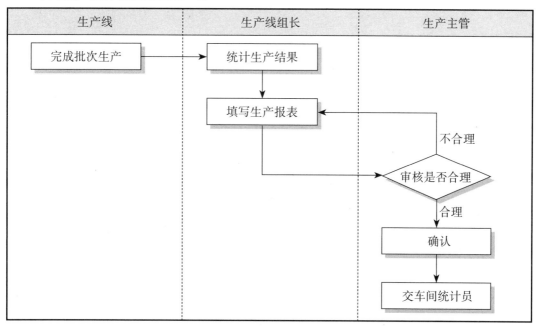

图 19-4 车间生产统计流程

19.5　车间生产异常处理流程

车间生产异常处理流程见图19-5。

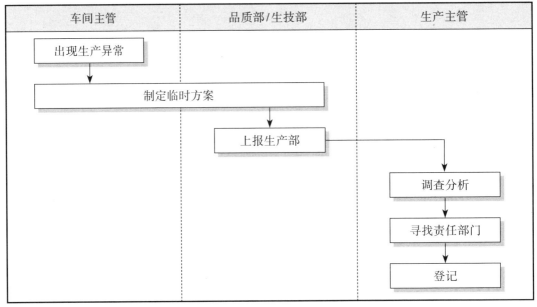

图 19-5　车间生产异常处理流程

19.6　车间人员分工作业流程

车间人员分工作业流程见图19-6。

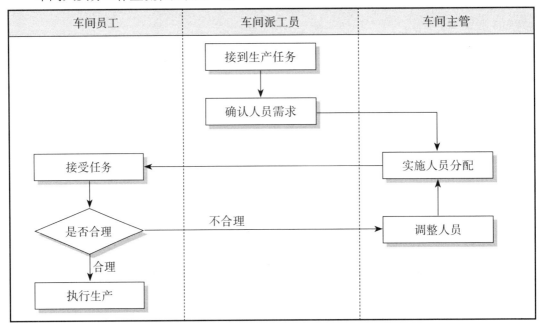

图 19-6　车间人员分工作业流程

19.7 车间意见上传流程

车间意见上传流程见图19-7。

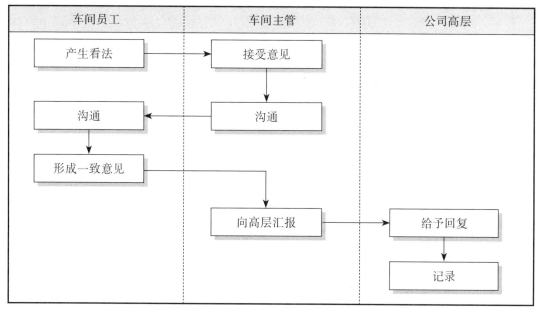

图 19-7 车间意见上传流程

19.8 车间人员培训安排流程

车间人员培训安排流程见图19-8。

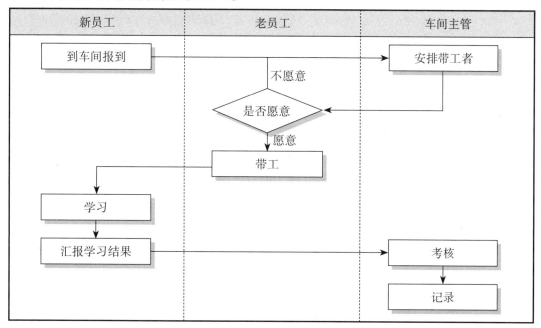

图 19-8 车间人员培训安排流程

19.9　车间培训考核作业流程

车间培训考核作业流程见图19-9。

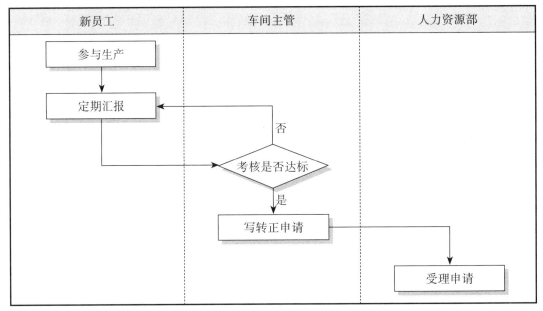

图 19-9　车间培训考核作业流程

19.10　车间人员动态汇报流程

车间人员动态汇报流程见图19-10。

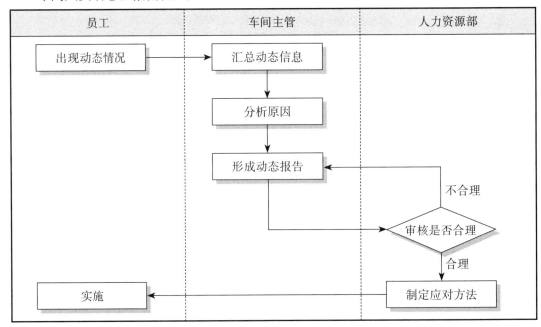

图 19-10　车间人员动态汇报流程

19.11 环境标准设置流程

环境标准设置流程见图19-11。

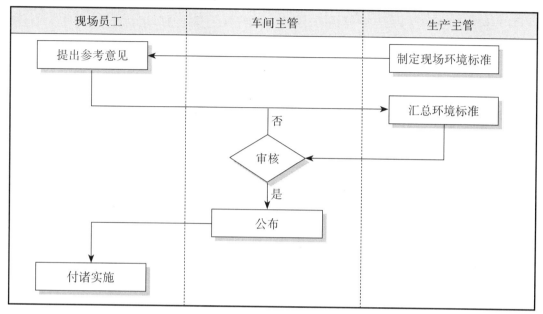

图 19-11 环境标准设置流程

19.12 现场卫生检查流程

现场卫生检查流程见图19-12。

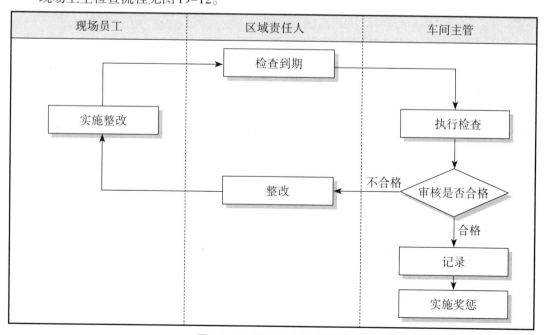

图 19-12 现场卫生检查流程

19.13 环境卫生责任分派流程

环境卫生责任分派流程见图19-13。

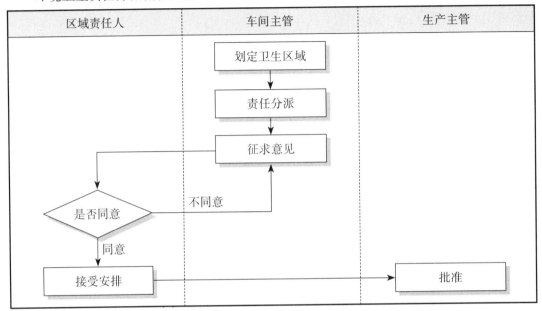

图 19-13 环境卫生责任分派流程

19.14 5S实施作业流程

5S实施作业流程见图19-14。

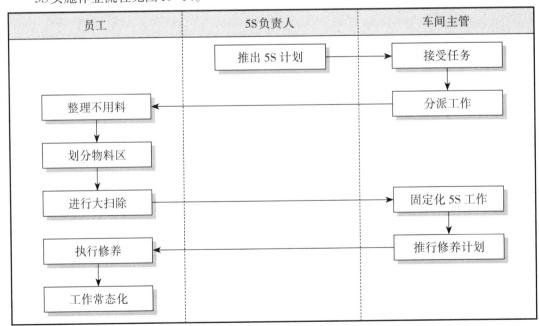

图 19-14 5S 实施作业流程

19.15 5S活动推进流程

5S活动推进流程见图19-15。

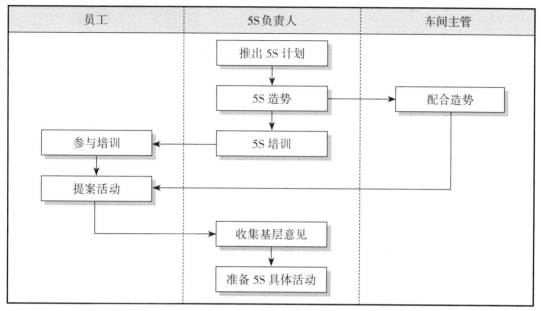

图 19-15 5S 活动推进流程

19.16 设备添置管理流程

设备添置管理流程见图19-16。

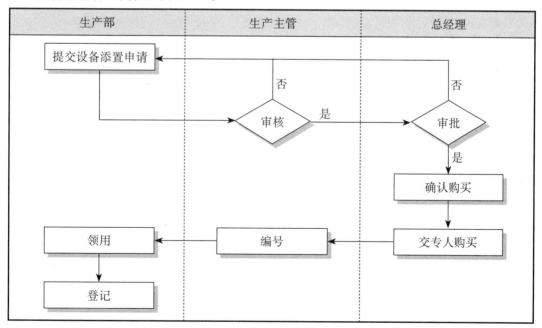

图 19-16 设备添置管理流程

19.17　设备使用管理流程

设备使用管理流程见图19-17。

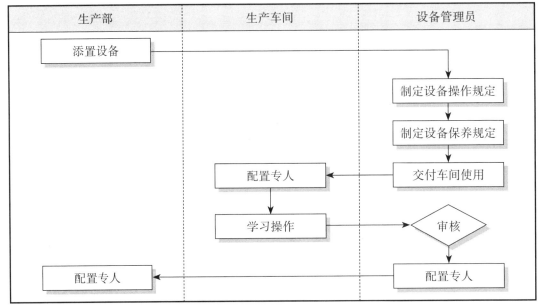

图 19-17　设备使用管理流程

19.18　设备故障检修流程

设备故障检修流程见图19-18。

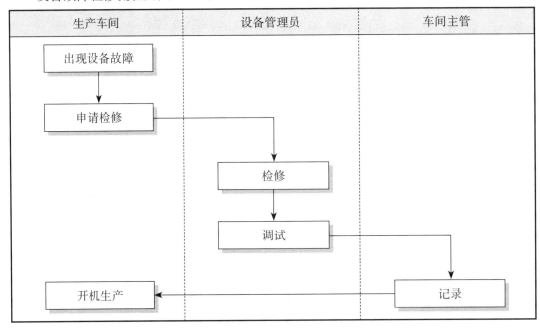

图 19-18　设备故障检修流程

19.19 设备日常维护流程

设备日常维护流程见图19–19。

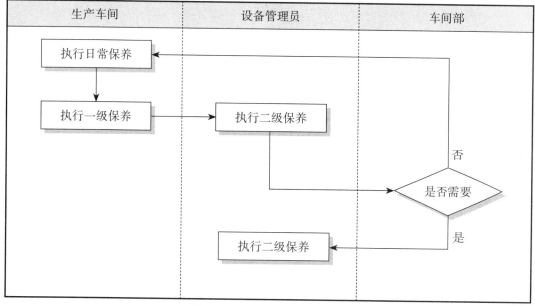

图 19-19 设备日常维护流程

19.20 设备报废管理流程

设备报废管理制度见图19–20。

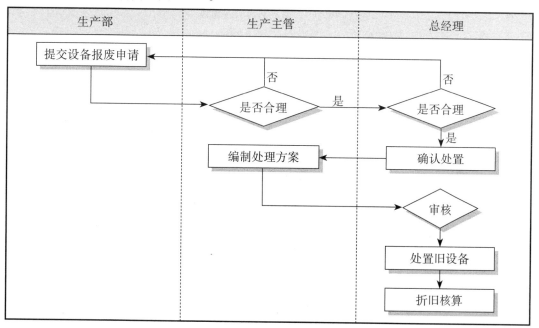

图 19-20 设备报废管理制度

第20章

质量管理流程

20.1 品质方针制定流程

品质方针制定流程见图20-1。

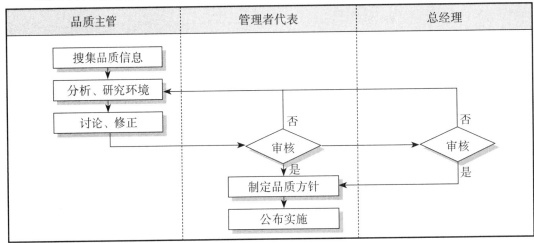

图 20-1　品质方针制定流程

20.2 质量标准制定流程

质量标准制定流程见图20-2。

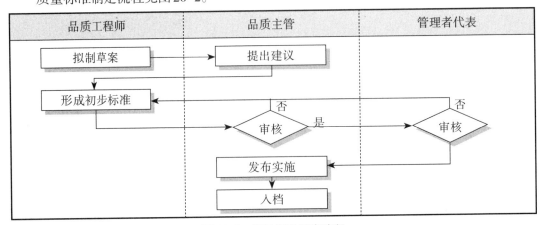

图 20-2　质量标准制定流程

20.3 质量组织管理流程

质量组织管理流程见图20-3。

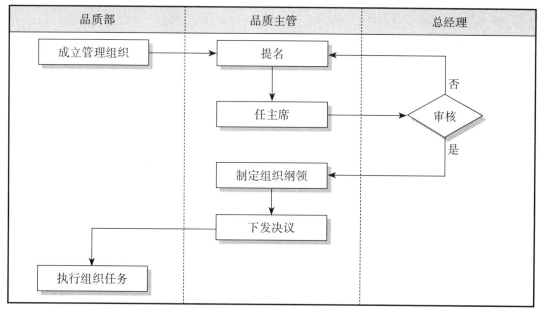

图 20-3 质量组织管理流程

20.4 品质目标实施流程

品质目标实施流程见图20-4。

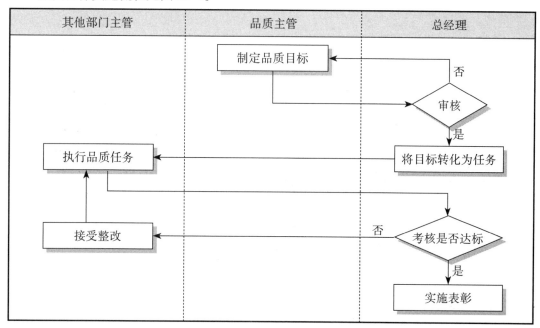

图 20-4 品质目标实施流程

20.5　品质改善作业流程

品质改善作业流程见图20-5。

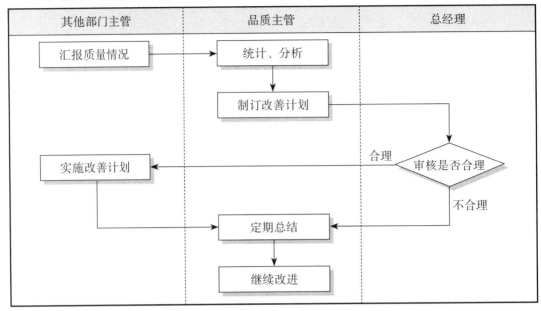

图 20-5　品质改善作业流程

20.6　产品首检作业流程

产品首检作业流程见图20-6。

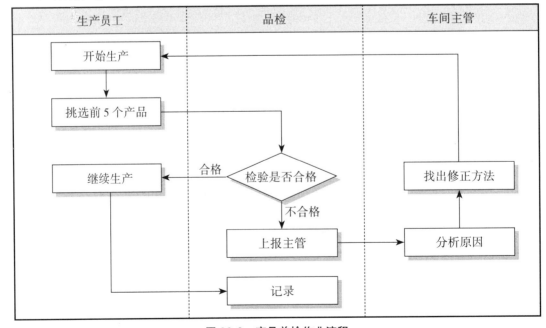

图 20-6　产品首检作业流程

20.7 产品巡检作业流程

产品巡检作业流程见图 20-7。

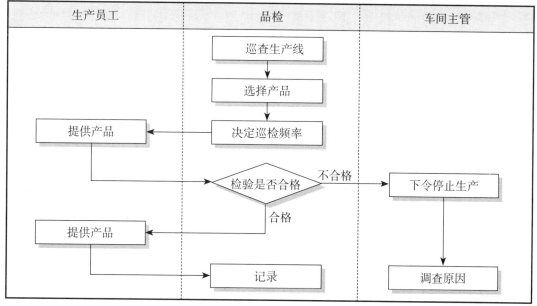

图 20-7 产品巡检作业流程

20.8 工序终检作业流程

工序终检作业流程见图 20-8。

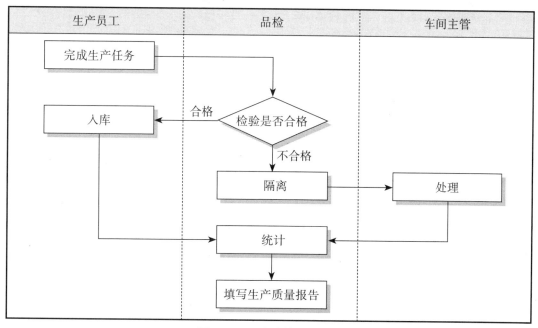

图 20-8 工序终检作业流程

20.9 产品返工作业流程

产品返工作业流程见图20-9。

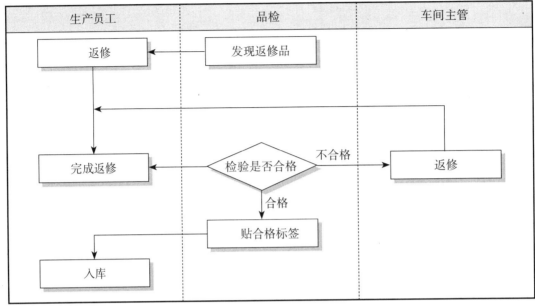

图 20-9 产品返工作业流程

20.10 品质统计作业流程

品质统计作业流程见图20-10。

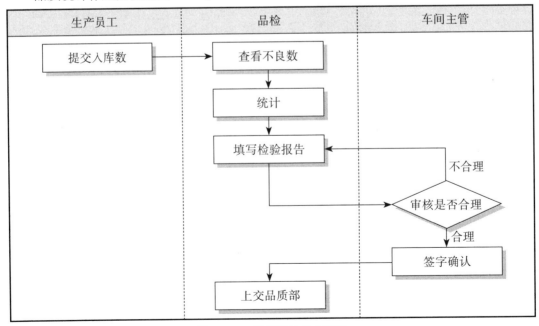

图 20-10 品质统计作业流程

第21章

生产安全管理流程

21.1 员工安全培训流程

员工安全培训流程见图21-1。

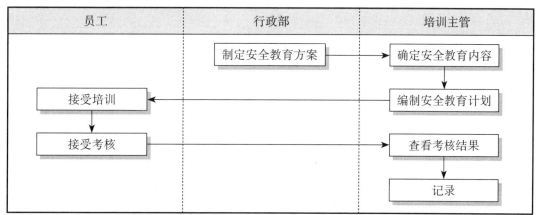

图 21-1 员工安全培训流程

21.2 安全检查作业流程

安全检查作业流程见图21-2。

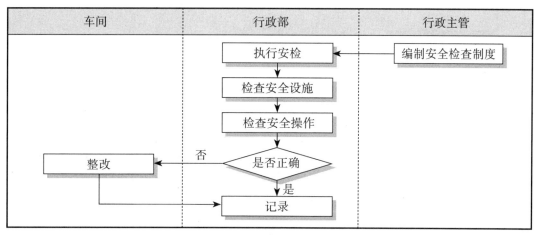

图 21-2 安全检查作业流程

21.3 安全事故处理流程

安全事故处理流程见图21-3。

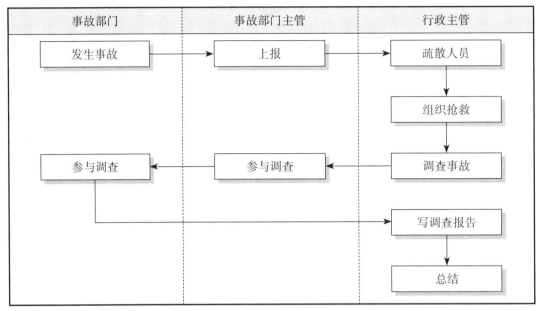

图 21-3 安全事故处理流程

21.4 安全操作监督作业流程

安全操作监督作业流程见图21-4。

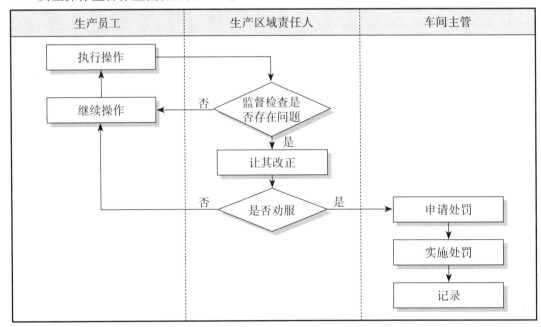

图 21-4 安全操作监督作业流程

21.5 劳保设备添置作业流程

劳保设备添置作业流程见图21-5。

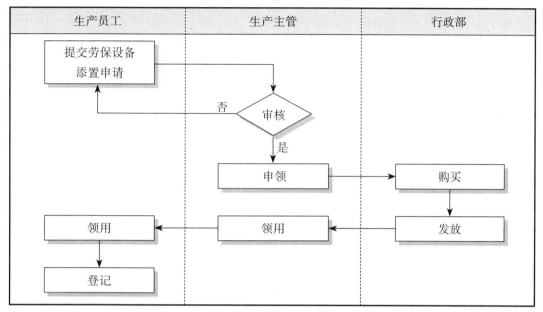

图 21-5 劳保设备添置作业流程

第22章

客户服务管理流程

22.1 咨询电话处理流程

咨询电话处理流程见图22-1。

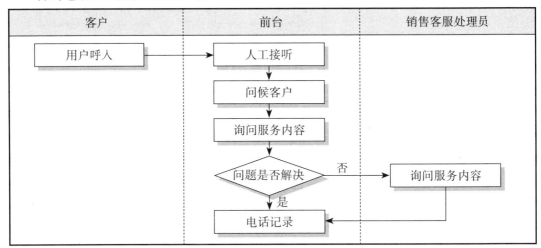

图 22-1　咨询电话处理流程

22.2 投诉电话处理流程

投诉电话处理流程见图22-2。

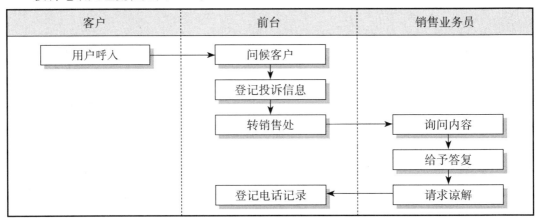

图 22-2　投诉电话处理流程

22.3 销售电话处理流程

销售电话处理流程见图22-3。

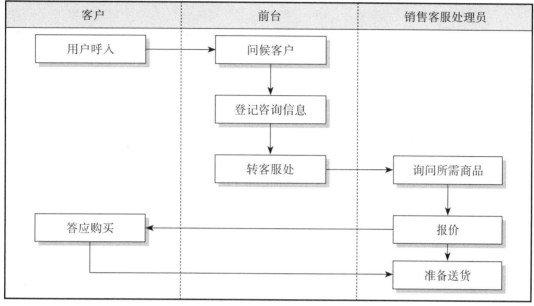

图 22-3 销售电话处理流程

22.4 电话回访作业流程

电话回访作业流程见图22-4。

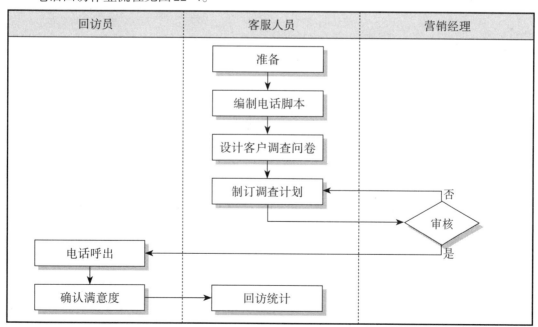

图 22-4 电话回访作业流程

22.5 回访统计作业流程

回访统计作业流程见图22-5。

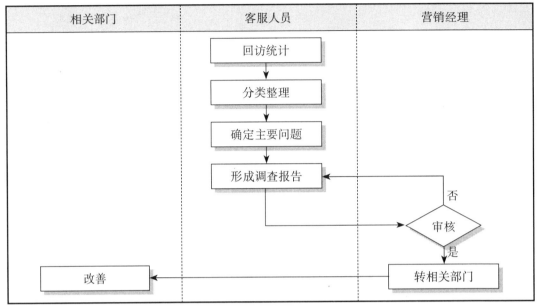

图 22-5 回访统计作业流程

22.6 客户投诉处理常规流程

客户投诉处理常规流程见图22-6。

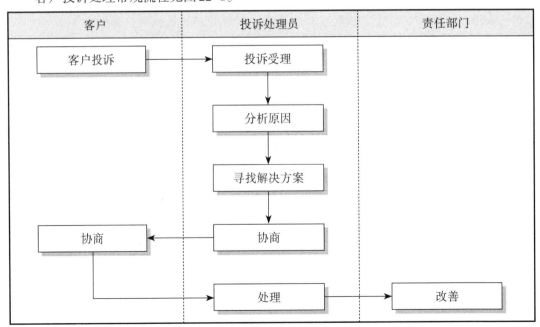

图 22-6 客户投诉处理常规流程

22.7 客户投诉结果处理流程

客户投诉结果处理流程见图22-7。

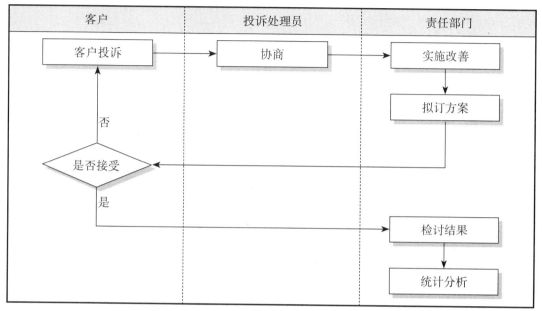

图 22-7 客户投诉结果处理流程

22.8 客户满意度调查流程

客户满意度调查流程见图22-8。

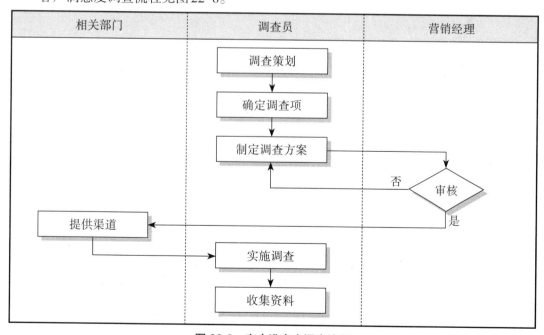

图 22-8 客户满意度调查流程

22.9 客户满意度总结流程

客户满意度总结流程见图22-9。

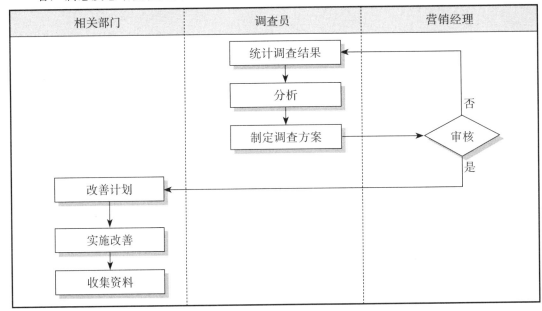

图 22-9 客户满意度总结流程

22.10 客户满意度调查问卷设计流程

客户满意度调查问卷设计流程见图22-10。

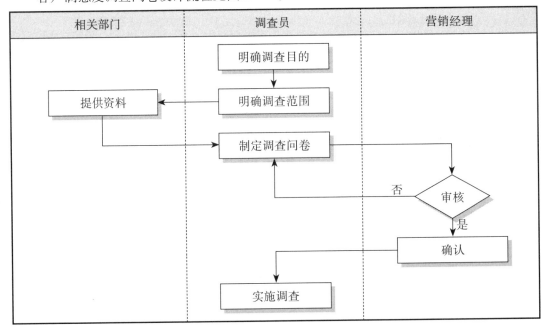

图 22-10 客户满意度调查问卷设计流程

22.11 送货上门服务流程

送货上门服务流程见图22-11。

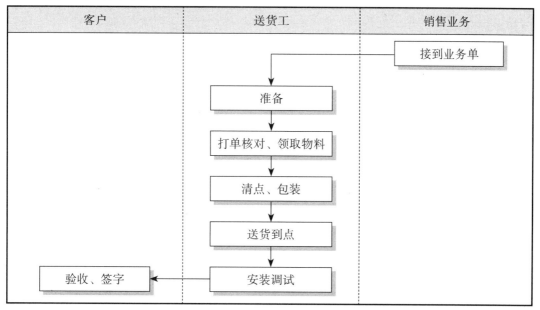

图 22-11 送货上门服务流程

22.12 上门安装负责流程

上门安装负责流程见图22-12。

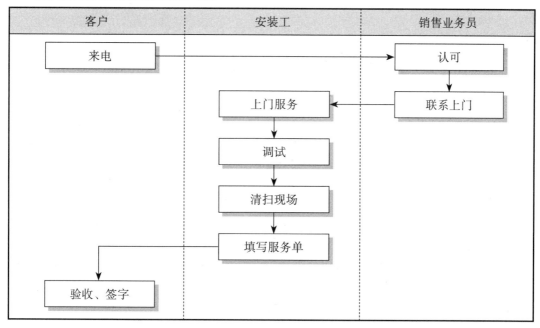

图 22-12 上门安装负责流程

22.13　产品退货服务流程

产品退货服务流程见图22-13。

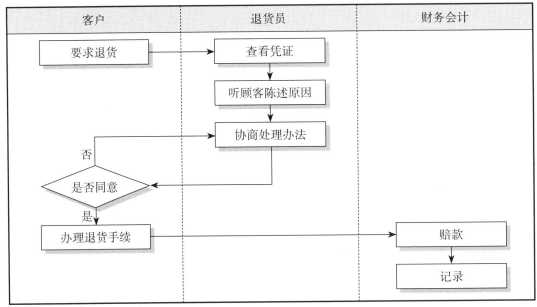

图 22-13　产品退货服务流程

22.14　产品换货服务流程

产品换货服务流程见图22-14。

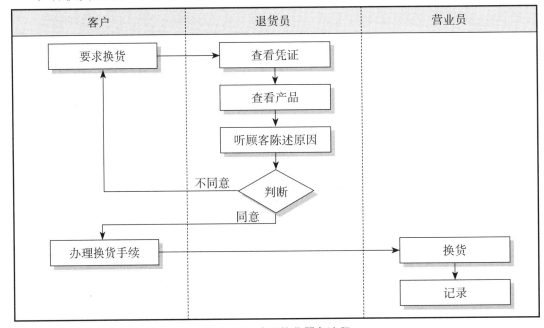

图 22-14　产品换货服务流程

22.15 上门维修服务流程

上门维修服务流程见图22-15。

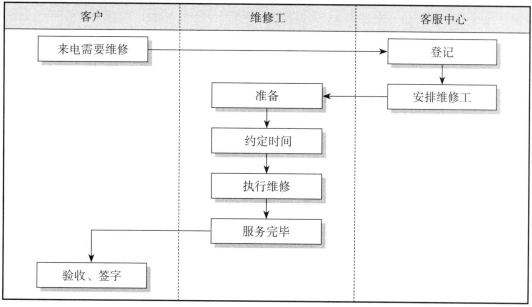

图 22-15 上门维修服务流程

22.16 客户资信调查作业流程

客户资信调查作业流程见图22-16。

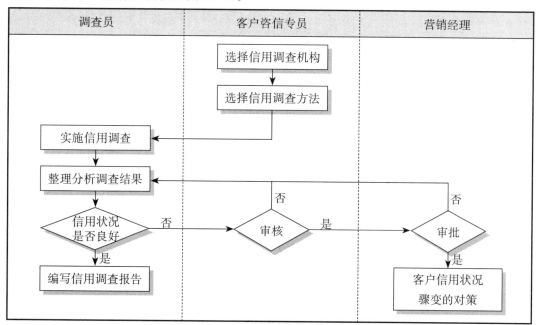

图 22-16 客户资信调查作业流程

22.17 资信资料分析整理流程

资信资料分析整理流程见图22-17。

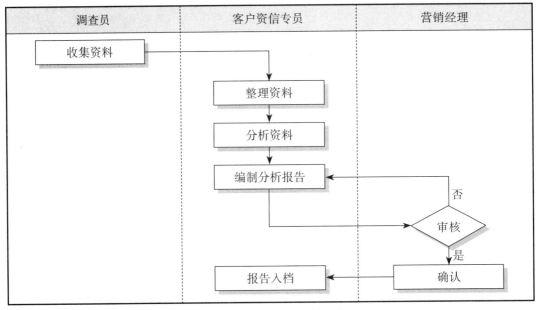

图 22-17 资信资料分析整理流程

22.18 客户信用评级作业流程

客户信用评级作业流程见图22-18。

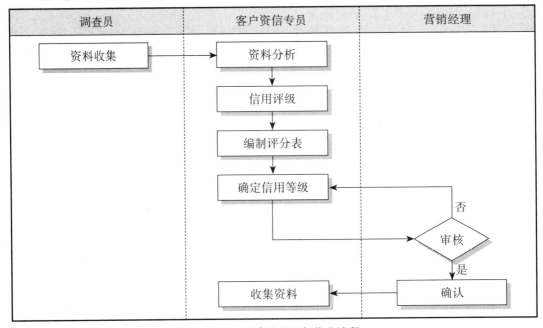

图 22-18 客户信用评级作业流程

22.19　客户信用评级变更流程

客户信用评级变更流程见图22–19。

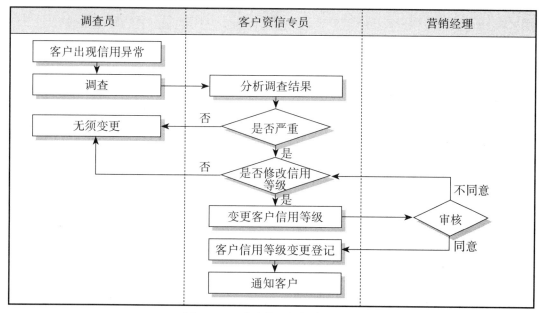

图 22-19　客户信用评级变更流程

22.20　客户资信档案管理流程

客户资信档案管理流程见图22–20。

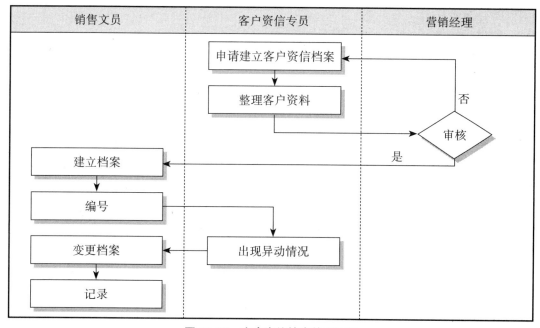

图 22-20　客户资信档案管理流程

第23章

人力资源管理流程

23.1 用人申请流程

用人申请流程见图23-1。

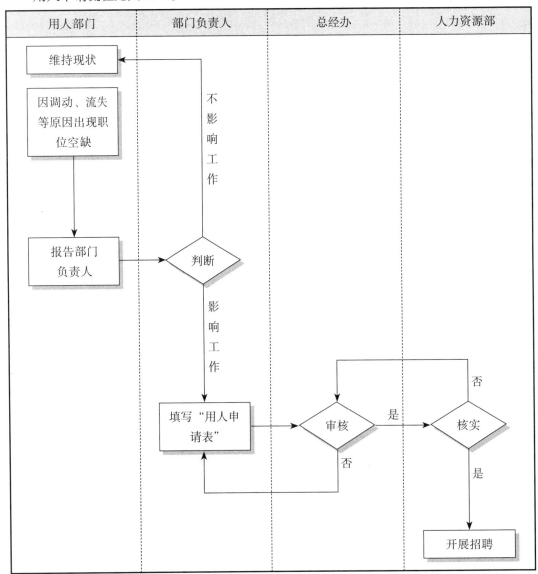

图 23-1 用人申请流程

23.2 公司内部招聘流程

公司内部招聘流程见图23-2。

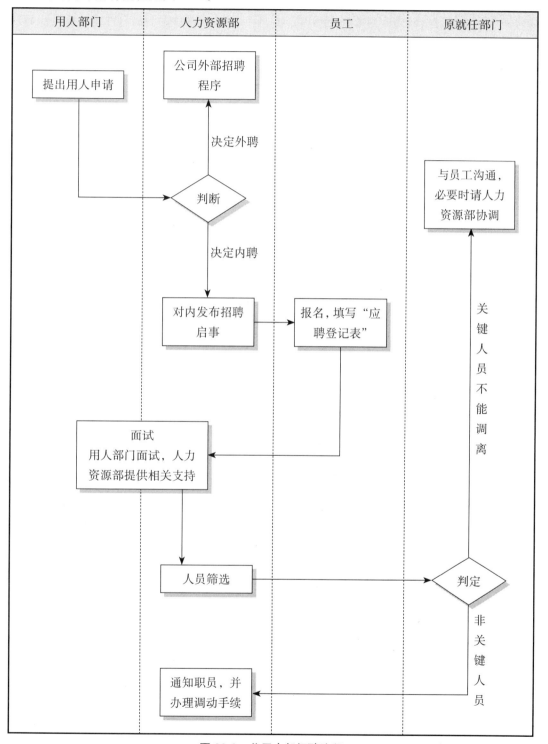

图 23-2 公司内部招聘流程

23.3　公司外部招聘流程

公司外部招聘流程见图23-3。

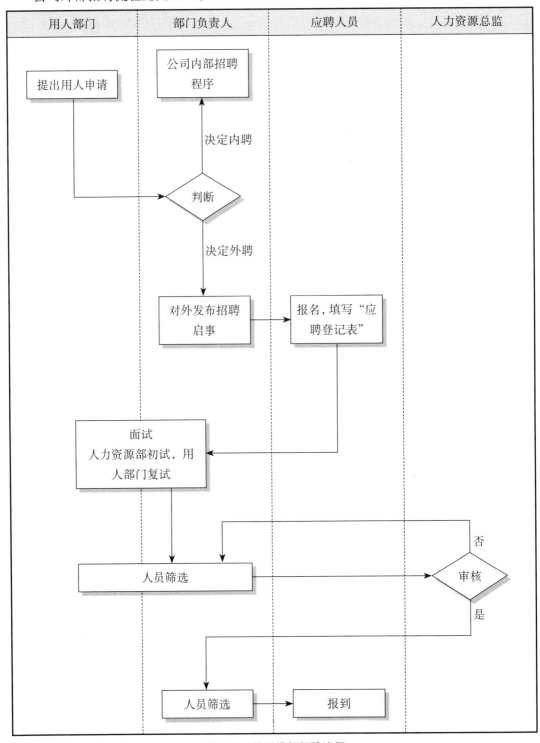

图 23-3　公司外部招聘流程

23.4 新员工入职流程

新员工入职流程见图23-4。

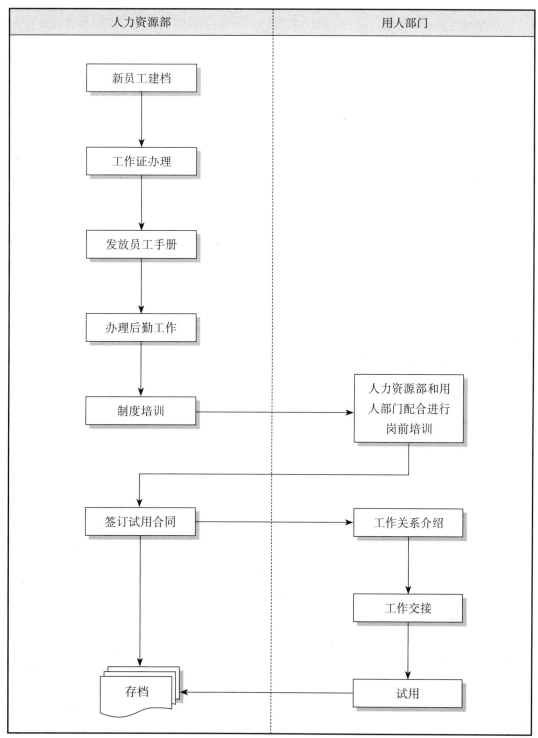

图 23-4 新员工入职流程

23.5　劳动合同管理流程

劳动合同管理流程见图23-5。

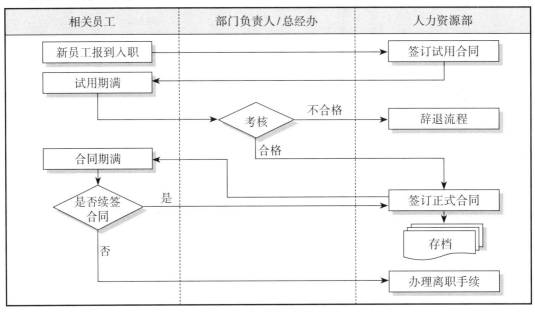

图 23-5　劳动合同管理流程

23.6　新员工试用期满转正流程

新员工试用期满转正流程见图23-6。

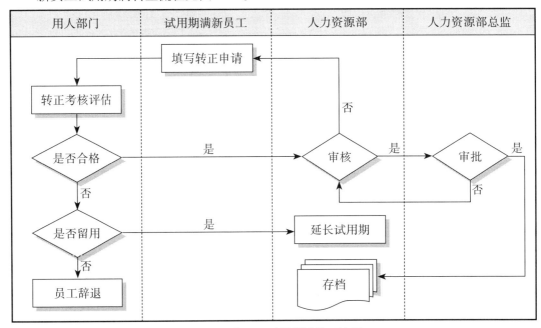

图 23-6　新员工试用期满转正流程

23.7 岗位轮换流程

岗位轮换流程见图23-7。

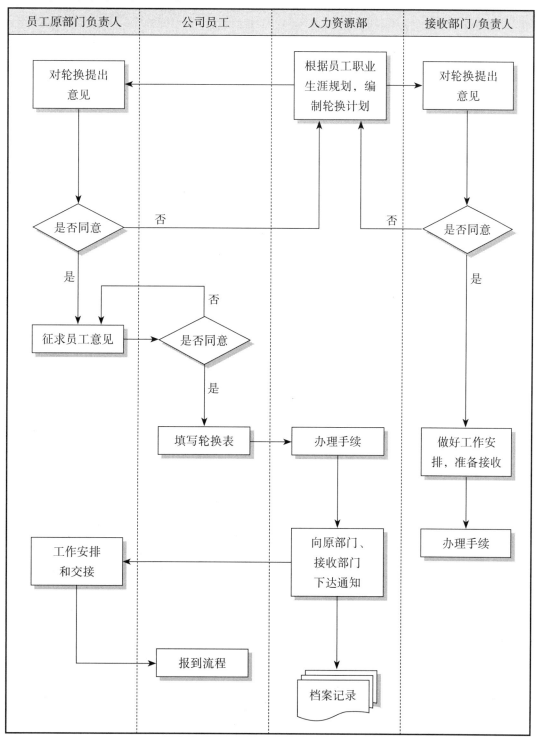

图 23-7 岗位轮换流程

23.8　员工工作调动流程

员工工作调动流程见图23-8。

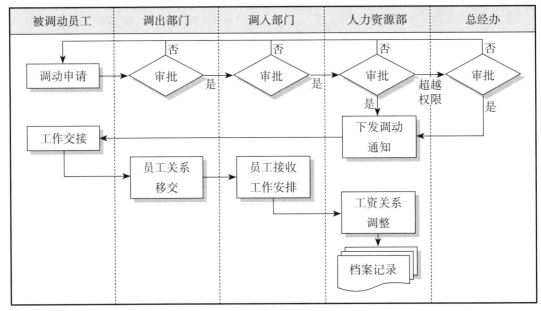

图 23-8　员工工作调动流程

23.9　考勤管理流程

考勤管理流程见图23-9。

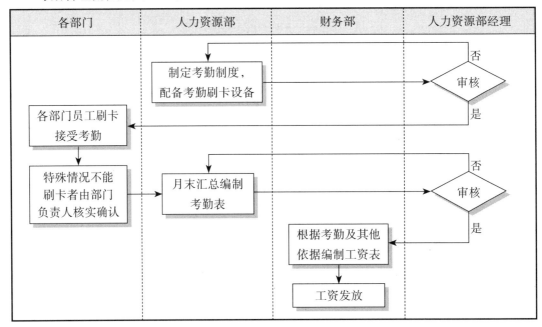

图 23-9　考勤管理流程

23.10 员工加班申请流程

员工加班申请流程见图23-10。

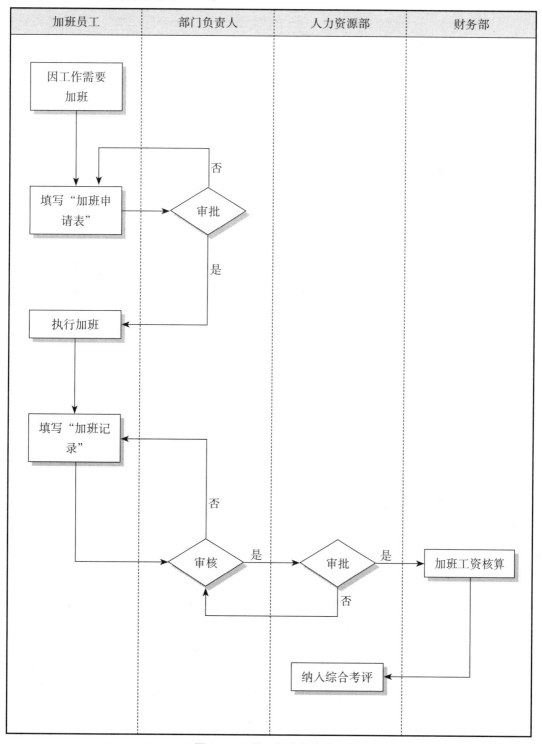

图 23-10 员工加班申请流程

23.11 员工请假管理流程

员工请假管理流程见图23-11。

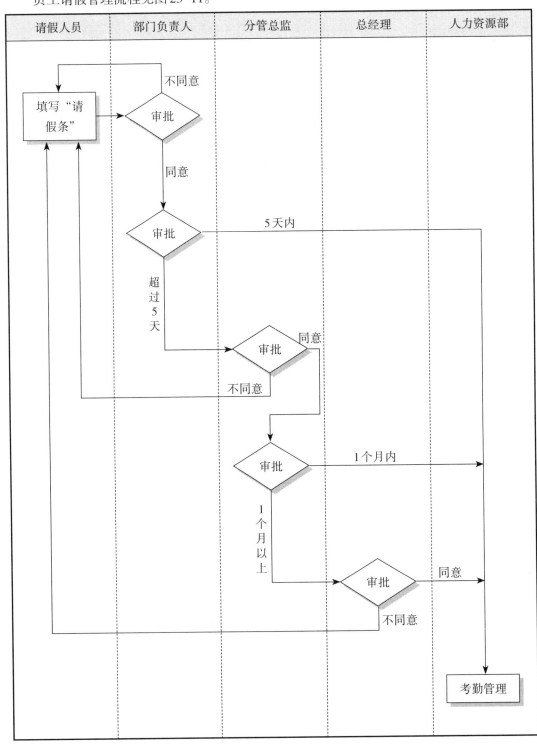

图 23-11 员工请假管理流程

23.12 员工出差管理流程

员工出差管理流程见图23-12。

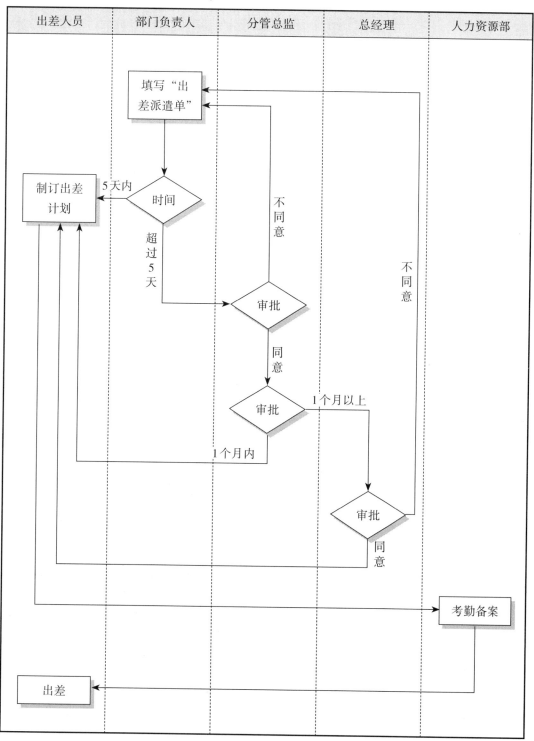

图 23-12 员工出差管理流程

23.13 绩效管理工作流程

绩效管理工作流程见图23-13。

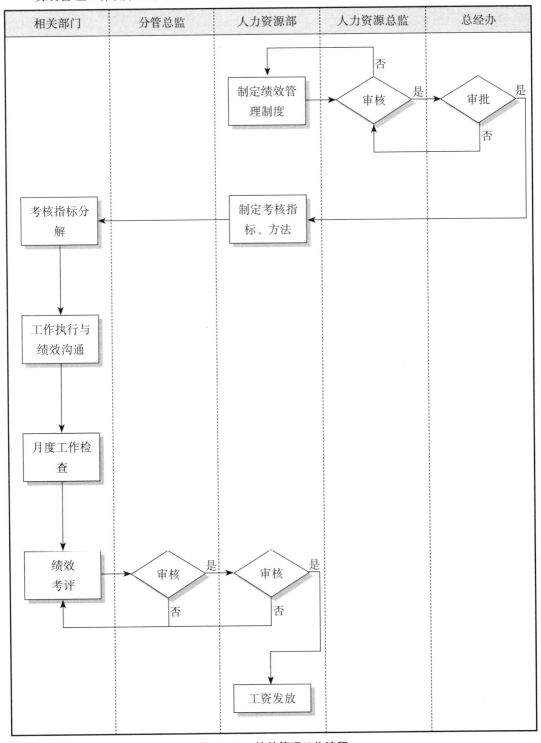

图 23-13 绩效管理工作流程

23.14　员工绩效考核流程

员工绩效考核流程见图23-14。

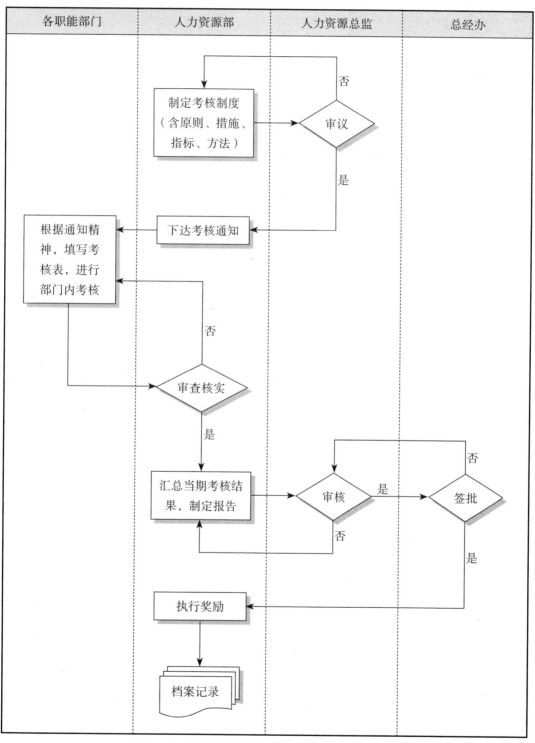

图 23-14　员工绩效考核流程

23.15 薪酬方案审批流程

薪酬方案审批流程见图23-15。

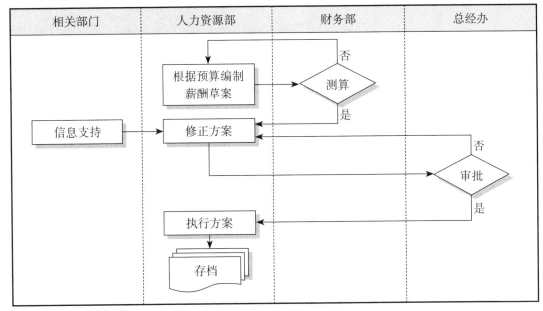

图 23-15　薪酬方案审批流程

23.16 工资发放流程

工资发放流程见图23-16。

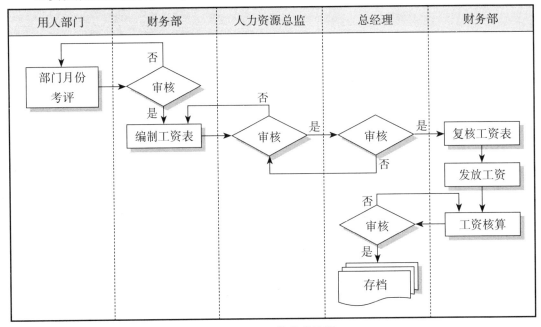

图 23-16　工资发放流程

23.17 员工奖励流程

员工奖励流程见图23-17。

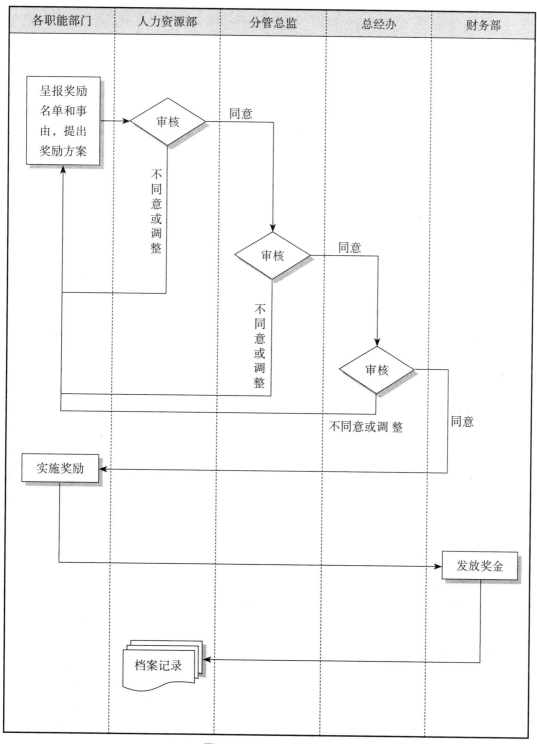

图 23-17　员工奖励流程

23.18 员工申诉流程

员工申诉流程见图23-18。

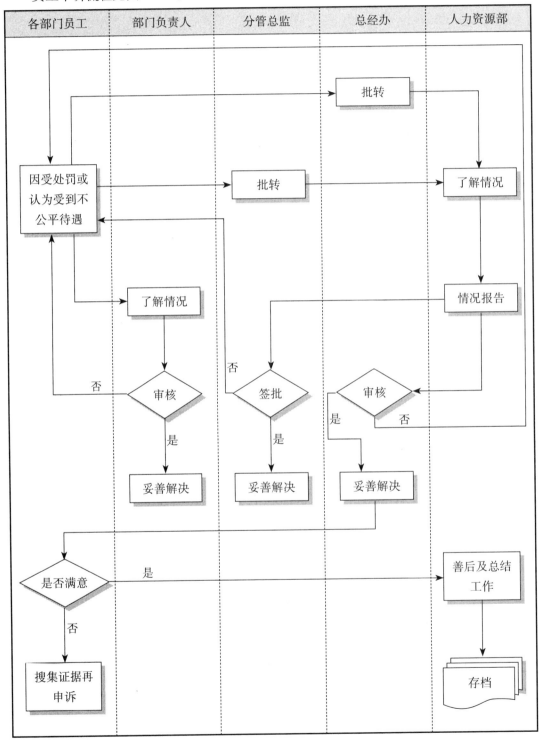

图 23-18 员工申诉流程

23.19 培训管理总体流程

培训管理总体流程见图23-19。

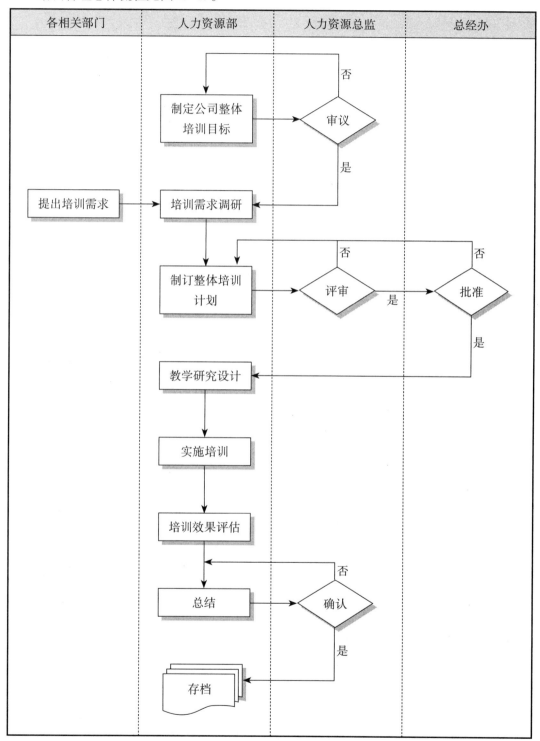

图 23-19 培训管理总体流程

23.20 培训计划流程

培训计划流程见图23-20。

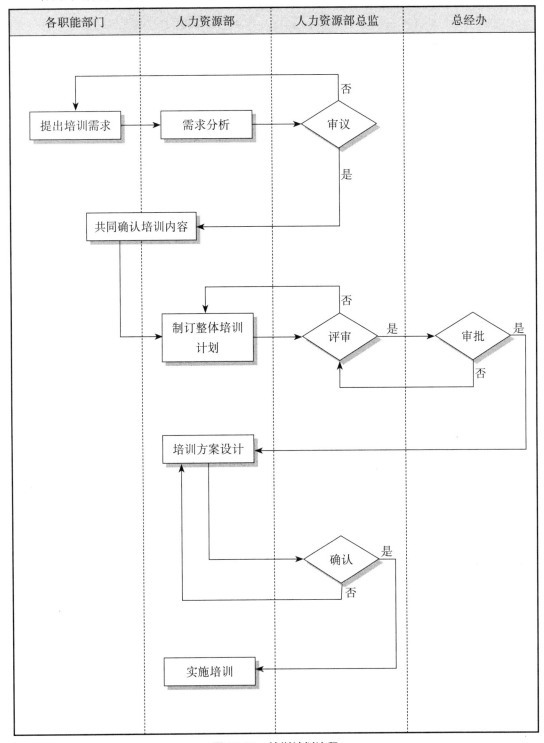

图 23-20 培训计划流程

23.21 培训方案制定流程

培训方案制定流程见图23-21。

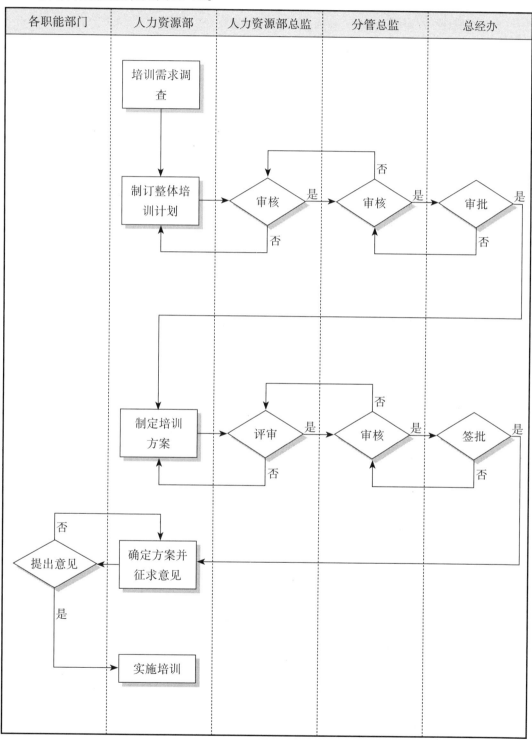

图 23-21 培训方案制定流程

23.22 培训实施流程

培训实施流程见图23-22。

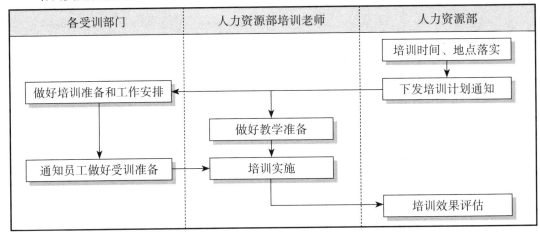

图 23-22 培训实施流程

23.23 培训效果评估流程

培训效果评估流程见图23-23。

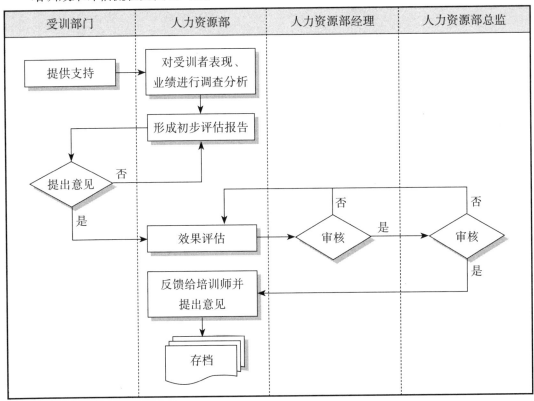

图 23-23 培训效果评估流程

23.24　岗前培训流程

岗前培训流程见图23-24。

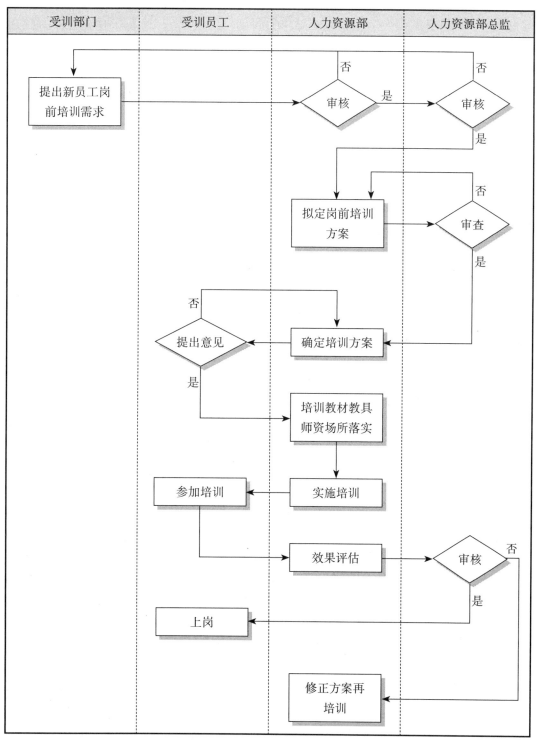

图 23-24　岗前培训流程

23.25 单个部门专项培训流程

单个部门专项培训流程见图23-25。

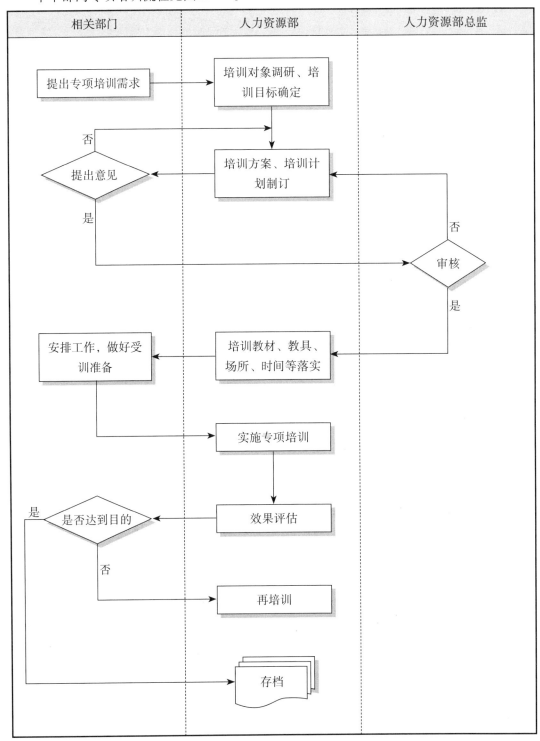

图 23-25 单个部门专项培训流程

23.26 外派培训管理流程

外派培训管理流程见图23-26。

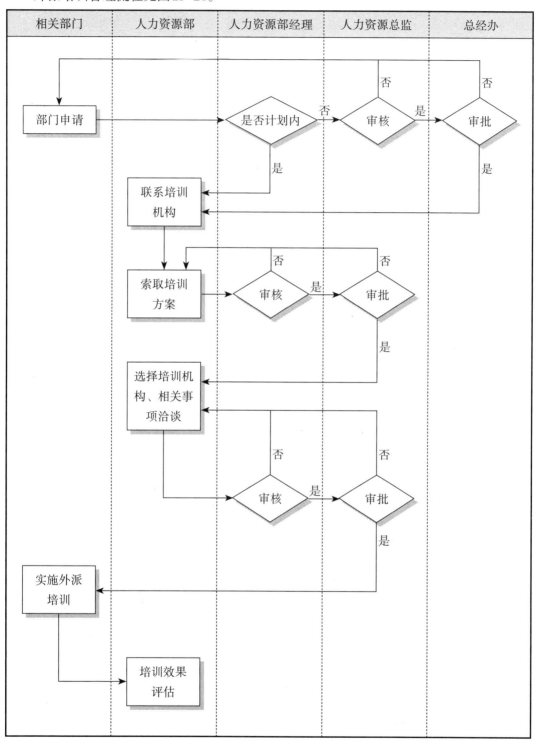

图 23-26 外派培训管理流程

23.27 培训资料管理流程

培训资料管理流程见图23-27。

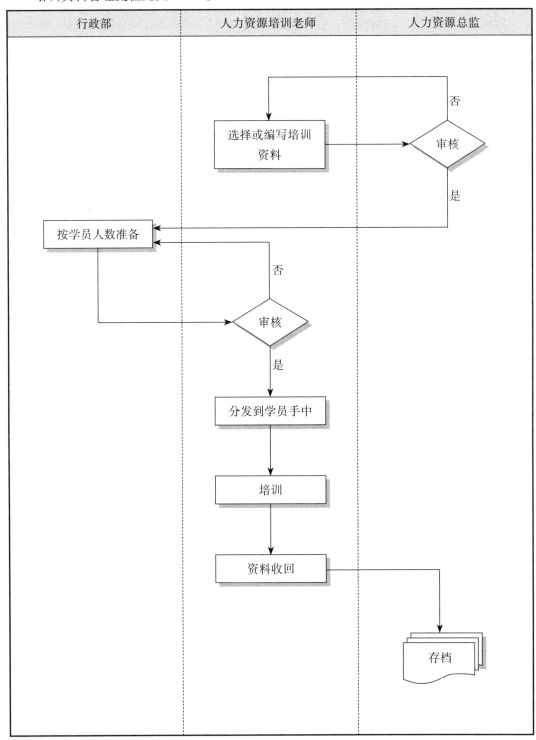

图 23-27 培训资料管理流程

23.28 员工辞职审批流程

员工辞职审批流程见图23-28。

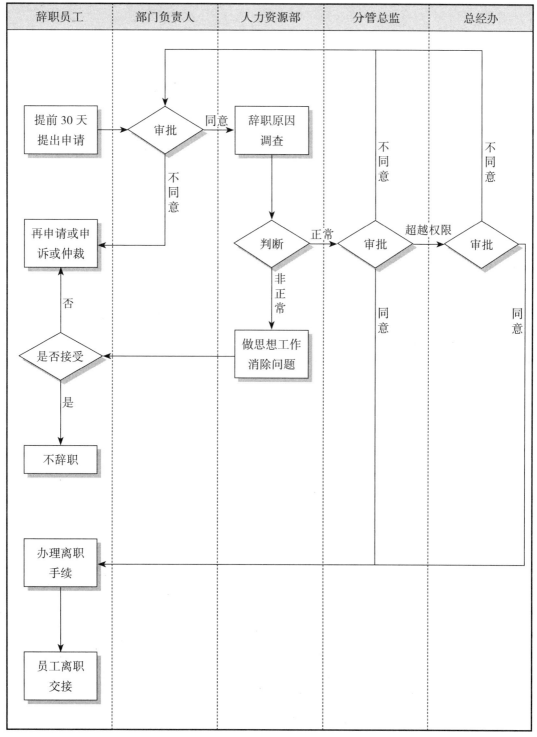

图 23-28 员工辞职审批流程

23.29 员工辞退审批流程

员工辞退审批流程见图23-29。

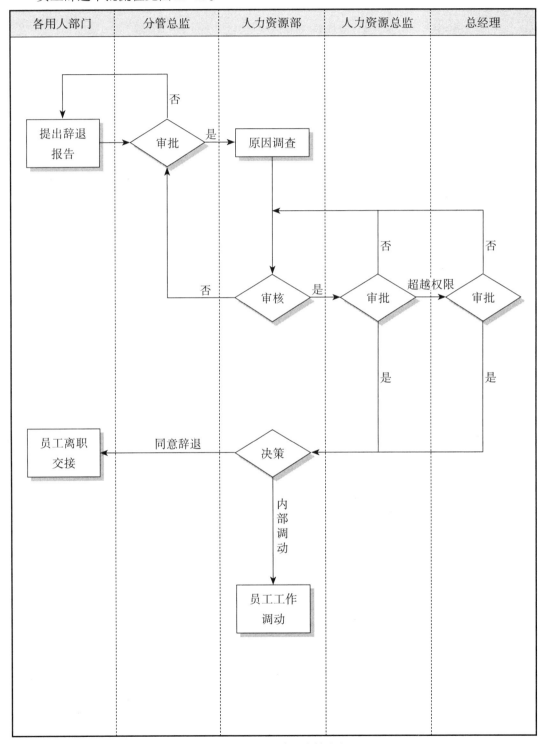

图 23-29　员工辞退审批流程

23.30 员工离职交接流程

员工离职交接流程见图23-30。

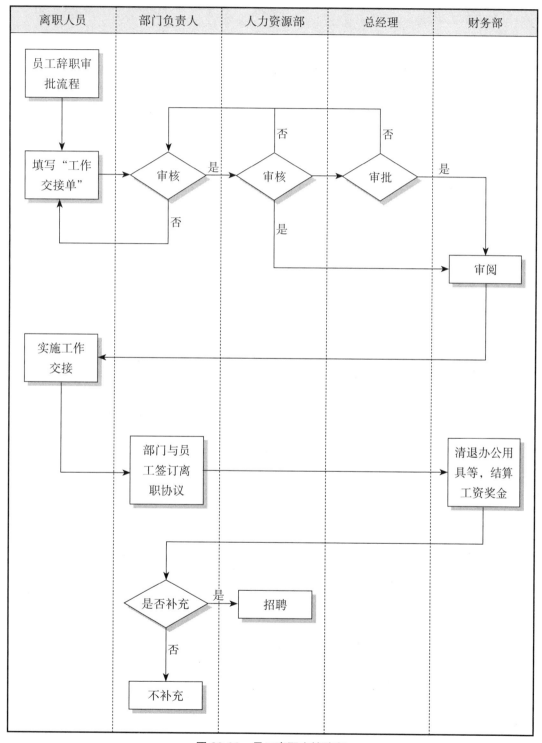

图 23-30 员工离职交接流程

公司行政管理流程

24.1 会议管理流程

会议管理流程见图24-1。

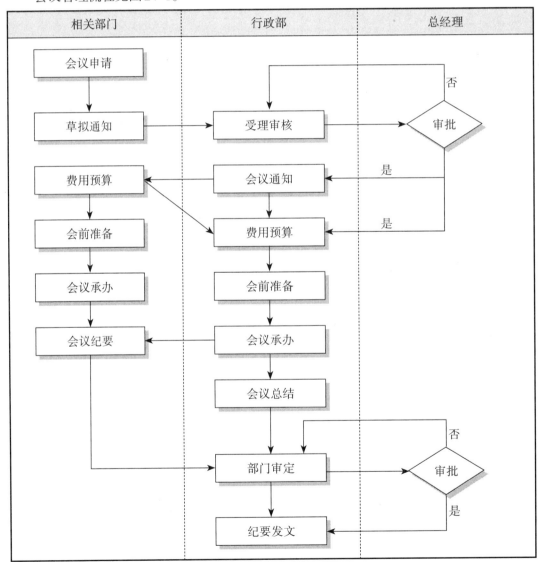

图 24-1 会议管理流程

24.2　固定资产管理流程

固定资产管理流程见图24-2。

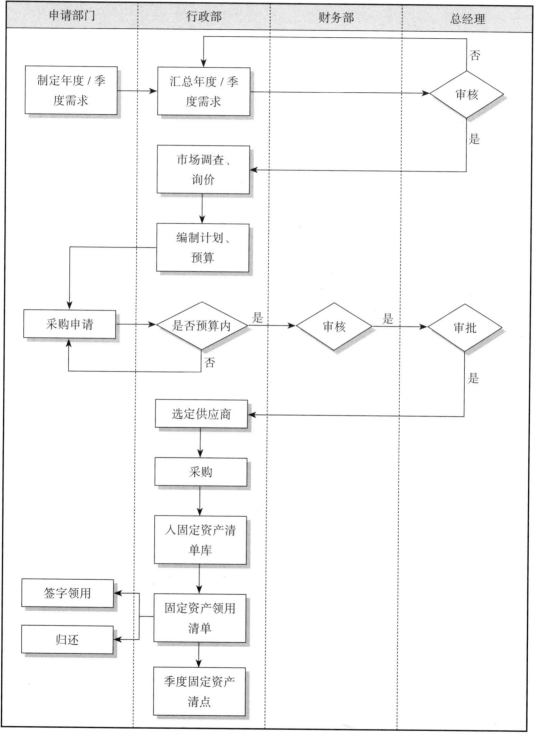

图 24-2　固定资产管理流程

24.3 客户招待管理工作流程

客户招待管理工作流程见图24-3。

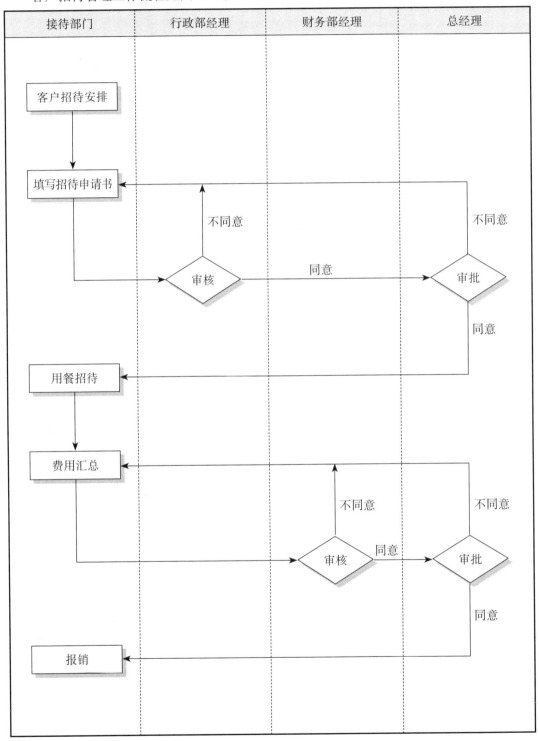

图 24-3 客户招待管理工作流程

24.4 办公用品/物料管理流程

办公用品/物料管理流程见图24-4。

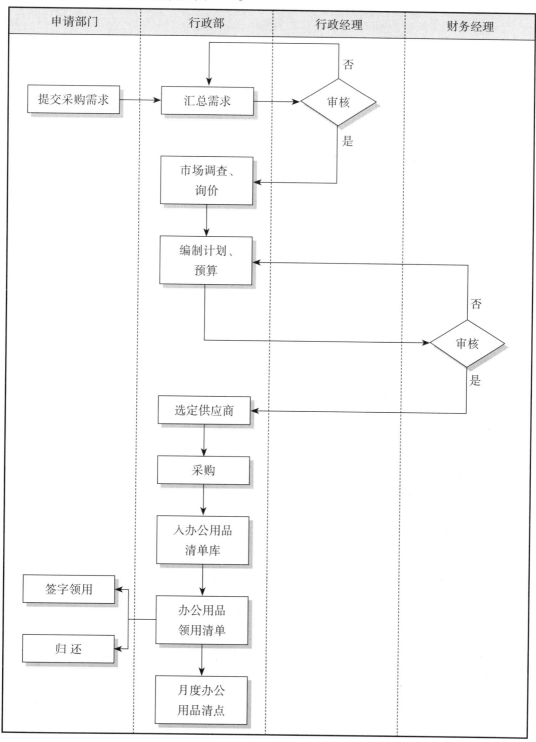

图 24-4 办公用品 / 物料管理流程

24.5 办公设备管理流程

办公设备管理流程见图24-5。

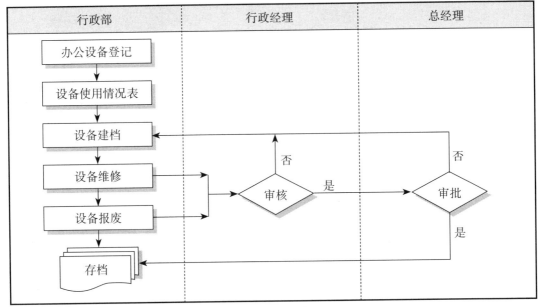

图 24-5 办公设备管理流程

24.6 文书档案管理流程

文书档案管理流程见图24-6。

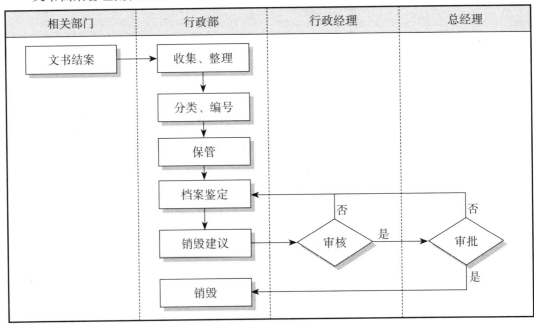

图 24-6 文书档案管理流程

24.7 档案借阅管理流程

档案借阅管理流程见图24-7。

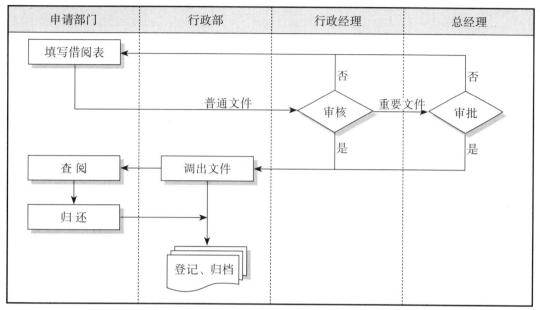

图 24-7 档案借阅管理流程

24.8 印章使用管理流程

印章使用管理流程见图24-8。

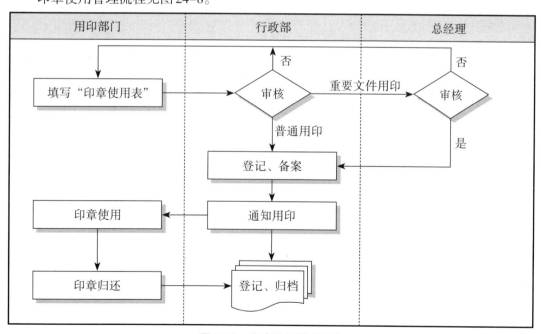

图 24-8 印章使用管理流程

24.9　收文管理工作流程

收文管理工作流程见图24-9。

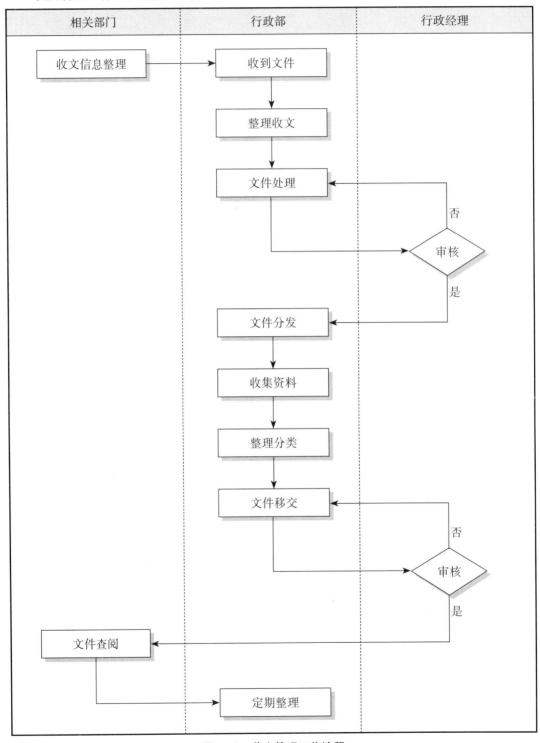

图 24-9　收文管理工作流程

24.10 发文管理工作流程

发文管理工作流程见图24–10。

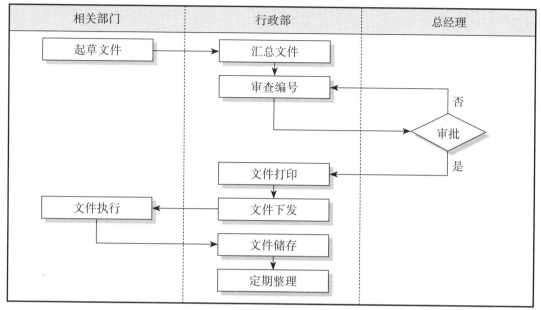

图 24-10 发文管理工作流程

24.11 名片印刷管理流程

名片印刷管理流程见图24–11。

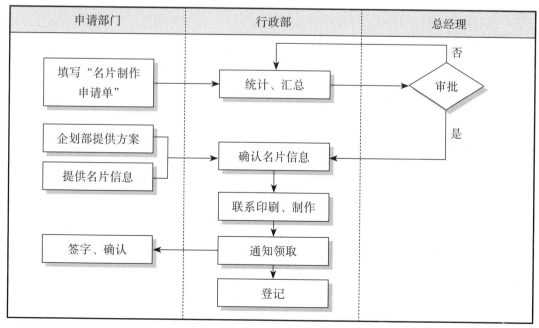

图 24-11 名片印刷管理流程

24.12 宣传物料制作管理流程

宣传物料制作管理流程见图24-12。

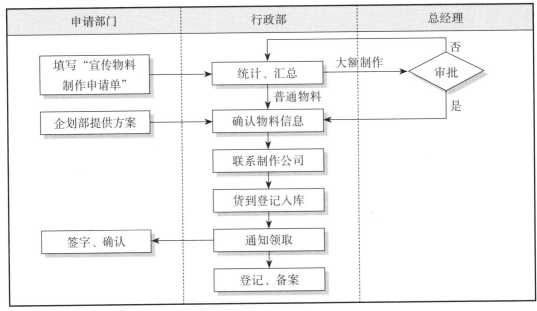

图 24-12 宣传物料制作管理流程

24.13 宣传品/方案设计工作流程

宣传品/方案设计工作流程见图24-13。

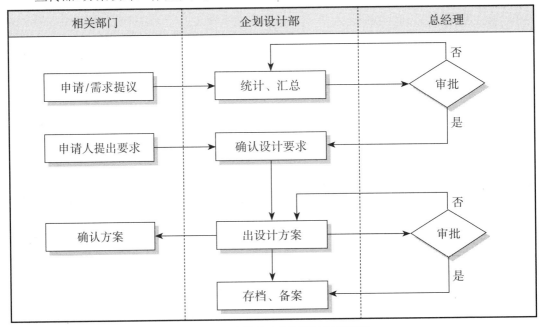

图 24-13 宣传品 / 方案设计工作流程

财务管理流程

25.1 投资计划作业流程

投资计划作业流程见图25-1。

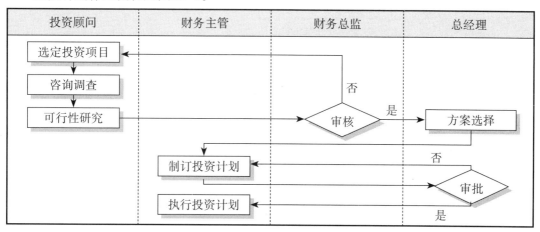

图 25-1　投资计划作业流程

25.2 投资项目评审流程

投资项目评审流程见图25-2。

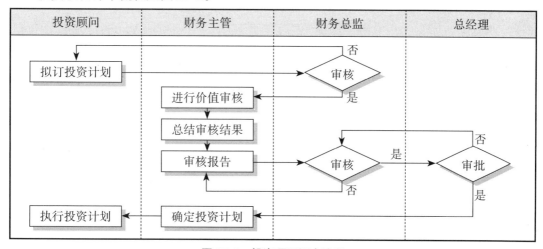

图 25-2　投资项目评审流程

25.3 风险项目投资决策流程

风险项目投资决策流程见图25-3。

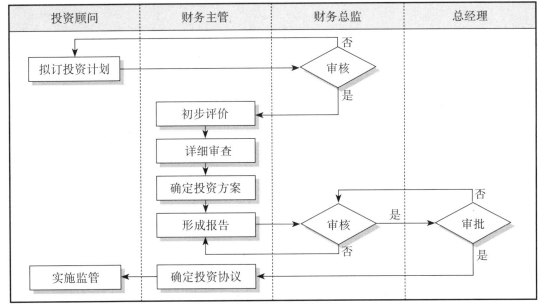

图 25-3 风险项目投资决策流程

25.4 风险投资可行性分析流程

风险投资可行性分析流程见图25-4。

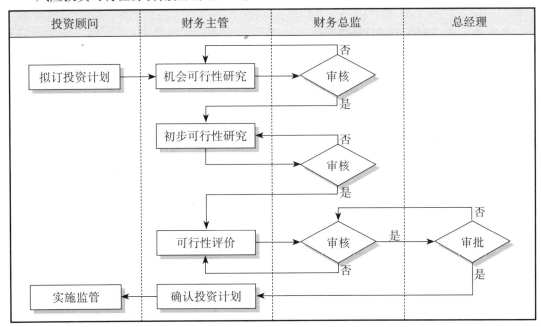

图 25-4 风险投资可行性分析流程

25.5 风险投资运作流程

风险投资运作流程见图25–5。

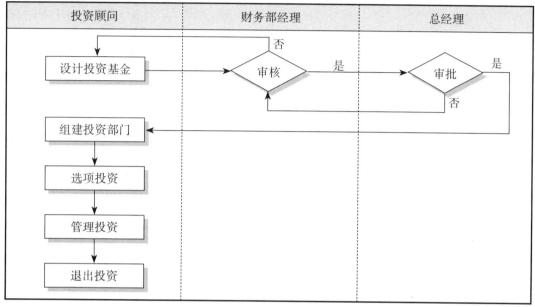

图 25-5 风险投资运作流程

25.6 筹资管理作业流程

筹资管理作业流程见图25–6。

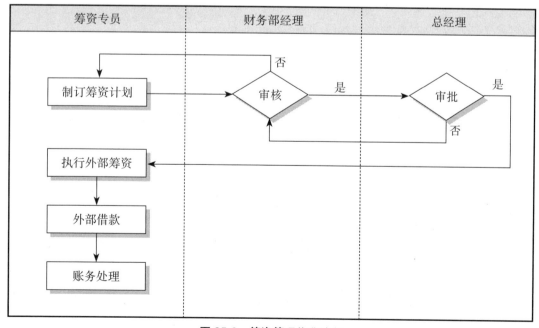

图 25-6 筹资管理作业流程

25.7 银行借款作业流程

银行借款作业流程见图25-7。

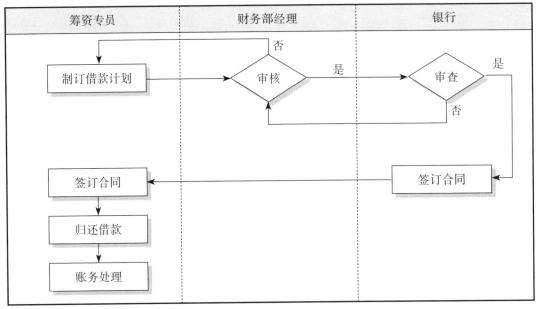

图 25-7 银行借款作业流程

25.8 租赁融资作业流程

租赁融资作业流程见图25-8。

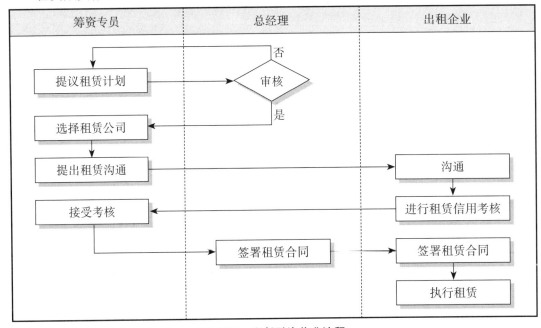

图 25-8 租赁融资作业流程

25.9　预算编制工作流程

预算编制工作流程见图25-9。

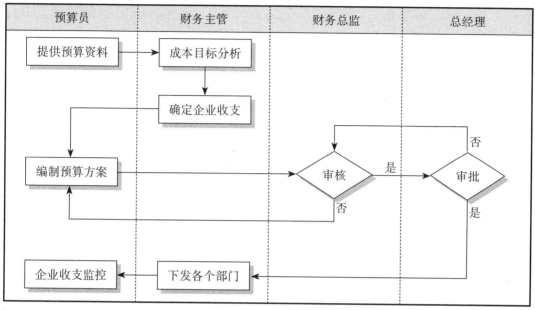

图 25-9　预算编制工作流程

25.10　部门预算审批流程

部门预算审批流程见图25-10。

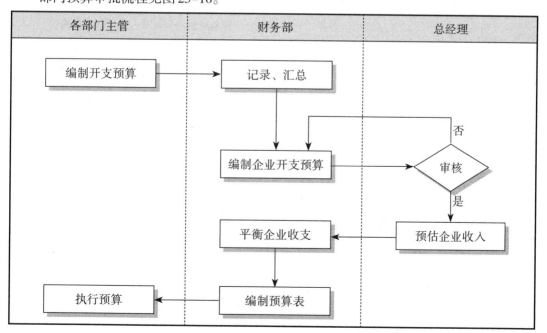

图 25-10　部门预算审批流程

25.11 预算执行监控流程

预算执行监控流程见图25-11。

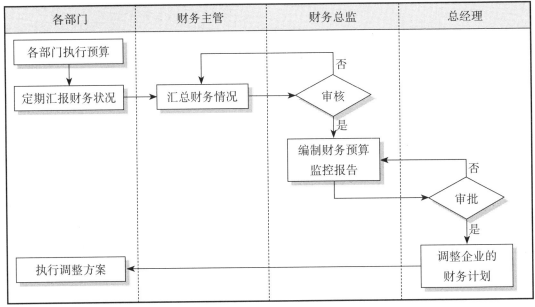

图 25-11　预算执行监控流程

25.12 预算调整作业流程

预算调整作业流程见图25-12。

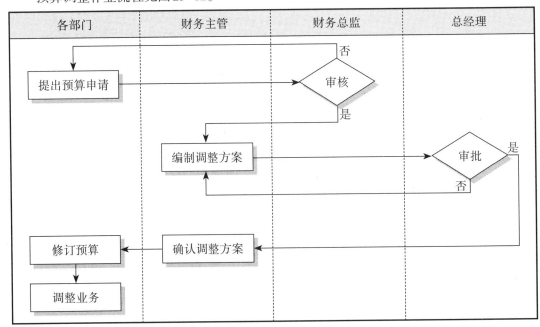

图 25-12　预算调整作业流程

25.13　现金预算管理流程

现金预算管理流程见图25-13。

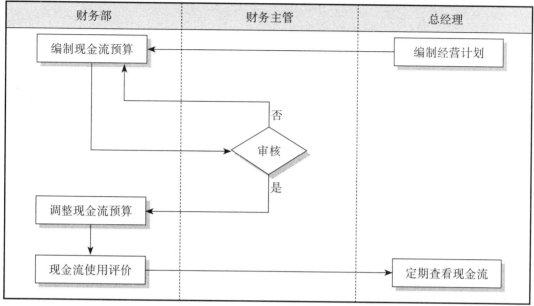

图 25-13　现金预算管理流程

25.14　固定资产评估流程

固定资产评估流程见图25-14。

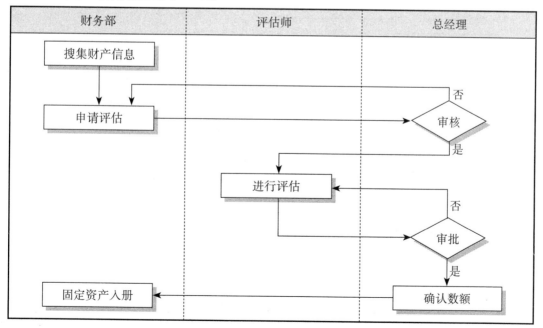

图 25-14　固定资产评估流程

25.15 现金清查作业流程

现金清查作业流程见图25-15。

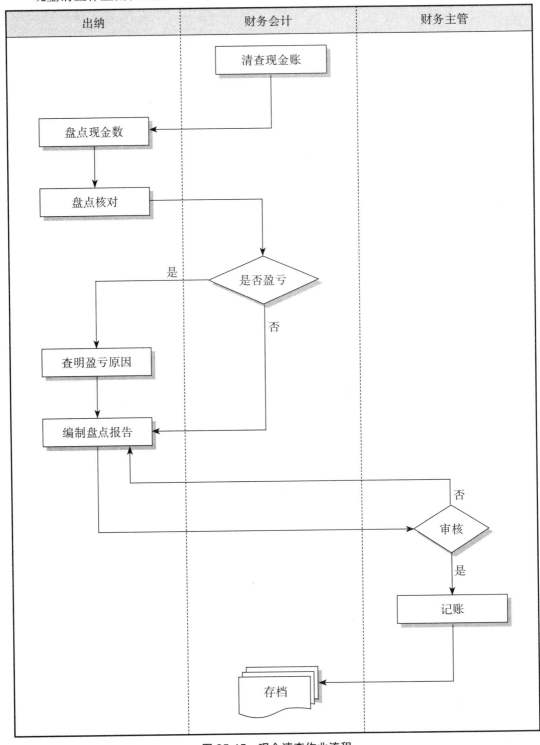

图 25-15　现金清查作业流程

25.16　备用金清查作业流程

备用金清查作业流程见图25–16。

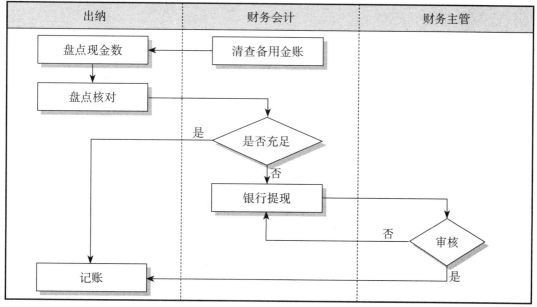

图 25-16　备用金清查作业流程

25.17　存货盘点流程

存货盘点流程见图25–17。

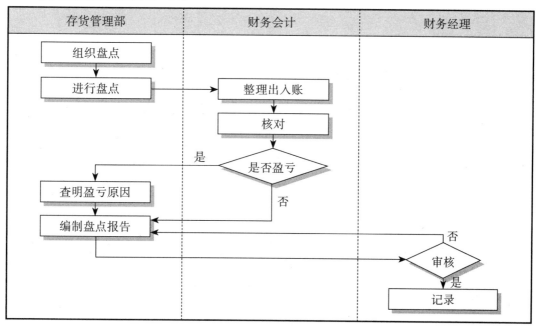

图 25-17　存货盘点流程

25.18 应收账款管理流程

应收账款管理流程见图25-18。

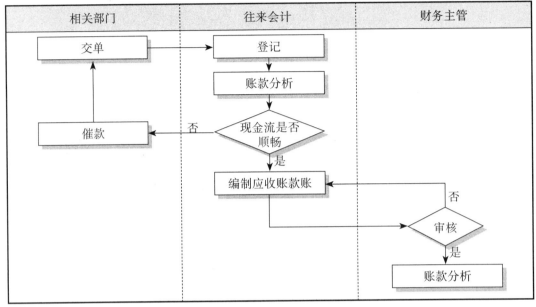

图 25-18 应收账款管理流程

25.19 产品成本核算流程

产品成本核算流程见图25-19。

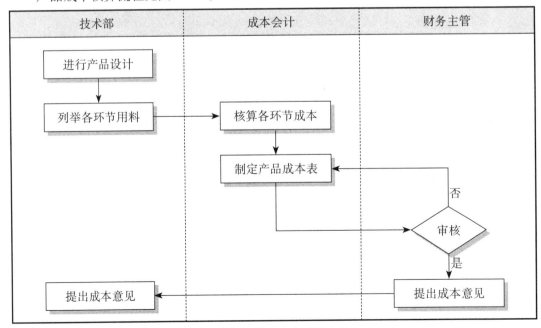

图 25-19 产品成本核算流程

25.20 产品成本定额流程

产品成本定额流程见图25-20。

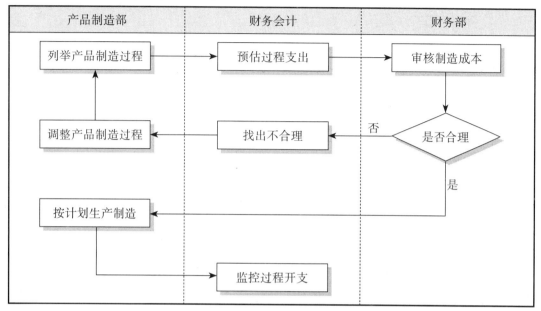

图 25-20 产品成本定额流程

25.21 成本账务处理流程

成本账务处理流程见图25-21。

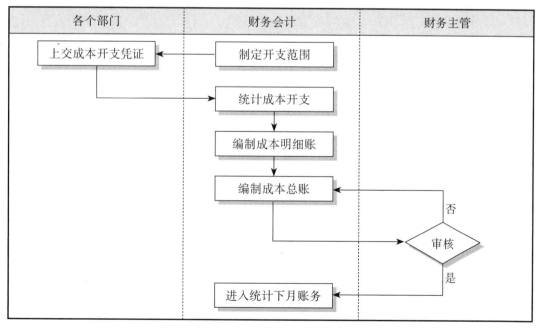

图 25-21 成本账务处理流程

25.22 成本费用管理流程

成本费用管理流程见图25-22。

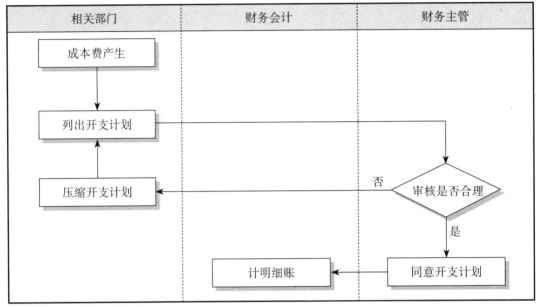

图 25-22　成本费用管理流程

25.23 成本支出管理流程

成本支出管理流程见图25-23。

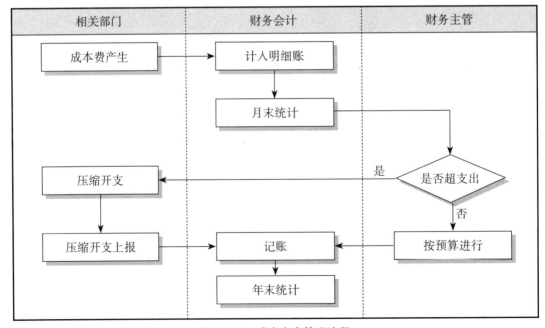

图 25-23　成本支出管理流程

25.24　日记账作业流程

日记账作业流程见图25-24。

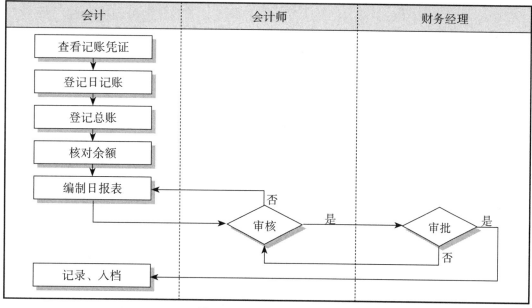

图 25-24　日记账作业流程

25.25　凭证账作业流程

凭证账作业流程见图25-25。

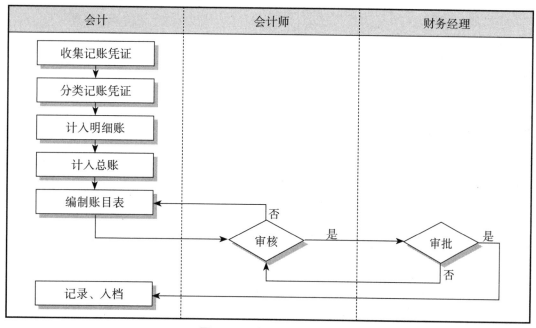

图 25-25　凭证账作业流程

25.26 总账科目作业流程

总账科目作业流程见图25-26。

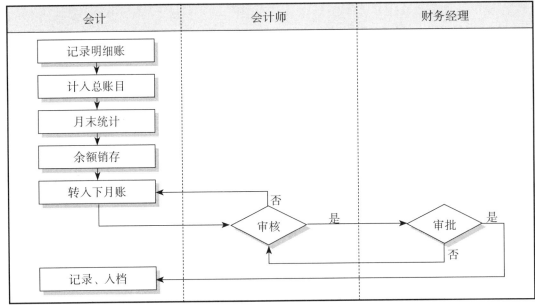

图 25-26　总账科目作业流程

25.27 会计科目设置流程

会计科目设置流程见图25-27。

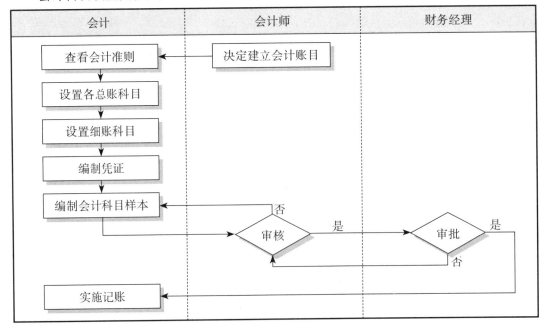

图 25-27　会计科目设置流程

25.28 会计报表编制流程

会计报表编制流程见图25-28。

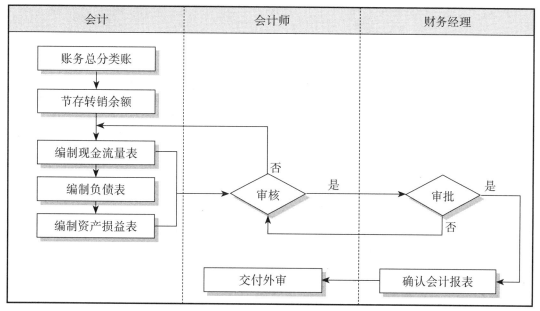

图 25-28 会计报表编制流程

25.29 借款审批作业流程

借款审批作业流程见图25-29。

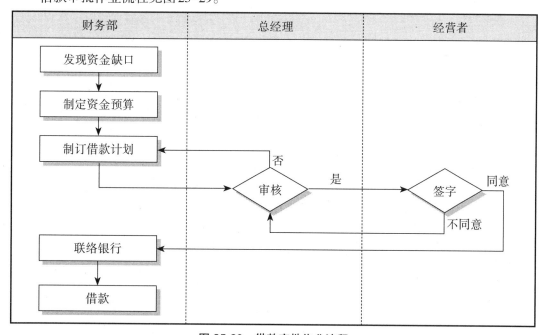

图 25-29 借款审批作业流程

25.30 借款抵押作业流程

借款抵押作业流程见图25-30。

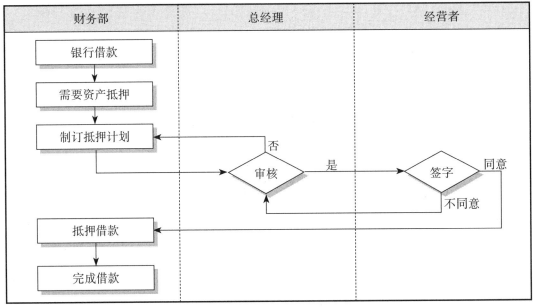

图 25-30 借款抵押作业流程

25.31 资金预算作业流程

资金预算作业流程见图25-31。

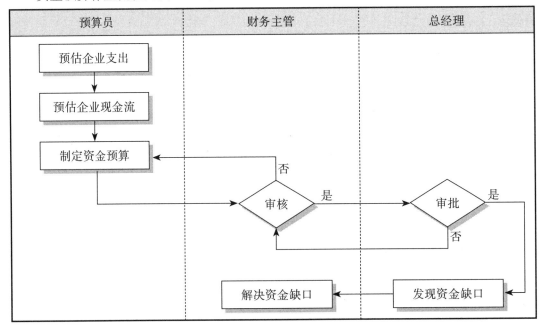

图 25-31 资金预算作业流程

25.32　资金调拨作业流程

资金调拨作业流程见图25-32。

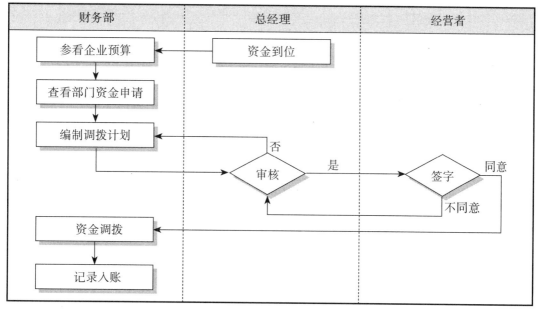

图 25-32　资金调拨作业流程

25.33　账款支付作业流程

账款支付作业流程见图25-33。

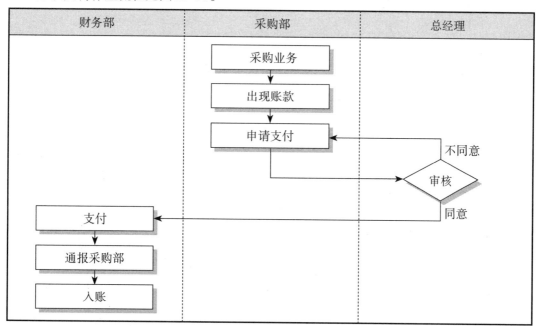

图 25-33　账款支付作业流程

25.34 利润分配计划编制流程

利润分配计划编制流程见图25-34。

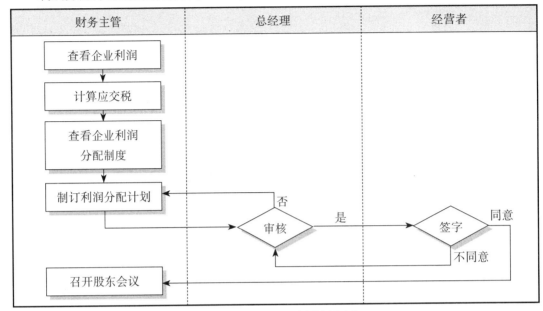

图 25-34 利润分配计划编制流程

25.35 利润分配实施流程

利润分配实施流程见图25-35。

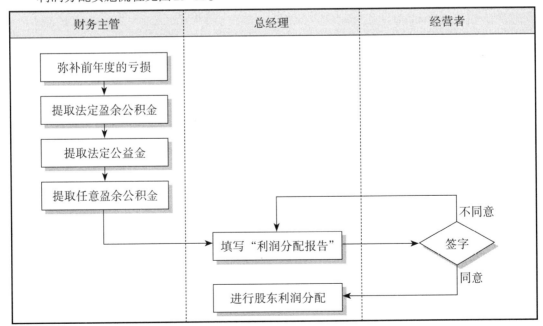

图 25-35 利润分配实施流程

25.36 股利分配计划流程

股利分配计划流程见图25-36。

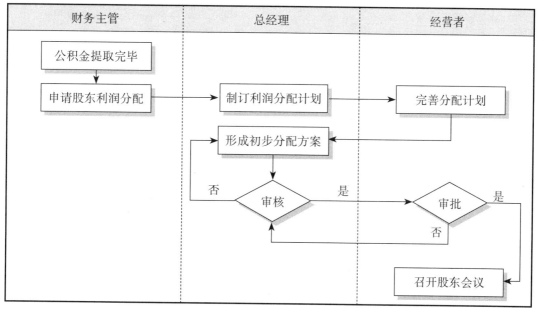

图 25-36 股利分配计划流程

25.37 股利分配实施流程

股利分配实施流程见图25-37。

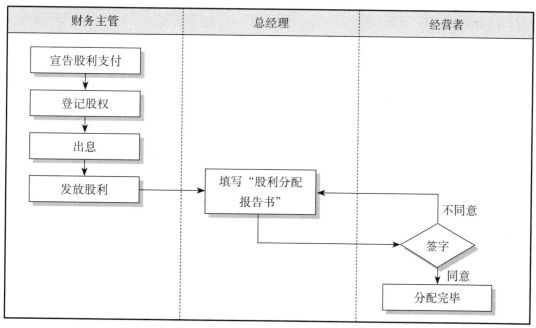

图 25-37 股利分配实施流程